데일리 대드

THE DAILY DAD

Copyright © 2023 by Ryan Holiday
All rights reserved
including the right of reproduction in whole or in part in any form.
This edition published by arrangement with Portfolio, an imprint of Penguin Publishing Group,
a division of Penguin Random House LLC.

This Korean translation published by arrangement with Ryan Holiday in care of
Penguin Random House LLC through Alex Lee Agency.

이 책의 한국어판 저작권은 알렉스리 에이전시를 통해서
Portfolio, an imprint of Penguin Publishing Group, a division of Penguin
Random House LLC 사와 독점계약한 청림출판(주)에 있습니다.
저작권법에 의하여 한국 내에서 보호를 받는 저작물이므로
무단전재와 복제를 금합니다.

철학자 아버지가 —— 성찰하는 부모에게 전하는 —— 365일 삶의 지혜

데일리 대드

라이언 홀리데이 지음
이현주 옮김

The
Daily Dad

한 그루의 나무가 모여 푸른 숲을 이루듯이
청림의 책들은 삶을 풍요롭게 합니다.

추천의 글

일단 이 책을 읽고 나는 스스로 쑥스러웠다. 이제 내 나이 여든이지만 젊은 시절의 어설픈 아버지 노릇이 거울로 비추는 듯 떠올라서였다. 개인, 가정, 직장, 사회생활 그 무엇도 함부로 포기하기 어려웠던 나는 너무나도 엉성하게 아버지 노릇을 했다. 달리 방법이 없었다. 나의 아버지가 그랬던 것처럼 아이들을 기르고 가르치고 이끌었다. 그러니까 내가 아이들의 아버지 노릇을 한 것이 아니라 나의 아버지가 우리 아이들의 아버지 노릇을 한 것이다. 말하자면 매우 전근대적인 아버지였다는 말이다. 나름대로 고민이나 망설임이 없었던 것도 아니다. '어떻게 하지?' 하는 고민은 컸지만, 달리 길이 없었고 도움을 줄 만한 조력자도 없었다. 내 주변엔 스승도, 현자도 없었다.

　어떤 경우에도 인간은 학습하는 존재이고, 변해야 하는 존재이고, 성장해야 하는 생명체다. 배워야 하고 변해야 하고 그로 인해 좋아져야 한다. 아버지 노릇, 부모 노릇, 어른 노릇도 그렇다. 일방통행이나 독선은 곤란하다. 과거를 그대로 답습하는 것도 곤란하다. 좋은 모범이 있다면 그를 따라야 하고 자신의 오류가 있다면 바로잡아야 한다. 그래서 끝내 좋은 길, 넓은 길, 환한 길로 나아가야 한다.

지금은 살기 어렵고 어지러운 세상이라고 하는데 그래도 참 좋은 세상이다. 아버지 노릇, 부모 노릇, 어른 노릇을 안내해 주는 책이 있다니 이 얼마나 다행스럽고 좋은 일인가. 비록 내가 이 책의 전부를 알거나 실천할 수 있는 사람은 아닐지라도 이 책의 내용 한 구절 한 구절은 나에게 부끄러움을 가르친다. 후회스러움을 가르친다.

힘든 일이고 불가능한 일이겠지만 다시금 아버지가 된다면 나는 더 많은 실수를 하지 않는 아버지가 될 수 있을 것이다. 그러나 이제라도 늦지 않았다. 비록 아버지 노릇은 지났지만, 좋은 어른의 역할은 남아있으니. 이 책에 나와있는 좋은 지침을 읽으면서 좋은 어른으로 잠시 이 땅에 남아있을 것을 생각해 본다. 적어도 나는 이런 정도는 알고 있고 실천해 보려고 노력하는 사람이다.

'아이들은 어른이 하라는 대로는 하지 않고 하는 대로는 한다.'

나태주(시인)

두 아이를 키우면서 매일 스스로에게 같은 말들을 되뇌고 되뇌었다. "괜찮아, 잘하고 있어. 걱정하지 마." 일종의 자기 암시와 같은 이 말들은 스스로 나를 위로하고 다독이고자 했던 주문이었다. 누군가의 보호자가 되었고, 그것이 '아빠'라는 단어로 불리게 되었다. 어릴 때는 결혼을 하고 아이가 태어나면 당연히 얻게 되는 호칭이라고도 생각했다.

나는 아버지와 사이가 좋지 못했다. 가족이라는 울타리 안에 있지만 남남에 가깝다고 생각했던 적이 많았다. 그래서인지 나에게 붙여진 아버지라는 호칭이 무척이나 버겁고 어려웠다. 받은 것이 없었기에 노력하고 나아지기 위해 무엇이든 해야만 했다. 수많은 책을 읽고 나보다 먼저 아버지가 되었던 사람들의 경험과 말들을 마음과 머릿속에 주워 담았다.

첫째 아이가 열 살이 되었을 즈음 이제야 겨우 아빠 비슷한 것이 되었다는 생각이 들었다. '어쩌면 그 비슷한 것도 되지 못하면 어쩌지'라고 걱정했던 날들도 많았기에 다행이었고, 조금은 안심이 되었다. 그래서일까?《데일리 대드》에 쓰여있는 하루의 말들은 마치 동반자를 만난 것 같은 반가움과 든든함, 고마움을 주었다.

우리는 누군가와 연대함으로써 혼자 끙끙 앓고 있던 고민과 수고를 덜고, 나와 같은 생각을 품고 있는 사람을 만나며 안심을 얻게 된다. 잊고 있었다. 부모는 아이들과 연대하고 있음을. 그렇게 365일이 쌓이고, 그 시간이 세월이 되어 부모와 아이는 가장 가까운 동반자가 된다는 것을.

봉태규(영화배우)

이 책을 아침의 의식으로 삼아라.

매슈 매코너헤이(영화배우)

우리는 모두 자녀에게 잘하고 싶지만 순간순간 길을 잃곤 한다. 이 책은 우리가 하고 있는 선택과 하고 싶은 선택에 대한 성찰을 제공한다. 단지 아버지들만을 위한 책이 아니다.

에밀리 오스터(《최강의 데이터 육아》 저자)

효과적인 육아는 종종 아이들에게 가슴 뭉클한 기억의 순간으로 남는다. 이 책에는 이러한 순간을 정기적으로 만들고 최대한 활용할 수 있는 비결이 담겨있다.

스콧 갤러웨이(《표류하는 세계》 저자)

서문

> 먼저 스스로에게 어떤 사람이 되고 싶은지 말하고,
> 그다음에 해야 할 일을 하라.
>
> -에픽테토스 Epictetus

자녀를 둔 사람은 많지만 부모의 역할을 제대로 하고 있는 사람은 드물다.

아이만 낳으면 자동으로 엄마나 아빠가 되는 것 같지만 사실은 그렇지 않다는 걸 잘 알 것이다. 아이를 학교에 데려다주고, 옷을 사주고, 밥을 먹이며, 따뜻한 잠자리를 마련해 준다고 해서 아이에게 진정한 부모가 되는 것은 아니다. 이런 일은 아이가 18세가 되기 전까지 생존할 수 있는 기본 조건을 충족시켜 주는 법적 보호자의 역할에 가깝다.

그건 부모로서의 역할이 아니라 *최소한*으로 해야 하는 일이다.

안타깝게도 이마저 하지 않는 사람도 있다. 임신이나 출산 후 혹은 이혼 서류에 서명한 날 자신의 의무가 끝났다고 생각하는 사람도 있다.

부모가 된다는 것은 아이를 삶의 중심까지는 아니더라도 삶에서 중요한 존재로 삼겠다는 선택이다. 또한, 이 작은 아이를 세상에 태어나게 함으로써 원래 자신의 모습, 자신이 중요시하는 가치, 자신의 의무에 대한 모든 것이 바뀌었다는 사실을 받아들이는 것을 의미한다.

불과 몇 세대 전만 해도 아이들을 생존시키는 것이 부모에게 기대하는 모든 의무였다고 해도 과언이 아니다. 아이는 부채로 시작하는 미래의 자산이자 가족 농장에서 땅을 일구는 데 도움이 될 사람, 지역 공장에서 단순 작업을 할 노동자, 먹고살기 위해 돈을 벌어올 존재로 여겨졌다.

결코 완벽한 아버지는 아니었던 윈스턴 처칠에 대한 이야기가 하나 있다. 그는 빅토리아 시대 영국의 산물인 자아도취적이고 집착이 강한 귀족 부모 밑에서 자랐다. 어느 날 저녁, 방학을 맞은 아들 랜돌프와 대화를 나누던 중 문득 한 가지 생각이 처칠의 머릿속을 스쳐 지나갔다. "사랑하는 아들아." 그는 쓸쓸한 웃음을 지으며 말했다. "내가 아버지와 평생 나눈 대화보다 이번 방학에 너와 나눈 대화가 더 많은 것 같구나." 이것은 과장도 아니었고 당시에는 드문 일도 아니었다. 어쩌면 당신도 어린 시절을 떠올리며 공감하고 있을지도 모른다.

얼마나 슬픈 일인가! 이것은 아이들뿐만 아니라 부모들에게도 슬픈 일이다.

여러 세대에 걸쳐 부모들은 — 특히 아버지 — 세상에서 가장 보람되고 아름다운 일을 경험할 기회를 빼앗겼다. 그건 바로 아이들의 삶에 참여하는 것이다. 여성에게 전반적인 집안 살림을 부담하는 가부장적 문화의 이면에는 남성에게는 가정과 자녀의 일에 대한 기대치가 낮다는 안이한 편견이 깔려있다. 남성에게는 사랑하고 사랑받는 법, 이해하고 이해받는 법을 아무도 가르치지 않았다. 누구도 아버지들에게 이것을 요구하지 않았다.

더 많은 부모가 진정한 부모의 역할을 했다면 역사가 얼마나 달라졌을지 생각해 보자. 만약 [범죄자]를 더 좋은 사람으로 키웠더라면. 만약 [탐욕스러운 사업가]가 만족을 아는 사람으로 자랐더라면. 만약 [가슴 아픈 피해자]가 보호받았더라면. 만약 [익명의 누군가]가 자기 잠재력을 발휘할 준비가 되어 있었더라면.

비록 큰 충격으로 남은 과거를 바꿀 수는 없지만, 더 나은 미래를 만들 수는 있다. 그것이 이 책의 근간이 되는 철학이다.

과거 세대의 결점에도 불구하고 육아는 수천 년을 거슬러 올라가 끊어지지 않는 사슬처럼 우리를 아름다운 경험으로 연결해 준다. 부모는 항상 자녀를 걱정했고, 항상 자녀와 놀이를 했으며, 항상 자녀를 위한 계획을 세웠다. 부모는 항상 자녀에게 모범이 되려고 노력했고, 항상 자녀를 지지하고 격려했다. 부모는 자신이 자녀에게 충분히 잘하고 있는지, 좋은 음식을 차려주고 있는지 고민한다. 자녀의 학교생활은 괜찮은지, 자녀가 할 스포츠는 안전한지, 자녀의 미래가 보장되었는지 언제나 걱정한다. 당신이 지금 하고 있는 일을 과거의 부모들도 똑같이 하고 있었으며, 먼 미래의 부모들도 그럴 것이다.

우리는 시대를 초월하여 영원한 무언가, 매우 사소하면서도 동시에 매우 중요한 무언가의 일부다. 이 사실은 우리를 겸손하게 하고, 우리에게 영감을 안겨준다. 이 사실은 우리에게 목적과 관점을 제시한다.

또한 우리는 이로부터 현실적인 조언도 얻을 수 있다. 육아는 모든 철학과 종교에서 이야기하는 주제다. 플라톤에게 자녀 앞에서 어떻게 화를 다스리는지 배울 수 있고, 마르쿠스 아우렐리우스에게 자녀를 위해 어떻게 평화로운 가정을 가꾸는지 배울 수 있다. 세네카에게 자녀를 버릇없게 키우지 않는 법을 배우고, 엘리자베스 2세 여왕에게 자녀를 지지하는 법을 배울 수 있다. 플로렌스 나이팅게일에게는 어떻게 자녀에게 영감을 불어넣는지를 배우고, 샌드라 데이 오코너에게는 자녀의 호기심을 키워주는 법을 배워보자. 제리 사인펠드에게는 자녀와의 시간을 소중히 여기는 방법에 대한 교훈을 얻을 수 있다. 토니 모리슨에게 일과 육아 사이의 균형을 지키는 법을 배우고, 무함마드 알리의 삶에서 자녀를 믿는 법을 배운다. 스토아 학파, 불교 신도들, 현대인이나 고대인 등 모든 사람에게서 교훈을 배울 수 있다.

지혜를 좇는 과정처럼 육아도 평생 지속해야 하는 일이다. 아무도 당신이 마술에 걸린 듯, 한순간에 육아에 대해 "깨닫게" 될 것이라고 기대하지 않는다. 사실 이것은 너무 많은 육아 서적의 근본적인 결함이다. 아이가 태어나기 전, 한창 자라는 유아기, 아이가 크고 난 후 어떤 위기에 처했을 때 급하게 책을 읽으면 모든 게 괜찮아질 거라고 하지 않는가? 하지만 육아는 그런 식으로 되지 않는다. 분 단위로 당신의 아이들과 삶은 당신이 결코 상상할 수 없던 상황에 처하게 된다(그것은 어떤 책도 예상하지 못한 상황일 것이다). 따라서 육아에 갑작스러운 변화가 없더라도 평소에 반드시 해야 하는 노력과 과정이 있다. 이 책은 — 하루에 한 페이지씩 — 그 부분을 중심으로 구성했다. 일회성으로 끝나는 것이 아니라 매일 아침 혹은 저녁으로 반복해야 하는 과정이다.

우리의 미흡한 면이 드러날 것이다. 우리는 이성을 잃고, 조바심을 내며, 잘못된 것을 우선순위에 두고, 심지어 사랑하는 사람들과 우리 자신에게 상처를 주기도 한다. 그럴 때는 이 책을 읽다가 멈춘 부분부터 다시 읽듯이, 중단한 부분부터 다시 시작해야 한다. 우리는 결점이 있는 인간이라는 사실을 받아들여야 하고, 실수에서 배워야 하며, 같은 실수를 반복하지 않도록 최선을 다해야 한다. 실수를 털고 일어나서 다시 시도하자. 더 잘해보자.

이 책은 제목처럼 남성만을 위한 것이 아니다. 《데일리 대드》라는 이름이 붙은 이유는 단지 내가 두 아들의 아버지가 되었기 때문이다. 제목에 그 이상의 의미를 부여할 필요는 없다.

자녀가 성인이 되었든 아직 태어나지 않았든 입양아든, 당신이 의붓 부모든 이혼 부모든 동성애자든 이성애자든 성별이 무엇이든, 이 책은 당신이 자녀에게 필요한 부모, 세상이 필요로 하는 부모가 되기 위한 여정에 관한 이야기를 제공할 것이다. 자녀가 신생아부터 법적 성인이 될 때까지의 여정은 결코 짧지 않다. 훌륭한 부모가 되는 여성은 그보다 훨씬 진부터 시작되지만 결코 끝나지 않는다. 우리가 세상을 떠난 후에도 아이들은 좋은 교훈이든 나쁜 교훈이든 우리가 말과 행동으로 가르쳐준 것들을 마음에 품고 살아갈 것이다.

아이들을 키우는 일은 가장 어려운 일이다. 하지만 당신이 해낼 어떤 일보다 가장 보람되고 중요한 일이기도 하다.

이 책에는 과거 세대의 부모가 어렵게 얻은 지혜가 담겨있다.

당신은 부모다. 당신은 지금까지 살아왔거나 앞으로 살아갈 모든 부모다. 우리 모두가 함께하고 있다.

이제 다 함께 최선을 다해보자.

차례

추천의 글
005

1월 　　　**모범을 보이며 가르치기** 　　　014
　　　　　효과적인 유일한 방법

2월 　　　**조건 없이 사랑하기** 　　　048
　　　　　아이들이 진정으로 원하는 유일한 것

3월 　　　**가족을 최우선으로 생각하기** 　　　080
　　　　　일, 가족, 대인관계 중 두 가지 선택하기

4월 　　　**감정 다스리기** 　　　114
　　　　　인내심과 자제력에 대한 교훈

5월 　　　**인격이 곧 운명이다** 　　　148
　　　　　옳고 그름에 대한 교훈

6월 　　　**자신을 소홀히 하지 않기** 　　　182
　　　　　자기 관리에 대한 교훈

서문
008

| 7월 | 자신의 모습을 발견할 수 있게 도와주기 | 216 |
| | 양육과 발견에 대한 교훈 | |

| 8월 | 항상 팬이 되어주기 | 250 |
| | 자녀에게 줄 수 있는 가장 큰 선물 | |

| 9월 | 책 읽는 아이로 키우기 | 284 |
| | 학습과 호기심에 관한 교훈 | |

| 10월 | 투쟁과 극복 | 318 |
| | 회복탄력성을 키우는 방법 | |

| 11월 | 감사와 유대감 형성 | 352 |
| | 감사와 연결감에 대한 교훈 | |

| 12월 | 세월은 빠르게 흘러간다 | 386 |
| | 지금 세상을 떠날 수도 있다 | |

1
월

January

모범을 보이며 가르치기

효과적인 유일한 방법

당신의 뒤를
따라오는 어린아이

JAN 1

존 우든이 UCLA 남자 농구팀 감독으로 부임하기 9년 전인 1939년, 한 친구가 우든의 첫 아이가 태어난 것을 축하하기 위해 시 한 편이 적힌 사진을 보내왔다. 사진에는 모래 위에 남겨진 아빠의 발자국을 따라 뛰어노는 아들과 그 모습을 흐뭇하게 지켜보는 아빠가 있었다. 우든은 이 사진을 집에 걸어두고 매일 바라보았다. 그는 사진에 적힌 시를 외워 사람들에게 선물처럼 들려주길 좋아했다.

> 나는 신중한 사람이 되고 싶습니다.
> 작은 친구가 나를 따라오거든요.
> 나는 잘못된 길로 빠질 수 없어요.
> 아들이 같은 길로 빠질지도 모르니까요.
> 나는 절대 아들의 눈을 벗어날 수 없습니다.
> 아들은 내가 무얼 하든 보려고 하거든요.
> 그는 나처럼 될 거라고 말합니다.
> 나를 따라 하는 저 작은 아이가.

우든처럼 꼭 이 시를 외울 필요는 없지만, 이 시의 메시지는 언제나 마음에 담아두자. 아이는 당신의 뒤를 따른다. 당신이 하는 모든 일을 지켜본다. 당신이 잘못된 길로 간다면, 아이도 그 길을 따라갈 것이다.

JAN 2
이런 행동은 절대 보여주지 않는다

나는 모범을 보일 수 있다는 점에서만 나 자신을 철학자로 생각한다.
-프리드리히 니체 Friedrich Nietzsche

세네카의 유명한 글인 《화에 대하여 On Anger》에는 철학자 플라톤의 집에서 공부하며 생활한 한 어린 소년의 이야기가 나온다. 부모님을 만나기 위해 집으로 돌아간 소년은 아버지가 이성을 잃고 누군가에게 소리 지르는 것을 목격했다. 갑작스럽게 난폭한 모습을 보인 아버지에게 놀란 소년은 천진한 아이의 얼굴로 이렇게 말했다. "플라톤의 집에서는 이런 행동을 하는 사람을 본 적이 없어요."

아이들은 우리가 가족 앞에서 하는 모든 행동 — 특히 집이나 사적인 공간에서 하는 행동 — 을 일반적인 것으로 받아들인다. 부모가 배우자를 무례하거나 불친절하게 대하면 아이는 그것이 사랑하는 사람을 대하는 태도라고 생각한다. 부모가 지나치게 걱정하고 불안해하면, 아이는 세상을 두려워해야 할 무서운 곳이라고 여기게 된다. 부모가 비윤리적이고 냉소적으로 행동하면 아이도 남을 속이고 거짓말을 하기 시작할 것이다.

아이의 결점은
곧 당신의 결점이다

JAN 3

> 아이가 당신의 말을 듣지 않는다고 걱정하지 말고, 아이가 항상 당신을 지켜보고 있음을 걱정하라.
> - 로버트 풀검 Robert Fulghum

부모에게는 아이 때문에 미쳐버릴 것 같은 순간이 있다. 당신이 싫어하는 행동으로 화를 돋우거나 끝없는 질문을 던지고 당신을 흉내 낼 때다.

"나는 아들을 몹시 사랑하는데, 아마도 아들의 결점이 곧 나의 결점이기 때문일 것이다." 소설가 존 스타인벡은 아들에 대해 쓰면서 이렇게 덧붙였다. "나는 아들의 고통과 공포가 어디서 오는지 알고 있다."

아이는 부모의 장단점을 모두 갖고 있다. 그래서 이 힘든 육아를 멋진 기회로 만들 수도 있다. 우리는 아이가 가능한 한 최고의 사람으로 성장하도록 돕기 위해 이 자리에 있는 것이기 때문이다. 그러기 위한 한 가지 방법은 아이가 우리의 모든 좋은 면을 닮을 수 있게 돕는 것이고, 또 다른 방법은 우리의 나쁜 면을 닮지 않도록 돕는 것이다.

부모가 확고함과 냉정함을 잃는다면 균형을 잡기 매우 힘들어진다. 그런 일이 일어나게 해선 안 된다. 지금이 아이를 도와주고 지지해 줄 수 있는 시간이자, 어쩌면 우리 자신이 극복하지 못했던 결점을 극복할 수 있는 적기다. 우리가 얻지 못한 것을 줄 수 있는 두 번째 기회를 놓치지 말자.

무엇보다 이것은 우리 자신과 아이를 이해할 수 있는 기회다.

JAN 4 | 침착함을 유지하는 법을 보여준다

1952년 마거릿 대처의 아버지는 선거에서 경쟁 정당이 과반 의석을 차지하면서 자리에서 물러나야 했다. 그는 실망했고 상처받았다. 그는 이런 감정에 휩쓸려 대응할 수도 있었지만, 그러지 않았다.

대신에 대처의 아버지는 놀라울 정도로 절제되고 품위 있는 말을 남겼다. "나는 명예로운 이 자리에 9년 가까이 있었고, 이제 명예롭게 내려와야 한다고 믿는다." 그는 이후에 이렇게 덧붙였다. "비록 나는 넘어졌지만 운이 좋았다. 나는 그 자리에 있을 때나, 그 자리에서 내려온 지금이나 아무런 불만이 없다."

대처의 아버지는 딸에게 품위를 잃지 않고 패배하는 법을 보여주었다. 하지만 사실 아버지가 보여준 것은 그 이상이었다. 그는 외부 환경이 우리를 정의하는 것이 아니라 외부 환경에 어떻게 대응하느냐가 우리를 정의한다는 것을 증명했다. 또한 역경을 견디는 방법, 침착함과 자제력을 잃지 않는 방법을 보여주었다. 대처가 미래에 공직자이자 총리, 어머니로서 격동의 삶을 살아가는 데 커다란 교훈으로 삼을 것들이었다.

당신의 아이도 이런 교훈이 필요할 것이다. 그러니 아이에게 보여주자. 말로만 들려줄 것이 아니라 행동으로 보여주자. 일을 망쳐서 마음이 크게 상했을 때에도 당신의 대응 방식이 감정보다 더 중요하다는 것을 보여주자. 왜냐하면 그게 정말 더 중요하기 때문이다.

어느 쪽이 될 것인가?

JAN 5

브루스 스프링스틴은 브로드웨이 공연에서 모든 부모에게 주어진 선택에 대해 설명했다.

우리는 자녀의 삶에서 유령이 되거나 선구자가 된다. 자녀에게 우리의 실수나 짐을 지워 괴롭게 할 수도 있고, 자녀가 그 오랜 짐을 내려놓도록 돕고 우리의 잘못된 행동의 사슬에서 벗어나게 만들 수도 있다. 선구자로서 우리는 자녀와 나란히 걸으며 그들만의 길과 탁월한 면을 찾도록 도와줄 수 있다.

당신은 자녀에게 유령이 될 것인가 아니면 선구자가 되어줄 것인가? 아이들을 괴롭힐 것인가 아니면 이끌어줄 것인가? 아이들에게 저주를 내릴 것인가 아니면 영감을 줄 것인가?

물론 우리는 어떤 사람이 되고 싶은지 잘 안다. 하지만 우리 안에 있는 악마, 각종 문제들, 우리 부모님의 유령들이 이를 방해하고 있다.

그래서 우리는 상담을 받고 좋은 책들을 읽는다. 그래서 우리는 밤을 새우며 배우자와 육아가 얼마나 힘든지 이야기하고 빛으로 악마를 내쫓으려 한다. 그래서 우리는 아이들을 안아줄 때 내일은 더 잘하고, 더 노력하고, 내가 성장하면서 범했던 실수를 아이는 반복하지 않게 하겠다고 다짐한다.

쉽지 않을 것이다. 우리는 완벽할 수 없다. 하지만 계속 노력할 것이다. 우리는 아이들을 이끌고 영감을 주는 선구자가 될 것이다. 우리는 유령이 되어 미래의 아이들을 괴롭히지 않을 것이다.

JAN 6

아이들 사진을 벽에 걸어놓는다

어떤 미래가 기다리고 있을지, 자신과 조국의 운명이 어떻게 될지 알 수 없었을 것이다. 하지만 2019년, 볼로디미르 젤렌스키 대통령은 대통령 취임식에서 이미 우크라이나 국민에게 앞으로 그가 어떻게 대응할지에 대해 연설한 것이나 다름없었다.

젤렌스키는 연예계에서 화려한 인기를 끌고 한 나라의 대통령직까지 맡으며 우크라이나에서 가장 큰 성공을 거둔 인물 중 한 명에 올랐다. 하지만 그는 사람들에게 롤 모델이 되거나 칭송받길 원치 않았다. "대통령은 우상이나 아이돌이 아니므로 여러분의 사무실에 제 사진이 걸려있길 원치 않아요." 그는 이렇게 말했다. "대신 자녀의 사진을 걸어두고 결정을 내려야 할 때마다 그 사진을 바라보세요."

2022년 2월, 비인도적이고 탐욕스러운 러시아는 우크라이나를 침공했다. 젤렌스키는 구조될 수 있는 기회를 마다하고 그곳에서 버티고 싸웠다. 무엇이 그에게 동기를 부여했을까? 그것은 바로 그가 국민에게 했던 조언이다. 그에게는 열여덟 살과 열 살이 된 두 자녀가 있었고, 그는 이 아이들을 위해 싸웠다. 우크라이나 군대와 시민군도 젤렌스키처럼 자신의 아이들에게서 원동력을 얻었다. 그들은 중요한 순간에는 부모가 자녀를 위해 모든 것을 희생할 준비가 되어있다는 마음으로, 아이들에게 자유를 누리며 당당하게 살 기회를 주기 위해 모든 역경에 맞서 용감하게 싸웠다.

우리는 이 사례에서 영감을 받고 겸허해져야 한다. 젤렌스키가 말한 것처럼 벽에 영웅들의 사진을 걸어놓을 필요가 없다. 그 대신 자녀의 사진을 걸어두고 자녀가 자랑스러워할 수 있게 최선을 다해야 한다. 그러면 자녀의 미래와 안전과 자유를 위해 힘든 결정을 내려야 할 때 힘과 용기를 얻을 수 있다.

우리가 옳은 일을 하게 만드는 것은 우리 아이들이다. 왜냐하면 그들은 항상 우리를 지켜보고 있기 때문이다.

아이들은 집에서 배운다

JAN 7

> 교육은 가정에서부터 시작된다는 말은 끊임없이 반복되지만, 도덕성 또한 가정에서 배운다는 사실은 자주 잊힌다.
> -루이스 라무르 Louis L'Amour

부모는 아이들에게 착한 사람이 되라고, 정직하라고, 법을 지키라고, 다른 사람들을 배려하라고, 안전이 최우선이라고 이야기한다.

하지만 정작 부모는 어떻게 행동하는가?

다른 사람들을 배려하라고 이야기하면서 늦었다는 이유로 정지 신호를 지키지 않고 속도를 내서는 안 된다. 정직함이 중요하다고 말하면서 속도위반 딱지를 끊지 않으려고 거짓말을 해서는 안 된다. 벌금을 내지 않는 것과 당신의 가치관을 지키며 사는 것 중 무엇이 더 중요한 일인가? 모든 상황, 특히 자녀가 지켜보고 있는 상황이라면 스스로에게 물어야 할 질문이다. 당신이 당장 원하는 것을 얻는 게 아이들에게 잘못된 교훈을 가르쳐주고, 아이들에게 심어주고자 하는 가치를 훼손할 만큼 중요한 일인가?

아이들은 차 뒷자리에 앉아서 당신의 행동을 그대로 본받는다. 어떤 운전자가 될지, 더 나아가 어떤 *사람*이 될지 결정하는 크고 작은 교훈을 배운다. 아이들은 당신이 세상을 살아가는 모습을 지켜보고 있다. *지금 이 순간에도* 말이다. 부모가 교통법을 위반하고 약속을 어기는 모습을 지켜본다. 부모의 거짓말을 듣는다. 부모의 행동과 말이 일치하지 않을 때 아이들은 그것을 느낀다.

아이들은 가정에서 배운다. 차 안에서도 배우고, 집에서도 배운다. 부모는 자녀에게 기준을 세워주는 사람이기 때문에 모범이 *되어야* 한다. 부모가 기준이다.

JAN 8

당신의 가치관을 어떻게 구현하고 있는가?

1933년 4월 1일, 독일 정권을 장악한 나치는 모든 유대인 기업에 대한 보이콧을 실시했다. 비록 소규모였으나, 이는 앞으로 일어날 수많은 박해의 시초였다. 자녀에게 옳은 일을 해야 한다고 가르쳤던 수많은 부모가 나치의 이러한 행동을 그대로 따라 했다.

하지만 모든 부모가 그런 것은 아니었다. 예를 들면, 디트리히 본회퍼의 당시 아흔아홉 살이었던 할머니가 있었다. 물건을 사러 나간 그녀는 어느 상점에서만 물건을 사야 하는지 알고 있었지만 이를 따르지 않았다. 그녀는 상점 앞에 주둔하고 있던 나치군을 무시하거나 피한 후 그녀가 원하는 상점에서 물건을 샀다. "폭군 같은 나치를 지나 당당히 걸어가던" 할머니는 본회퍼 가족에게 "그들이 지키고자 했던 가치관을 실천하는 인물"이었다.

할머니의 실천적인 모습은 10년 후 히틀러 암살 모의에 가담했다가 목숨을 잃은 디트리히에게도 큰 영향을 미쳤다. 목사였던 그는 런던이나 미국에서 자유와 평화를 누리며 살 수 있었음에도 독일에 남았다. 할머니는 그에게 모범이 되었고, 가치관을 지키며 사는 방법을 보여주었다.

미래에 어떤 크고 작은 일이 일어나든지 당신도 당신의 가치관을 지키며 사는 모습을 아이들에게 보여줄 수 있길 바란다.

당신은 진짜 어른인가?

JAN 9

사회 비평가이자 교육자인 닐 포스트먼은 《사라지는 유년기 *The Disappearnace of Childhood*》에서 아동기는 사회적 산물이라고 말한다. 유전적 발현은 누가 어린이고, 누가 그렇지 않은지 구분하지 않는다. 우리가 이해하는 어린이라는 개념의 역사는 400년이 채 되지 않는다. 그는 "아동기라는 개념은 르네상스 시대의 위대한 발견 중 하나다"라고 말한다. 어린이에게 발달하고, 배우고, 놀고, 탐험하고, 자신을 발견할 수 있는 안전한 공간을 주었기 때문이다.

하지만 모든 발견들처럼 아동기도 사라질 수 있다. 어떻게 사라질 수 있냐고? *성인기가 사라지면서다.* 사회적 구조와 심리 상태로서 아동기는 성숙함, 책임감, 문해력, 비판적 사고 등이 성인의 특징으로 나타날 때 제 역할을 할 수 있다. 하지만 긴 글을 읽고 쓰는 능력이 쇠퇴하면서 어린이와 성인의 격차가 줄어들고 있다. 어린이와 성인의 경계가 점차 흐릿해지며 사라지고 있다.

부모로서 우리는 이 위대한 발견을 보호해야 한다. 아동기와 성인기 사이의 격차를 늘려야 한다. 아이들이 아이답게 행동할 수 있게 하자. 그러기 위해서 당신은 어른이 되어야 한다. 리더가 되자. 책임감 있게 행동하자. 아이들의 본보기가 되고 모범이 되자. 아이들은 아직 이해할 수 없는 책을 읽고 있는 모습을 보여주자. 아이들은 아직 알아들을 수 없는 어른들의 대화를 들려주자. 땀 흘리며 열심히 일하는 모습을 보여주자.

아이들에게 어른이 되는 것에 대한 기대감을 심어주는 그런 어른이 되자.

JAN 10　당신의 삶이 곧 가르침이다

남에게 영향을 줄 수 있는 유일한 방법은 모범을 보이는 것이다.
-알베르트 슈바이처 Albert Schweitzer

플라톤과 아리스토텔레스를 포함한 소크라테스에게 배운 많은 현자들은 "[그의] 말보다 인품에서 더 많이 배웠다"라고들 한다.

초기 스토아 철학자인 제논과 클레안테스도 마찬가지였다. 세네카는 이렇게 썼다. "만약 클레안테스가 단순히 제논의 강의만 들었다면 제논을 똑 닮지 못했을 것이다. 스승과 삶을 공유했고, 그의 숨겨진 의도를 들여다보았으며, 제논이 자신의 원칙을 지키며 사는지 지켜보았다."

부모에게 이보다 더 좋은 설명 — 더 좋은 기준 — 이 있을까? 자녀를 가르치고 싶다면 말로만 해서는 안 된다. 강의로도 안 된다. 당신이 정한 규칙과 자녀에게 중요하다고 말하는 가치를 지키며 사는 모습을 보여줘야 한다.

우리가 그 선물이 될 수 있다 | JAN 11

마르쿠스 아우렐리우스의 아버지는 그가 어릴 때 돌아가셨다. 하지만 비극의 저주를 받은 이 소년은 큰 선물도 받았다. 이 선물을 받은 모든 아이들이 세상에서 가장 놀라운 것이라고 말하는 선물, 바로 다정한 새아버지다.

에르네스트 르낭은 마르쿠스의 새아버지에 대해 "마르쿠스가 어떤 선배나 개인 교사들보다 가장 존경하는 스승은 바로 안토니누스였다"라고 썼다. 성인이 되고 난 후 마르쿠스는 안토니누스의 수제자가 되기 위해 애썼다. 르낭에 따르면, 생전에 마르쿠스는 그를 "완벽한 삶의 가장 아름다운 모델"로 여겼다.

마르쿠스가 안토니누스에게 배운 것은 무엇이었을까? 그는 연민, 근면, 끈기, 이타심, 자립심, 유쾌함을 배웠다. 의견을 제시하는 모든 사람의 말을 열린 마음으로 경청하는 법을 배웠고, 책임과 비난을 감수하고 다른 사람들을 편안하게 해주는 법을 배웠으며, 전문가들에게 발언권을 양보하고 그들의 조언에 귀 기울이는 법을 배웠다. 어떤 상황에서 밀어붙여야 할 때와 물러서야 할 때를 아는 것의 중요성, 표면적인 명예에 무관심하고 사람들에게 *마땅히 받아야 할 대우를 해주는 것*의 중요성을 배웠다.

꽤 훌륭한 가르침이다. 그렇지 않은가? 이 교훈들은 마르쿠스에게 깊은 영향을 주었고, 그는 성인이 된 후 이를 《명상록 *Meditations*》으로 기록해 스스로 계속 유념할 수 있도록 했다. 이 교훈이 강력한 힘을 발휘할 수 있었던 것은 그 가르침이 서책이나 두루마리에 적힌 것이 아니라 안토니누스의 행동에 깊이 배어있었기 때문이다.

롤 모델을 보며 배우는 것보다 더 좋은 방법은 없다. 가장 닮고 싶은 사람과 지속적으로 함께하는 것보다 우리의 발전을 판단할 수 있는 확실한 방법은 없다.

JAN 12 — 말보다는 행동으로 보여준다

팀 덩컨은 NBA 역대 최고의 파워포워드이다. 우승 5회, 파이널 MVP 3회 수상, NBA 올스타 15회 출전, 올 NBA 팀 15회 선정, NBA 올 디펜시브 팀 15회 선정 등의 업적을 남겼다. 농구 역사상 가장 인상적인 턴어라운드 점프 슛에 성공했는데, 타의 추종을 불허하는 침착한 몰아의 경지에서 그것을 해냈다.

덩컨은 이 위대한 여정을 해내는 동안 선배이자 동료인 데이비드 로빈슨에게 많은 도움을 받았다. 이 두 슈퍼스타는 어떻게 인연을 맺게 되었을까? 로빈슨은 어떻게 조언과 도움을 베풀었을까? NBA 명예의 전당 입회식 연설에서 덩컨은 이렇게 설명했다.

사람들은 항상 "그가 어떤 말을 해주었나요? 그가 알려준 것은 무엇인가요?"라고 묻는다. 하지만 우리가 특별히 앉아서 대화를 나눈 기억은 없다. 그는 유능한 프로 선수이자 훌륭한 아버지였으며 멋진 사람이었고, 어떻게 좋은 팀원이 되는지, 어떻게 공동체에 도움이 되는 사람이 되는지를 보여주었다. 앉아서 알려주는 게 아니라 직접 행동으로 보여준 것이다.

우리는 우리가 가진 철학에 대해 말하기보다 직접 행동으로 보여주는 것이 더 낫다. 스토아 철학자들이 이야기했듯, 무엇이 좋은 사람, 좋은 운동선수, 좋은 팀원을 만드는지에 대해 생각하고 토론하는 것은 시간 낭비다. 우리가 할 일은 행동하는 것이다. 스포츠와 인생, 육아에서도 마찬가지다. 물론 원하는 만큼 이야기할 수도 있고 멋진 대화를 나눌 수도 있다. 하지만 중요한 것은 우리가 무엇을 하고, 어떤 사람이며, 어떻게 행동하는지다.

지속적인 영향을 미치는 방법

JAN 13

> 내일 아이들의 기억 속에 남고 싶다면, 오늘 아이들의 삶과 함께해야 한다.
> -바버라 존슨 Barbara Johnson

당신이 이 사실을 알고 있든 그렇지 않든, 당신이 조부모를 알고 지냈든 아니든, 그들은 당신의 삶에 큰 영향을 미쳤다. 당신의 조부모는 그들의 자녀, 즉 당신의 부모에게 가치관을 물려주었다. 그리고 이제 당신은 이러한 교훈의 많은 부분을 자녀에게 전수하고 있다.

한 사람이 삼대에 걸쳐 영향을 미친 셈이다. 그렇게 생각하면 당신의 조부모가 말 그대로 세상을 바꾸어 놓았다고 해도 과언이 아니다. 몇 마디의 대화, 성실하게 출근하는 모습, 저녁마다 읽는 책, 저녁 식사 시간에 보여주는 예절처럼 매우 사소한 방식으로 말이다. 자녀가 실수를 저질렀을 때 나누는 대화에서 영향을 미쳤고, 이웃에게 친절하게 대하거나 진입로를 청소하는 모습을 보여주며 영향을 미쳤다.

세상을 바꾸기 위해 우리가 할 수 있는 일은 많다. 우리는 그 모든 방법을 시도해 봐야 한다. 하지만 우리는 바로 여기, 집에서도 세상에 얼마나 큰 영향을 미칠 수 있는지 알아야 한다. 우리의 자녀, 손주, 증손주에게 우리는 여러 세대를 걸쳐 위대한 유산을 남긴다.

이렇게 놀라운 힘을 경시하지 말자.

JAN 14 | 아이들은 평가하는 것을 어디서 배울까?

> 나에게는 두 살짜리 아들이 있다. 아들이 뭘 싫어하는지 아는가? 낮잠이다. 그게 목록의 끝이다.
>
> -데니스 리리 Denis Leary

우리는 아이들이 어디서 평가하는 것을 배우고, 더 심하게는 편견을 갖게 되거나 한 집단을 다른 집단보다 경시하는 것을 배우는지 궁금해한다. 이 질문에 대한 대답은 한 가지밖에 없다. 바로 부모에게 배운다는 것이다.

당신이 남동생의 소비 습관에 대해 구시렁거리듯 한 말이나 연예인의 몸무게에 대해 가볍게 던진 농담에서 배운다. 당신이 이웃의 주차 방식에 대해 불만을 터뜨릴 때, 배우자와 저녁 식사를 하며 상대방에게 어떤 문제가 있는지 지적할 때도 배운다.

물론 큰 의미를 두고 한 이야기가 아니었을 것이다. 당신은 정말로 크게 신경 쓰지 않는다. 하지만 아이들은 당신의 말을 들었다. 아이들은 당신의 입 모양만 읽을 뿐 마음은 읽을 수 없다.

우리는 아이들이 열린 마음으로 선의를 갖고 사람들을 신뢰할 수 있길 바란다. 하지만 당신은 아이들에게 일상에서 그런 모습을 보여주고 있는가? 당신은 물론 편협한 사람이 아니지만 항상 친절을 베푸는가? 당신은 누군가의 면전에 대고 잔인한 말을 하지 않으면서 뒤에서는 왜 그런 말을 하는가? 특히 아이들이 들을 수도 있는데 말이다.

우리는 서로를 덜 평가하고, 덜 괴롭히고, 덜 판단할 필요가 있다. 가정에서부터 이런 습관을 시작할 수 있을까? 똑같은 소문이 돌고 도는 방앗간이 아이들의 장점을 먼지로 갈아내는 것을 막고 아이들에게 서로를 덜 평가하고, 덜 괴롭히는 모습을 보여줄 수 있는가?

자녀가 부모를 존중하기를 바란다면

JAN 15

> 스스로를 존중하는 것부터 시작하면 모든 사람의 존경을 얻게 될 것이다.
> ―무소니우스 루푸스Musonius Rufus

모든 부모는 자녀가 자신의 말에 귀 기울이길 바란다. 자녀가 자신의 조언을 진지하게 받아들이길 원한다. 무엇보다 우리는 존경받길 바라고 존중받길 바란다.

자녀가 당신을 존중하길 바란다면 존중받을 만한 사람이 되어야 한다.

잠시 생각해 보자. 당신도 실천하지 않는 조언을 아이들이 듣겠는가? 당신이 자신의 잠재력을 모두 발휘하며 살지 않는데 자녀가 당신을 존경하겠는가? 당신이 가면 증후군의 거짓말을 받아들이고 부모로서 스스로를 인정하지 못하며 낮은 자존감으로 괴로워하는데 아이들이 당신을 존경할 수 있겠는가?

정신을 차려야 한다. 자신이 할 수 있다는 것을 아는 부모가 되어보자. 그러면 나머지는 저절로 따라올 것이다. 만약 그렇지 않는다면? 적어도 어떤 일이 닥쳐도 대처할 수 있을 만큼 강해질 것이다.

JAN 16

자녀를 실망시키지 않는다

> 《전사 정신 The Warrior Ethos》은 자녀와 고향, 문화의 가치를 지키려는 [스파르타인의] 의지와 결의에 기초한다.
> -스티븐 프레스필드 Steven Pressfield

테르모필레의 스파르타군 300명에 대한 이야기를 들어본 적이 있는가? 고대 그리스 왕인 레오니다스는 약 7,000명의 군사를 이끌고 (그중 300명은 스파르타 전사들이었다) 크세르크세스 1세가 이끄는 30만 명이 넘는 페르시아 군사들의 침략에 맞서 전투를 벌였다. 스파르타군은 이틀 동안 최전선을 지켰지만 셋째 날 마침내 밀려났다. 레오니다스는 300명의 스파르타 전사들에게 계속 남아서 싸울 것을 명령했다.

레오니다스는 협곡의 전선에서 압도적인 수의 적군과 싸울 300명의 전사들을 어떻게 선택했을까? 플루타르코스에 따르면, 이들은 모두 "살아있는 아들을 둔 아버지"였다. 자녀를 둔 부모라면 자살과 가까운 임무에서 빠져야 한다고 생각하는 사람들도 있을 테지만 스파르타인들은 그렇지 않았다. 부모는 어떤 상황에서도 절대 자녀를 실망시키고 싶어 하지 않기 때문에 이 전사들이 선택된 것이다. 이 아버지들은 집에 있는 가족을 지키기 위해서뿐만 아니라 전쟁에서 전사하면 자식에게 남겨질 가문의 명예를 지키기 위해서도 가장 용감하고 맹렬하게 싸웠다. 전우를 버리거나 비겁하게 행동하는 것은 아버지를 존경하던 가족에게 실망을 안길 수 있는 수치스러운 일이었다.

우리는 아이들에게 감동을 줘야 한다. 아이들은 우리가 결코 실망을 주고 싶지 않은 존재들이다. 우리는 아이들을 위해 싸워야 할 뿐만 아니라 아이들의 기준 — 자연스러운 존경과 사랑 — 에 부응하기 위해 싸워야 한다.

위선자가 되어선 안 된다

JAN 17

> 거짓말쟁이보다 더 나쁜 것은 거짓말쟁이면서 위선자이기도 한 사람이다.
> -테너시 윌리엄스 Tennessee Williams

몇 년 전, 에미상을 수상한 배우 윌리엄 H. 머시는 자신이 받은 조언 중 최고의 조언을 해달라는 질문을 받았다. "절대 거짓말하지 마세요." 그는 대답했다. "그것은 가장 저속한 방법이죠. 거짓말은 많은 대가를 치르지만 그럴 만한 가치는 결코 없습니다."

하지만 《특권, 속임수, 대학 입학 스캔들 Unacceptable》의 저자들이 밝힌 것처럼, 머시는 이러한 인터뷰를 하는 동안 그의 아내 펄리시티 허프먼과 딸의 SAT 점수를 조작하고 있었다(딸은 이 사실을 알지 못했고 그들은 막내딸의 점수도 조작할 계획이었다). 더 안타까운 사실은? 딸은 SAT 점수가 필요하지 않은 연극 학교에 진학하기를 원했다는 것이다.

그것은 가장 저속한 방법이었고 그런 위험을 감수할 만한 가치가 전혀 없었다. 머시의 아내는 사기 행각에 가담한 죄로 잠시 감옥살이를 했다. 딸은 큰 충격을 받았다. 스캔들 자체도 곤혹스러웠지만, 좋은 사람이 되어야 한다고 늘 이야기하고는 그렇게 나쁜 행동을 한 부모의 위선을 목격해야만 했기 때문이다. 게다가 그들이 그렇게 나쁜 행동을 한 이유는 딸을 믿지 못해서였다!

어떤 아이에게도 그런 행동을 해선 안 된다. 적어도 아이들은 자신이 한 말은 지키는 부모를 만나야 한다. 자녀에게 그런 부모가 되어주자. 위선자는 되지 말자.

JAN 18 까다로워지라고 가르치자

아이들은 유별나다. 이것도 싫어하고, 저것도 싫어한다. 아이들은 모든 것이 그들이 원하는 대로 되어있길 바란다. 하지만 존 루이스의 어머니가 자녀를 키우는 동안 계속 강조한 "특별해져라Be particular"라는 말은 이런 의미가 아니었다.

그녀가 한 말의 의미는 데이비드 핼버스탬이 저서 《어린이 The Children》에 쓴 것처럼 "신중하고, 스스로를 책임지며, 언제나 준비가 잘 되어있어야 한다"라는 뜻이었다. 이것은 그녀가 자녀들이 어릴 때뿐만 아니라 어른이 되어서도 지키길 바라는 태도였다. 1990년대, 아들 존이 국회의원이 되어 오십 대에 접어들었을 때에도 그녀는 여전히 자신의 좌우명을 자녀들에게 상기시켰다. 존이 뉴트 깅그리치와 여러 차례 정치 싸움을 벌였을 때 윌리 메이 루이스는 아들에게 전화를 걸어 "나는 네가 그 사람과의 문제에 대해 특별하게 접근하길 바란다"라고 말했다. 핼버스탬이 쓴 것처럼 그녀의 말은 "깅그리치에 대한 비판은 신중해야 하고, 어떤 공격이든 사실에 근거한 것이어야 한다"라는 의미다.

까탈스러운 것이 아니라 꼼꼼해져야 한다. 별난 게 아니라 특별해지는 것이다. 사실관계를 분명히 하고, 해야 할 일을 해내자. 그 누구도, 그 무엇도 변명의 대상으로 만들지 말자. 잘 해내자.

자녀에게 이런 교훈을 알려주는 것도 좋지만, 언제나 그렇듯이 우리가 이 교훈을 실천하는 모습을 보여주는 것이 훨씬 중요하다. 특별한 것과 유별난 것, 사실에 입각한 것과 실체가 없는 것 사이의 차이점을 보여주자.

책임감이 무엇인지 보여주자. 조심하는 방법과 항상 신중해지는 방법을 가르쳐주자. 언젠가 당신은 자녀의 곁을 떠날 것이고 그들도 자신의 자녀에게 이러한 특별한 교훈을 가르쳐줘야 할 것이기 때문이다.

아이들은 이런 행동을 어디서 보았을까?

JAN 19

> 기준이 되는 사람 없이는 비뚤어진 것을 곧게 만들 수 없다.
> — 세네카 Seneca

화가 난 딸이 문을 쾅 닫고 소리를 지른다. 직접 간식을 만들어 먹은 아들이 부엌을 난장판으로 만들어놓고 치우지 않는다. 아이들이 종업원에게 무례하게 구는 것을 보았다. 아이들이 소셜미디어에 모욕적인 말을 쓴 것을 발견했다.

화를 내기 전에, 자녀의 행동을 비난하기 전에 한발 물러서서 보자. 그리고 보디빌더인 마크 벨이 십 대 자녀에게 항상 묻는다고 말했던 질문을 다정하고 솔직하게 물어보자. "얘야, 내가 언제 그런 행동을 하는 걸 봤니?"

이것은 훌륭한 질문이다. 당신이 다른 사람에게 혐오감을 주었던 행동을 아이들이 무심코 본보기로 삼고 있었을 수도 있기 때문이다. 나쁜 행동에 대한 변명의 여지는 없지만, 우리가 아이들에게 잘못된 일을 암묵적으로 용인하고 있지는 않았는지 아는 것은 도움이 된다. 하지만 당신이 그렇게 물어본 적이 없다면, 변명의 여지는 더 줄어든다.

JAN 20 자녀가 하길 바라는 행동을 한다

당신은 아들이 강인하고 정직하길 바란다. 딸도 그런 사람으로 자라길 바란다. 아이들이 성실하고, 남을 도울 줄 알고, 부모님이나 길에서 만나는 사람들을 존중하길 바란다. 깔끔하고 정리 정돈을 잘하며 잘 웃고 쾌활한 사람이 되길 바란다.

아이들이 그런 어른으로 성장하길 바라는 건 당연하다. 모두가 그럴 것이다. 문제는 어떻게 그런 훌륭한 아이들로 키울 수 있느냐인데, 그 답은 바로 거울을 바라보는 것이다.

베스트셀러 작가이자 두 자녀의 아버지인 오스틴 클레온은 육아에서 가장 힘든 부분은 바로 부모가 아이들이 되었으면 하는 사람이 되어야 한다는 것이라고 밝혔다. 부모는 아이들이 하길 바라는 행동의 모범을 보여야 한다. "제가 항상 부모님들에게서 발견하는 공통점이 있는데, 바로 그들도 하지 않는 일을 아이들이 하길 바란다는 거예요." 그는 말한다. 오스틴 클레온은 아이들이 책을 읽길 바라기 때문에 자신이 책을 읽는 모습을 보여준다. 아이들이 다양한 취미와 관심사를 찾길 바라기 때문에 악기를 연습하거나 스케치북을 만지작거리는 모습을 보여준다. 아이들이 그들이 하고 싶은 일을 찾아 열심히 일하길 바라기 때문에 스튜디오에서 작업하는 모습을 보여주려 한다. 아이들이 다른 사람을 정중하고 다정한 태도로 대하길 바라기 때문에 그도 가족에게 상냥하고 따뜻한 모습을 보여준다.

부모가 어떤 사람인지에 따라 자녀가 어떤 사람이 될지도 결정된다. 그러니 아이들이 되었으면 하는 사람이 되자. 어렵지만 그것이 유일한 방법이다.

아이들은 당신이 하는 행동에서 무엇을 배우고 있는가?

JAN 21

> 우리의 모든 행동은 본보기가 된다. 우리의 행동은 청소년들에게 큰 영향을 미칠 것이고, 청소년들은 우리의 미래다.
>
> -존 우든 John Wooden

브루스 스프링스틴은 아버지로부터 수치심, 무너진 자존심, 정복할 수 없는 악마와의 싸움에 대해 배웠다. 브루스의 많은 노래에서 그가 겪은 고통을 느낄 수 있다.

    스프링스틴이 그런 일을 겪게 된 것은 불운이었지만, 한편으로 그는 매우 다른 모범을 보인 어머니를 둔 행운아였다. 브루스는 자서전《본 투 런 *Born to Run*》에서 법률 비서로 일하는 어머니의 직장을 방문한 일에 대해 썼다. "나도 자랑스럽고 어머니도 자랑스러웠다." 그는 집에서 벗어나 자기 일을 하며 활기를 띠는 어머니를 본 기분이 어땠는지 회상한다. 브루스는 어머니에게서 자신의 모습을 볼 수 있었고, 더 나은 사람이 되겠다고 다짐했다. "우리는 각자의 자리에서 맡은 일을 해내는 멋지고 책임감 있는 사회 구성원이다. 여기 우리의 자리가 있고, 우리에게는 날이 밝으면 눈을 떠 안정적이고 좋은 삶을 살아야 할 이유가 있다." 그가 어머니의 일하는 모습을 보고 느꼈을 감정을 생각해 보자.

    당신의 자녀는 당신의 모습에서 무엇을 배우고 있는가? 브루스의 아버지처럼 화를 내고 괴로워하며 자포자기한 모습을 보여주고 있는가? 아니면 브루스의 어머니처럼 용감하고 강인하게 자신의 역할을 찾아가는 모습을 보여주고 있는가? 당신의 모습은 아이들을 더 나은 사람으로 만들고 있는가, 아니면 더 나쁜 사람으로 이끌고 있는가?

JAN 22 — 아이들은 언제나 당신의 말을 듣고 있다

> 아이들은 어른들의 말을 잘 듣는 편이 아니지만, 어른들을 흉내 내는 데는 실패한 적이 한 번도 없다.
>
> –제임스 볼드윈 James Baldwin

자녀의 입에서 나온 말을 듣고 가슴이 철렁 내려앉은 적이 있는가? 자녀가 하는 말을 듣고 너무 놀라서 어떤 반응을 보여야 할지 멍했던 순간이 있는가? 〈크리스마스 스토리 A Christmas Story〉에서처럼 말이다. 랄피는 눈이 내리는 밤, 아버지가 타이어를 교체하는 동안 큰 너트가 든 휠캡을 들고 있었다. 그런데 파커 할아버지가 휠캡을 치면서 큰 너트들이 여기저기 날아갔다. "오, 제에에에에에에기랄!" 랄피가 말한다. "저는 제기랄이라고 말할지 젠장이라고 말할지 고민했어요!"

파커 할아버지의 입이 떡 벌어지고 눈이 휘둥그레졌다. '어디서 그런 말을 배운 거지? 도대체 어디서 이런 말을 들은 걸까?'라고 생각했을 것이다.

물론 그는 답을 알고 있었다. 랄피는 화가 나면 온갖 욕설을 섞어 말하는 것으로 유명한 아버지에게서 그 말을 들었을 것이다. 이 어린 소년은 단지 아버지의 고약한 발자취를 따르고 있었을 뿐이다.

아이들은 항상 마음과 눈과 귀를 열고 당신을 지켜보고 있다. 아이들은 모든 것을 흡수한다. 그들은 무엇을 듣게 될까? 당신에게 쏟아져 나와 아이들에게 흡수될 말들은 무엇일까? 우리가 꼭 생각해 봐야 할 문제다.

부끄럽지 않게 살아야 한다

JAN 23

모든 부모가 잘 알고 있고, 아이들이 따라줬으면 하는 매우 기본적인 육아 수칙이 몇 가지 있다. 여기에는 근면, 스포츠맨십, 노력, 예절, 존중, 절제가 포함된다. 부모라면 누구나 알고 있는 기본 규칙이다.

그 외에도 성장에 꼭 필요하다고 생각되는 수많은 것들이 있다. 어떤 것은 진부한 진리가 되었고, 어떤 것은 단순한 진리가 되었지만, 그것은 우리가 날마다 대대로 반복하면서 미덕을 발견했기 때문에 그렇게 된 것이다. 하지만 부모인 우리도 이 규칙을 제대로 따르고 있는지, 실제로 이 규칙을 잘 준수하고 있는지에 대해서는 잘 생각하지 않는다. 억만장자 찰스 코크가 아버지의 실천 중심 육아에서 배운 가장 중요한 교훈은 *자신이 실천하지 않는 것은 자녀에게 절대 가르칠 수 없다는 것이었다.*

고객 서비스 담당자에게 전화로 무례하게 이야기하면서 자녀에게는 다른 사람들을 존중하라고 말할 수 없다. 보수는 높지만 스스로를 불행하게 하는 일을 하고 있으면서 자녀에게는 열정을 찾고 그것을 따르는 것이 중요하다고 말할 수 없다. 가족을 우선시하는 행동을 하지 않으면서 가족이 중요하다고 가르칠 수 없다.

앉아서 잔소리하는 것은 의미가 없다. 그저 아이들이 배우길 바라는 교훈을 따르며 사는 모습을 보여주면 된다.

JAN 24 자녀가 부모의 말을 경청하게 되면

철도 업계의 거물이었던 E. H. 해리먼은 부유했다. 그는 자녀가 원하거나 필요로 하는 모든 것을 제공해 주었다. 그러나 다른 부유한 부모들과 달리 그는 이러한 호화로운 환경에 엄격한 조언을 덧붙였다. 그는 아이들이 살면서 세상을 바꾸는 일을 하길 바랐다. 그는 "엄청난 부에는 의무와 책임이 따른단다. 돈은 반드시 국가를 위해 쓰여야 해"라고 말하길 좋아했다.

우리는 부모에게 들었던 말들을 자녀에게도 하기 마련이다. 여기저기서 들은 작은 지혜를 전하곤 한다. 아이들이 우리의 말을 경청해 주었으면 한다. 그 말이 잘 전달되길 바란다.

만약 그렇게 된다면? 그보다 더 좋을 순 없다.

1901년 해리먼의 딸이 사회에 첫발을 내디뎠을 때 그녀는 사람들이 자기 자신을 위해 호화로운 파티를 여는 광경에 깜짝 놀랐다. 그것이 너무 낭비라고 생각했을 뿐만 아니라 자기중심적인 행동처럼 보였다. 그래서 그녀는 자신의 재산으로 불우한 이웃을 돕는 자원봉사 비영리 단체인 주니어 리그Junior League를 설립했고, 이후에도 자신의 돈을 국가뿐만 아니라 전 세계를 위해 쓰며 수많은 사람의 삶을 개선했다.

부모로서 우리는 항상 씨앗을 심고 있다는 사실을 기억해야 한다. 아이들에게 한마디 하면서 씨앗 하나, 아이들에게 책을 읽게 하면서 씨앗 하나를 심는다. 함께 다큐멘터리를 보면서, 모범을 보이면서, 누군가를 소개해 주면서도 씨앗을 심고 있다. 만약 아이들이 부모의 말에 귀 기울이고 정말 부모의 말을 듣게 된다면? 놀라운 일이 일어날 것이다.

아이들을 저지하는 방법

JAN 25

> 부모는 자녀가 되길 바라는 사람이 되어야 한다. 자녀는 부모를 보며 자신의 인격을 형성한다.
>
> -존 S. C. 애벗 John S.C. Abbott

아이들이 하지 않았으면 하는 일들이 있다. 그래서 우리는 규칙을 정하고, 벌을 주고, 유심히 지켜본다. 이런 방법은 어느 정도 효과가 있지만 우리를 지치게 만들기도 한다. 한편 우리는 아이들에게 가장 큰 동기부여가 되면서 나쁜 행동을 저지할 수 있는 가장 강력한 수단에 대해서는 크게 신경 쓰지 않는다. 바로 우리 자신의 행동이다.

플루타르크는 이렇게 말한다.

> 아버지는 무엇보다도 자녀에게 분명한 본보기가 되어 자녀가 아버지의 삶을 거울처럼 바라봄으로써 부끄러운 말과 행동을 삼가도록 해야 한다. 아들과 같은 잘못을 범하는 부모는 자신도 모르게 아들의 이름으로 자신을 비난하고 있는 것이다.

자녀가 어떤 일을 하지 않길 바라고, 부정적인 영향을 받거나 나쁜 선택을 하지 않길 바란다면 당신의 행동이 지침이 되도록 해야 한다. 당신의 삶이 아이들에게 원동력이자 나쁜 행동을 저지할 수 있는 힘이 되게 하자. 그러면 당신은 언제든지 아이들에게 영감을 주는 사람이 될 수 있다.

JAN 26
좋은 결혼 생활이 무엇인지 보여준다

프랭클린 루스벨트와 엘리너 루스벨트는 말 그대로 세계 평화를 위해 싸움으로써 자녀들의 미래를 지켜냈다. 그렇다 하더라도 다섯 명의 자녀가 무려 열아홉 번이나 결혼했다는 사실에 대해 비난하지 않기는 힘들다.

일각에서는 이 일에 대한 책임이 대부분 프랭클린 루스벨트에게 있다고 말한다. 그는 외도로 아내에게 상처를 주었다. 그는 고압적이고 거만한 면이 있었으며 맹목적으로 사랑을 표현하는 어머니 아래에서 버릇없이 자랐다. 엘리너에게도 책임이 없는 것은 아니었다. 그녀는 매우 바빴고 평소 아이들에게 원망과 분노를 억누르며 사는 모습을 보였다. 현실이 그렇지 않을 때도 그녀는 모든 것이 완벽한 척했다. 또한 그들은 먼 사촌지간이었는데, 당시에는 이것이 그렇게 이상한 일은 아니었지만 그래도 좋아 보이지 않는 건 사실이다!

그들의 자녀들이 좋은 결혼 생활이란 어떤 것인지 어떻게 알 수 있었겠는가? 그들은 배우자와 부모로서의 행복과 의무보다 다른 모든 것을 우선시하는 두 사람의 복잡한 결혼 생활을 바로 옆에서 지켜보아야 했다.

이 이야기를 하는 것은 루스벨트의 결혼 생활을 비판하기 위해서가 아니다. 아이들은 부모로부터 중요한 모든 것을 배운다는 사실을 다시 한번 강조하기 위해서다. 그렇다면 당신은 자녀에게 어떤 결혼 생활을 보여주고 있는가? 당신은 놓치고 있지만 아이들은 놓치지 않고 보고 있는 것은 무엇인가? 부모는 자녀에게 좋은 결혼 생활이 어떤 것인지 보여주어야 한다. 건강한 유대관계와 동등한 파트너십이 무엇인지 보여주어야 한다. 당신이 지금 보여주는 모습이 아이들에게 가장 먼저, 그리고 가장 오래도록 기억될 것이기 때문이다.

어디서든 부모가 될 수 있다

JAN 27

선생님이라고 하면 우리는 교실을 떠올린다. 한편 리더라고 하면 흔히 전망 좋은 사무실이나 강단 앞에 있는 지도자 또는 병사들 앞에 있는 장군을 떠올리기 마련이다. 하지만 사실 선생님도 리더처럼 어디서나 다양한 형태로 자신의 일을 할 수 있다.

플루타르크는 소크라테스에 대해 이렇게 말했다.

[그는] 제자들을 위해 책상을 마련해 주지 않았다. 따로 교단에 올라가지도 않았고 강의 시간이나 제자들과의 산책 시간을 정해두지도 않았다. 하지만 그는 기회가 생겨 농담을 하는 동안, 술을 마시는 동안, 군사 작전을 수행하는 동안, 제자들과 시장에서 어울리는 동안, 심지어 체포되어 독약을 마시는 동안에도 철학을 실천했다. 그는 모든 감정과 모든 활동의 순간에 언제나 모든 측면에서 철학을 할 수 있음을 몸소 보여주었다.

교육과 리더십, 철학처럼 육아도 마찬가지다. 당신은 어디서든 부모가 될 수 있다. 매일 매 순간 누구에게나 부모가 될 수 있다. 소크라테스가 모범을 보였던 것처럼 자녀의 눈높이를 맞추고, 열린 마음을 갖고, 당면한 상황에 대응하며 가르치는 방식으로 부모가 될 수 있다.

JAN 28 일하는 모습을 보여준다

> 자신의 일을 사랑하는 모습을 보여주는 부모는 값비싼 집에 살게 해주는 부모보다 자녀에게 더 큰 도움이 될 수 있다.
>
> -폴 그레이엄 Paul Graham

많은 사람들이 이야기하는 "일과 삶의 균형"을 찾으려 하는 것이 우리의 본능이다. 우리는 각자의 영역에서 성공하고 성취하길 열망한다. 하지만 어느 한 영역이 다른 영역을 희생시켜선 안 된다. 우리는 아이들과 보내는 시간이 업무와 겹치지 않도록 일을 따로 분리하는 것을 목표로 해야 한다.

하지만 이렇게 하면 아이들은 직업윤리의 중요성을 어디서 배워야 할까? 열심히 일하는 아빠의 모습을 실제로 볼 수 없는데 아이들은 성실한 아빠의 모습이 어떤 것인지 어떻게 알 수 있을까? 일이란 게 무엇인지 어떻게 배울 수 있을까?

그것이 부모의 역할이기도 하다. 본보기가 되는 것. 라틴어에는 "어린 소는 나이 든 소에게 땅을 일구는 법을 배운다"라는 오래된 표현이 있다. 소들은 함께 끌려다니기 때문이다. 어린 소는 나이 든 소가 하는 일을 직접 볼 수 있을 뿐만 아니라 말 그대로 옆에 딱 붙어 그 일을 *배우게 된다*.

물론 일과 삶 사이에 적절한 경계선을 세우는 것은 중요하다. 일이 가정 생활을 압도하거나 방해해선 안 된다. 하지만 지나치게 이런 균형을 찾으려 노력하다가 자녀에게 평생 도움이 될 중요한 본보기를 보여줄 기회를 놓치지 않도록 주의하자.

당신의 가정에서부터 시작하자

JAN 29

한 비평가가 스파르타를 민주주의 국가로 만들자고 주장한 적이 있다. 이에 대해 위대한 입법자인 리쿠르고스는 "당신의 가정부터 먼저 민주주의로 만들라"라고 맞받아쳤다.

다른 사람들이 하는 일에 의견을 제시하는 것은 쉽다. 하지만 자기 기준에 자신의 행동을 맞추는 것은 어렵다.

자꾸 늘어나는 국가 부채가 마음에 들지 않는가? 좋다. 하지만 당신의 재정 상태는 양호한가? 계약한 후에 자신에게 돈을 지불한 팀을 버리고 트레이드를 요구하는 야구 선수들이 얄미운가? 하지만 당신은 새로운 이직 기회를 눈독 들이고 있진 않은가? 결혼 생활을 우습게 만드는 연예인들이 못마땅한가? 그렇다면 요즘 당신의 결혼 생활은 어떤가? 정치인들이 용기를 내야 한다고 생각하는가? 하지만 당신은 진실을 이야기하고 있으며 위험을 감수하고 있는가?

요점은 바로 이것이다. 세상이 돌아가는 방식에 대한 당신의 의견을 적용할 수 있는 곳은 당신이 실제로 통제권을 갖고 있는 작은 세상, 바로 당신의 가정이라는 것. 세상이 변하는 걸 보고 싶다면 집에서부터 그 변화를 이뤄내자. 해결해야 할 문제, 고쳐야 할 문제, 개선해야 할 문제가 넘쳐날 것이다. 거기서부터 시작하자.

변화는 가능하다는 것을 아이들에게 보여주자. 부모의 의견이 왜 중요한지, 자녀가 자신의 의견을 중요하게 만들려면 어떻게 해야 하는지 보여주자. 주장한 내용을 몸소 실천할 때 일어나는 진정한 영향력을 목격하게 하자. 이론이 아닌 실제, 가설이 아닌 실제에 중점을 둘 때 얻는 장점을 누리게 도와주자.

변화는 *지금* 시작된다.

JAN 30

대부분의 일을 해내는 건 아이들이다

코미디언 피트 홈스는 〈못 말리는 패밀리 *Arrested Development*〉의 제작자인 미치 허위츠의 두 딸이 모두 이십 대에 접어들었다는 소식을 듣고 그에게 축하 인사를 건넸다. "네가 해냈구나!" 그는 친구가 힘든 시기를 이겨내고 두 딸을 성인이 될 때까지 잘 키웠다는 의미에서 말했다.

하지만 홈스는 허위츠가 칭찬을 받아들이지 않았다고 말했다. "그 친구는 농담을 했죠. 대부분 아이들이 다 한 거라고요." 사실이다. 앞서 말한 것처럼 부모가 되는 것은 정말 중요한 일이지만, 우리가 생각하는 것만큼 중요하지는 않다.

우리는 좋은 모범이 되기 위해 최선을 다할 뿐 나머지는 아이들이 다 한다.

부모의 일은 힘들지만 아이들은 더 힘들다. 당신이 열 살 때 어땠는지 기억하는가? 열다섯 살이나 스무 살 때는? 어린 시절이 기억나지 않는다면, 말 그대로 뇌를 발달시키느라 너무 바빴기 때문일 것이다. 그러니 아이들이 어떤 모습으로 성장했고, 어떤 일을 해냈는지 보는 것은 정말 놀라운 일이다.

공은 아이들이 가져가고 책임은 부모가 진다는 사실을 기억하자.

자녀 교육을 멈추지 않는 부모

JAN 31

넬 페인터는 많은 것을 성취한 칠십 대의 세계적인 역사학자였다. 하지만 그때도 그녀의 어머니는 여전히 딸에게 가르침을 주고 있었다.

넬은 어떻게 그 나이에 유망한 학자로서의 경력을 포기하고 예술대학에 입학할 용기를 낼 수 있었을까? 아마도 그녀의 어머니가 65세에 자신의 첫 번째 책을 쓴 것이 영향을 미쳤을 것이다.

"어머니의 변신에 필요한 용기와 굳건한 결단력을 느끼기까지 몇 년이 걸렸어요. 그녀는 제가 평생 알고 있던 것보다 더 강인한 사람이었기 때문이죠." 넬이 말했다. "저는 어머니가 꾸밈없고 솔직하게 자신을 표현하기 위해 깊이 파고든다는 것을 알았어요. 여성으로서는 힘든 일이었고, 흑인 여성에게는 두 배로 힘든 일이었으며, 어머니 세대의 흑인 여성에게는 세 배로 힘든 일이었죠." 하지만 그녀의 어머니는 이를 해냈다. 그래서 넬은 노년에 접어들었을 때도 겁내지 않고 낯선 일에 뛰어들 수 있었다. 넬은 특이하거나 이상해 보이는 것들에 신경 쓰지 않았다. 힘든 일을 하는 것도 마다하지 않았다. 그녀의 책 《올드 인 아트 스쿨 *Old in Art School*》은 그녀의 어머니가 암묵적이거나 명시적으로 가르쳤던 교훈을 담고 있다.

우리는 그녀의 이야기에서 두 가지 교훈을 기억해야 한다. 첫째, 부모는 평생 멈추지 않고 자녀에게 가르침을 준다는 것. 둘째, 지금 우리가 하고 있는 일이 당장은 아이들의 공감을 얻지 못할 수 있지만 미래에는 무언가를 가르쳐줄 수 있다는 것.

해야 할 일을 계속하자. 자녀가 되었으면 하는 사람이 되자. 계속 성장하고, 아이들이 따를 수 있는 본보기가 되자. 암묵적으로 혹은 명시적으로 아이들을 가르치는 것을 멈추지 말자.

2
월

February

조건 없이 사랑하기

아이들이 진정으로 원하는 유일한 것

부모의 사랑을
대신할 수 있는 건 없다

FEB 1

브루스 스프링스틴은 자신의 아름다운 자서전에서 어린 시절 내내 아버지가 자신에게 건넨 말이 천 마디도 되지 않는다고 썼다. 그는 자신이 "어쩌면 사랑과 애정을 받지 못했기" 때문이었을 것이라고 적었다. 그래서 브루스는 수십 년 동안 아버지의 사랑을 얻기 위해 모든 방법을 시도했다.

1980년대, 그래미상을 몇 차례 수상한 삼십 대에 브루스는 우울증을 앓기 시작했다. 그 이유는 정확히 알 수 없었다. 그는 꿈꿨던 것보다 더 많은 것을 성취했다. 수많은 팬의 사랑을 받았고, 그가 동경했던 우상들과 동일한 수준의 아티스트로 거론되기 시작했다. 하지만 아들이자 한 사람으로서 그는 너무나 달랐다. 철저히 외로웠다.

그 외로움 속에서 브루스는 어릴 적 살던 동네를 드라이브하는 이상한 습관을 갖게 되었다. 그렇게 몇 년을 다니다가 브루스는 '내가 도대체 지금 뭘 하고 있는 거지?'라는 생각을 하게 되었다. 그는 정신과 의사를 찾아갔다. 의사는 브루스가 무언가 잘못된 것을 바꾸려고 한다는 사실을 단번에 알아챘다. 의사는 이렇게 말했다. "당신은 바꿀 수 없어요." 그렇다. 과거로 돌아가 부모의 행동을 바꿀 수 있는 사람은 없다.

스프링스틴은 그때의 트라우마에서 영감을 받아 만든 노래 "아버지의 집 My Father's House"의 마지막 구절에서 아버지의 집이 어떻게 자신을 영원히 괴롭혔는지 노래한다.

> 부르고 부르지만, 너무 춥고 외로워
> 우리의 죄가 그대로인 이 어두운 길을 빛이 가로지르네

겉으로 볼 때 브루스는 모든 걸 가진 것처럼 보였다. 하지만 내면적으로 그는 아무것도 가진 게 없는 것처럼 느꼈다. 많은 돈과 큰 인기와 멋진 상도 부모의 사랑을 대신할 수 없다는 증거다. 아이들이 원하는 건 사랑이 전부다.

FEB 2 | 아무리 많이 해도 부족한 말

> 모든 삶의 무게와 고통에서 우리를 해방시켜 주는 한 단어, 그것은 바로 사랑이다.
>
> -소포클레스Sophocles

이 말을 하면 아이들은 어깨를 으쓱인다. 사람들이 있는 곳에서 이런 말을 하는 것은 왠지 멋쩍고 진부하고 어색하게 느껴진다. 아이들을 쑥스럽게 만들고 싶지 않다. 귀찮게 하고 싶지도, 방해하고 싶지도 않다. 게다가 아이들은 당신이 어떻게 느끼는지 이미 알고 있다. 그렇지 않은가? 이미 집에서 수천 번도 더 이야기해 줬으니 말이다.

사랑해.
난 네가 자랑스러워.
내가 좋아하는 사람은 너란다.
너는 특별해.
너는 너로서 충분해.
너는 나에게 세상에서 가장 소중한 존재야.

인생의 마지막 순간에 이런 말들을 너무 자주 했다고 자책할 것 같은가? 아니면 살면서 이 말을 더 많이 했더라면 좋았을 거라고 후회할 것 같은가? 당신이 아이들을 얼마나 사랑했는지, 얼마나 자랑스러워했는지, 아이들이 태어난 순간부터 성공이나 돈, 그 어떤 것도 아이들과 바꿀 수 없었다는 것을 자녀가 모르거나 마음으로 느끼지 못했다면, 당신은 너무 괴로울 것이다.

인생은 위험을 무릅써야 하는 일로 가득하다. 그러나 이것은 위험을 감수할 필요가 없는 도박이다. 그러니 아이들에게 말하자. 당신이 어떻게 느끼는지 이야기해 주자. 사랑한다고 말해주자. 몇 번이고 반복해서 말하자.

끝이 없는 사랑, 아멘.

FEB 3

부모는 자녀를 "때때로" 사랑하는 게 아니다. 부모의 사랑은 조지 스트레이트의 노래 구절과 같다.

>그건 끝이 없는 사랑입니다, 아멘.
>그건 끝이 없는 사랑입니다, 아멘.

부모의 사랑은 자녀를 키우는 게 순조로울 때나 자녀가 말을 잘 들을 때, 부모의 기대에 부응할 때만 베푸는 것이 아니다. 자녀가 성공하고, 인생이나 일이 잘 풀릴 때만 사랑을 표현하는 것이 아니다.

가끔이 아니라 항상, 끝없이, 무조건적으로 하는 것이다. 자녀가 형제자매를 때리고, 시험에 대해 거짓말을 하고, 채소를 먹지 않으려 하며, 이미 큰돈을 지불한 일을 그만두고 싶어 하고, 가르치려 했던 가치와는 정반대로 행동할 때조차도 사랑을 베푸는 것이다.

비록 당신은 어릴 때 이런 사랑을 받지 못했더라도, 당신이 현재 힘든 시기를 보내며 우울하거나 화가 난 상황이더라도, 아이가 부모를 당연한 존재로 여기고 힘들게 하더라도 부모는 자녀를 사랑한다는 것을 보여줘야 한다.

때때로, 그리고 그 사이의 모든 순간에.

끝없는 사랑을.

아멘.

FEB 4 — 사랑은 봉사하는 것이다

말로만 사랑하지 말고 오직 행함과 진실함으로 사랑하자.
-요한일서 3장 18절 John 3:18

부모가 된다는 것은 자녀들에게 필요한 것을 제공하는 일이다. 잠들기 전 물 한 잔, 학교에 입고 갈 새 옷, 넘어지거나 실패했을 때 해주는 포옹처럼.

육아는 말 그대로 곁에 있어주는 것이다. 아이들에게 봉사하는 것이다. 아이들을 여기저기 데려다주고 신발 끈을 묶어주는 것이다. 자녀가 출산을 하고 병원에서 돌아왔을 때 당신이 설거지와 빨래를 해주러 자녀의 집으로 가는 것이다. 항암치료를 받고 구토할 때 자녀의 머리카락을 잡아주는 것이다. 자녀가 몇 살이 되었든지, 당신이 몇 살이 되었든지 상관없다. 그것이 우리가 여기 있는 이유다. 그게 우리가 하는 일이다.

톰 행크스가 자녀들에게 했던 질문을 당신의 아이들에게 해보자. "내가 뭘 해줄까? 난 네가 안전하기 위해 할 수 있는 건 뭐든지 할 거야." 이게 전부다. 그렇게 묻고 나서는 그냥 아이들을 사랑해 주면 된다.

그게 사랑이다. 그게 당신이 맡은 일이다. 당신은 봉사하기 위해 이 자리에 있는 것이다.

지금 그대로도
충분하다는 걸 알려주자

FEB 5

50세가 되기 전 상원 다수당 원내대표가 되었고 부통령에 이어 대통령으로 취임했으며 수십 년 동안 가장 막강한 권력자의 자리에 있었음에도, 린든 존슨은 평생 엄청난 열등감을 느끼고 살았다.

    그는 가난하게 자랐다. 그는 가정 형편 때문에 사우스웨스트 텍사스 주립 교육대학교에 입학했다. 충분히 좋은 학교였지만 대통령이 다닐 만한 학교는 아니었고, 미국 정치계에서 그의 상승세를 지켜보던 학식 있고 세련된 아이비리그 출신 동료들도 모두 그렇게 생각했다.

    그는 일찍부터 자신감이 없었다. 한 번도 자신이 충분히 잘해내고 있다고 느낀 적이 없었다. 어릴 때부터 그의 어머니는 아들에게 부당한 기대를 걸었고 그가 어머니의 사랑을 얻어야만 하며, 어머니의 자존심이 그의 성공에 달려있다고 느끼게 만들었다. 어머니는 린든이 피아노나 댄스 수업을 그만두기로 할 때마다 어떤 일에 실패하는 것을 끔찍한 일로 생각하게끔 만들었다. 린든 존슨은 그때를 회상했다. "제가 레슨을 그만두면 어머니는 며칠 동안 저를 없는 사람 취급하면서 집안을 걸어 다니셨어요. 그리고 아버지와 여동생들에게 유난히 더 따뜻하고 다정하게 대하는 걸 지켜봐야 했죠."

    모든 부모에게 정신이 번쩍 들 만한 한 가지 사실을 상기시켜 주자면, 어떤 잠재적 박탈감보다 결핍감이 아이들에게 훨씬 심각한 영향을 미친다는 것이다. 그러니 자녀가 태어나는 순간부터 아이들이 있는 그대로의 모습으로 이미 충분하고 훌륭하며 부모가 자신을 사랑하고 있다는 사실을 알게 해주자. 그리고 부모의 사랑을 얻기 위해 아이는 아무것도 하지 않아도 된다는 사실을 잊지 말자. 다정함과 애정을 얻기 위해 아이들이 성취해야 할 것은 아무것도 없다.

    그들은 있는 그대로 충분하다. 아이들이 가진 재능, 관심사, 목표만으로 충분하다.

FEB 6 절제력이 필요하다

1960년대, 젊은 시인이었던 다이앤 디 프리마는 영화에 나오는 전설적인 비트 파티에 참석했다. 모두가 그곳에 있었다. 마약과 아이디어와 로맨스가 있었다. 작가 잭 케루악도 그곳에 있었다. 하지만 디 프리마는 자리에서 일찍 일어나 집으로 돌아가려 했다.

그녀는 왜 일찍 떠나야 했을까? 디 프리마의 베이비시터가 집에서 그녀를 기다리고 있었기 때문이다. '복도에 세워둔 유모차는 예술의 적'이라는 말을 믿던 파티에 참석한 모든 작가들은 조용히 그녀를 비웃었다. 심지어 케루악은 자신이 경멸하는 것에 대해 입을 다물고 있지 않았다. 그는 모든 사람 앞에서 그녀에게 "베이비시터를 잊어버리지 않는 한 당신은 절대 작가가 될 수 없어"라고 말했다.

좋은 부모였던 디 프리마는 그 말을 듣고도 집으로 향했다. 줄리 필립스는 예술가들과 육아에 관한 놀라운 저서 《나의 사랑스러운 방해자 The Baby on the Fire Escape》에 이렇게 썼다. "그녀는 그 자리에 계속 머물렀다면 자신이 아마 작가가 되지 못했을 거라고 믿었다. 그녀는 글을 쓰려면 제시간에 집에 돌아가는 것처럼 '한결같은 절제력', 즉 약속을 지키는 습관이 필요하다고 주장했다."

영향력 있고 재능 있는 많은 사람들이 자신의 일과 재능을 핑계 삼아 부모로서의 의무를 소홀히 한다. 하지만 디 프리마는 이것이 규율과 헌신의 문제라는 사실을 정확히 꿰뚫어 보았다. 한 가지를 위해 삶의 다른 부분을 소홀히 함으로써 무언가가 (혹은 누군가가) 개선된다는 생각은 터무니없다. 오히려 그 반대다. 자신과 아이들에게 약속을 지킴으로써 중요한 근육을 강화하는 것이다. 사생활을 보호하고 절제하는 것은 곧 직업 생활을 보호하고 헌신하는 것이다.

다른 사람의 말에 휘둘리지 말자. 그 누구도 당신을 판단하게 하지 말자.

아이들이 있는 곳이 어디든 당신도 함께한다

FEB 7

1950년대 후반, 테네시주 화이트빌에서 길을 걷고 있던 벅 머피에게 한 백인이 "감옥에 갇힌 당신의 아들은 어떻게 지내?"라고 소리쳤다. 이것은 인종차별이 존재하던 남부에서 민감한 주제였다. 벅의 아들인 커티스가 이후에 미국의 민권 운동으로 이어진 내슈빌 농성에 참여했다가 체포된 상태였기 때문이다. "아들은 어디 있어?" 남자가 비웃었다. "아들은 아직도 내슈빌 감옥에 있나?"

머피 부부는 여러 이유로 아들의 행동주의를 걱정했다. 물론 그들도 인종차별은 악이라고 믿었고 그로 인해 많은 고통을 겪었다. 하지만 그들은 아들에게 어떤 일도 일어나지 않기를 바랐다. 그들은 동네에서 아들이 보복을 당할까 봐 두려웠다. 어쩌면 커티스가 너무 많은 것을 급진적으로 바꾸려 하는 것은 아닌지 걱정되기도 했다. 하지만 그 백인 남자가 아들을 조롱하던 바로 그 순간, 벅은 모든 자녀가 부모에게 바라는 진정한 지지가 무엇인지를 보여주었다. 벅은 단호하게 "아들이 있는 곳이 어디든 저도 함께합니다"라고 말했다.

자녀는 부모를 두렵게 하는 선택을 할 것이다. 사람들은 아이들의 선택을 의심할 것이다. 아이들은 때로 비난당할 것이다. 어쩌면 당신도 아이들의 선택이 현명한 것인지 의심할 수 있다.

하지만 아이들이 있는 곳이 어디든 당신도 함께 가야 한다.

아이들을 사랑해 주자. 아이들을 응원하고 지지해 주자. 아이들을 위해 싸우고, 아이들과 함께 싸우자. 아이들 옆에, 아이들 뒤에 서있어 주자. 그들이 있는 곳이 어디든.

FEB 8 | 자녀는 부모가 자랑스러워할 만한 행동을 하지 않아도 된다

> **대부분의 사람들은 존경을 자아내는 일이 아니라 불필요한 것들을 자랑스러워한다.**
> -레프 톨스토이 Leo Tolstoy

부모는 아무렇지 않게 좋은 뜻으로 말한다. 아이들이 축구장으로 달려나갈 때 "나가서 자랑스러운 모습을 보여주고 오렴"이라고 뒤에서 소리친다. 대학에 진학하는 자녀에게 "대학에서도 멋진 모습을 기대한다"라고 말한다. 자녀가 훌륭한 일을 해내면 그들이 임무를 완수했음을 알려줌으로써 보상한다. 아이들은 우리를 자랑스럽게 만들었다.

부모는 이런 말로 자녀에게 동기를 부여하려고 한다. 또한 무의식적으로 책임을 물을 때 이런 말을 하기도 한다. 하지만 이게 옳은 방식일까? 부모에게 뭔가 빚지고 있음을 암시하는 건 아닐까? 부모의 지지는 무조건적이거나 절대적이지 않다는 것을 암시하지는 않을까? 만약 자녀가 골을 넣지 못하거나 장학생 명단에 들지 못하거나 여름 인턴십 프로그램에 합격하지 못한다면 우리는 아이들을 *자랑스러워하지 않게* 될까?

아이들은 우리에게 빚진 것이 없다. 이곳에 태어나고 싶다고 요구한 건 아이들이 아니다. 자녀를 이 세상에 데리고 온 건 부모이기에 빚을 진 사람은 바로 우리다.

가족 간의 유대감을 형성하는 방법

FEB 9

에이브러햄 링컨은 말했다. "어린이가 자유로워지는 것이 나의 기쁨이다." 그는 이렇게도 말했다. "자녀가 부모의 폭압에 구속받지 않고 행복해지는 것이 나의 기쁨이다." 링컨은 부모의 폭압이 어떤 것인지 잘 알고 있었다. 그의 아버지는 폭력을 썼고 가족을 통제하려 했다. 링컨은 아버지가 좋은 의도로 그런 행동을 했다는 것을 나중에 알게 되었지만, 이제 아버지가 쓸 수 있는 방법은 거의 없었고 그나마 남은 방법도 모두 효과가 없었다. 그의 자녀들은 아버지를 좋아하지 않았고, 가능한 한 빨리 아버지 곁을 떠나기 위해 최선을 다했다.

그건 부모가 바라는 결과가 아니다. 그렇지 않은가? 부모는 자녀가 귀 기울이고 공감해 주길 바란다. 자녀가 멀리 도망가지 않고 자신의 곁에 머물길 바란다. 부모의 규칙을 존중하고 부모가 중요시하는 가치들을 구현하며 살길 바란다. 부모는 자녀가 성공할 수 있는 일, 그들이 해야 할 일을 하며 살길 바란다.

어떻게 그런 자녀로 키울 수 있을까?

많은 부모는 가장 쉽고 원시적인 리더십인 '강압'을 사용한다. 간단한 논리다. 내가 너보다 더 몸집이 크니까, 나는 텔레비전 리모컨을 뺏을 수 있으니까, 내가 그렇게 말했으니까 그렇게 하라고 강요하는 것이다. 이것은 한동안은 효과가 있다. 당신이 어렸을 때 이런 방법이 통했다는 것을 기억하고 있어서인지도 모른다. 하지만 결국 시간이 흐르며 이 전략은 실패로 끝난다. 오히려 역효과를 초래한다.

자, 이제 링컨의 말을 들어보자. "사랑은 자식을 부모와 연결해 주는 사슬이다."

FEB 10 자녀가 방황할 때

성경에서 가장 유명한 비유 중 하나는 예수가 돌아온 탕자에 대해 이야기하는 부분이다. "한 부자에게 두 아들이 있었다." 예수가 말했다. "작은 아들이 아버지에게 '아버지, 지금 제 몫의 재산을 주세요'라고 말했다." 그는 재산을 갖고 먼 나라로 떠났다. 그는 떠돌면서 도박과 잔치를 하고 왕처럼 술과 음식을 먹으며 일주일 만에 가진 재산을 모두 탕진했다. 그러다 결국 농장에서 돼지에게 먹이를 주는 일을 찾았다. 그는 식량을 살 돈이 없어서 돼지 먹이를 먹었다. 그러다 문득 고향에서는 아버지의 하인들도 밥은 풍족하게 먹는다는 생각이 들었다. 그래서 아버지에게 "저는 더 이상 아버지의 아들이라고 할 자격이 없으니 아버지가 고용한 일꾼 중 한 명으로 대해주세요"라고 고백할 생각을 하며 고향으로 향했다.

예수에 따르면, 그의 아버지는 아들이 이런 말을 꺼내기도 전에 하인들에게 "어서 가서 가장 좋은 겉옷을 가져와서 아들에게 입히도록 해라. 손가락에 반지를 끼워주고 발에는 신발을 신겨라. 가장 좋은 송아지를 잡아서 잔치를 벌이자! 죽었다가 다시 살아온 내 아들, 길을 잃었다가 다시 돌아온 내 아들을 위해"라고 말했다.

당신의 자녀도 언젠가 방황하고 반항하는 때가 올 것이다. 부모의 그늘에서 벗어나려 할 것이고 문제를 일으킬 때도 있을 것이다. 그래도 우리는 부모로서 이런 자녀를 받아들여야 한다. 다시 받아줘야 한다. 부모는 자녀에게 필요한 것을 제공해야 한다. 그리고 자녀가 돌아올 때는 비난하거나 "내가 그럴 거라고 했지"라는 태도 대신에 애정과 이해로 따뜻하게 맞아주어야 한다.

당신이 날것 그대로의 마음을 갖게 된 이유

FEB 11

> 우리의 마음속에는 아이를 사랑하기 전까지는 존재하는지조차 몰랐던 공간이 있다.
>
> -앤 라모트 Anne Lamott

사람들이 최악의 감정을 느끼는 순간에도 부모들은 다른 감정을 느낀다. 우리는 날것 그대로이며 취약하다. 누군가 사랑하는 사람을 잃었다는 이야기를 들을 때 눈물이 난다. 생계를 위해 고군분투하는 가족을 생각하면 가슴이 먹먹해진다. 입양 서류를 선물한 양부모, 갑자기 집으로 돌아와 아이들을 깜짝 놀라게 하는 군인 부모, 국경에서 재회한 가족들이 나오는 영상은 우리에게 다른 방식으로 다가온다.

이런 영상을 보면 순식간에 눈물이 터진다.

왜 그럴까?

자녀를 낳고 당신의 마음이 열리면서 당신은 날것 그대로의 상태가 된다. 코미디언이자 작가인 마이클 이안 블랙은 이렇게 말했다. "지난 30년 동안 감정적으로 위축된 상태로 지내온 나는 감정적으로 부모가 될 준비가 되어 있지 않았다." 부모가 되면 더 적극적인 방식으로 세상과 소통하게 된다. 또한 자신의 감정이나 자기 자신과 적극적으로 관계 맺게 된다. 폐쇄적이고 냉소적인 태도로 살아가는 게 더 쉬웠을 것이다. 자기 자신과 자신의 문제에만 집중하고 그 밖의 책임을 다른 곳, 다른 사람들에게 돌리는 것이 더 편했을 것이다.

하지만 요즘은 그런 일이 점점 더 어려워지고 있다. 육아는 당신을 변화시켰다. 모든 것이 연결되어 있고, 우리가 모두 연결되어 있다는 것을 깨닫게 해주었다. 당신을 더 나은 사람으로 만들었다.

FEB 12

당신의 아이를 있는 그대로 사랑하자

당신은 아주 특별한 사람이다. 이 세상에서 당신과 같은 사람은 단 한 명뿐이다.

-미스터 로저스 Mister Rogers

초등학교 선생님이자 베스트셀러 작가, 두 아이의 엄마인 제시카 레이히는 수많은 아이들과 인터뷰하며 부모님에게 하고 싶은 말이 무엇인지 물어보았다. 그녀는 말한다. "지금까지 가장 많이 받은 답변은 '나는 우리 형이 아니에요' '나는 우리 언니가 아니에요' '부모님이 어릴 때의 모습과 나는 달라요' '나는 부모님이 바라는 아이가 아닌 것 같아요' '부모님은 내가 어떤 아이인지 안다고 생각하지만 그건 부모님이 기대하는 사람이고, 진짜 내가 어떤 사람인지는 전혀 알지 못해요' 같은 것들이에요."

가슴 아픈 이야기이지 않은가? 자녀가 느끼거나 생각하지 않길 바라는 것의 목록이 있다면 — 제시카는 거의 매일 이런 이메일을 받는다고 한다 — 상위권을 차지할 만한 대답들이다. 어떤 아이도 부모가 자신이 다른 사람이 되기를 바란다고 느껴선 안 된다. 어떤 아이도 부모가 자신에게 실망하고 있다고 느껴선 안 된다. 자녀는 자신이 있는 그대로 특별한 존재이며, 존재만으로 이 세상을 — 그리고 부모의 삶을 — 더 좋게 만든다는 것을 알아야 한다.

아이들을 있는 그대로 바라봐 주어야 한다. 그 목소리에 귀 기울여 줘야 한다. 아이들은 사랑받아야 한다. 자녀가 누구인지, 어떤 사람이 되기로 했는지 알아봐 줘야 한다. 비록 부모가 바라는 사람이나 무엇이 아니더라도 말이다.

자녀가 부모에게 진정으로 바라는 것은 그게 전부다. 아이들은 그런 부모를 가질 자격이 있다. 그러니 오늘부터, 그리고 남은 평생 동안 아이들에게 그런 부모가 되어주자.

자녀에게 항상 줄 수 있는 것

FEB 13

사람은 다른 사람에게 행복을 주는 만큼 행복해진다.
-제러미 벤담 Jeremy Bentham

부모는 자녀에게 세상 전부를 주고 싶어 한다. 최소한 자기만의 방과 필요한 물질적인 것을 주고 싶어 한다. 이렇게 아이들에게 온전한 행복을 안겨주고 싶은 마음은 굴뚝같지만, 현실은 늘 부족할 수밖에 없다. 이것은 나쁜 소식이다. 하지만 좋은 소식은 오로지 당신만이 줄 수 있고, 항상 줄 수 있는 것이 있다는 것이다. 당신이 언제나 베풀 수 있는 것, 바로 아이들을 향한 애정과 이해, 사랑이다.

이런 것들은 당신이 부유하든 가난하든, 당신이 실수를 저질렀든 아이가 실수를 저질렀든, 당신이 힘이 있든 없든, 어떤 일이 일어나든 아이들에게 줄 수 있다. 사실 부모는 언제나 자녀에게 애정과 이해와 사랑의 마음을 가지고 있어야 한다. 결국 이 세 가지가 앞으로 당신이 자녀에게 해줄 수 있는 어떤 일보다 더 중요한 것이기 때문이다. 특히 이해와 사랑은 부모가 세상을 떠난 후에도 자녀의 삶에 남기 때문에 진정한 의미가 있다. 부모가 베푸는 이해와 사랑은 아이가 어떤 어른으로 성장하는지에 가장 큰 영향을 미치는 요소가 될 것이다.

그리고 생각해 보면, 다른 모든 것이 동등하다고 가정했을 때 자녀가 부모를 진심으로 (그리고 정당하게) 원망할 수 있는 유일한 경우도 부모가 이러한 사실을 알면서도 아이들에게 이해와 사랑을 베풀지 않을 때다.

당신이 할 수 있는 가장 위대한 일

FEB 14

데이비드 브룩스는 《두 번째 산 *The Second Mountain*》에서 한 친구와 나눈 대화에 대해 이야기한다. "나는 결혼 생활이 행복한 부부는 많이 알지 못해." 친구가 말했다. "하지만 부모가 아이들을 사랑하는 결혼 생활은 많이 알고 있지."

그런 결혼 생활에서 자녀는 좋은 본보기를 볼 기회를 잃는다. 하워드 W. 헌터는 이렇게 말했다. "아버지가 자녀에게 할 수 있는 가장 위대한 일 중 하나는 자녀의 어머니를 사랑하는 것이다." 그가 이렇게 말한 후로 가족에 대한 개념이 확장되었다. 세상에는 독신 가정, 이혼 가정, 성전환 가정, 혼혈 가정, 입양 가정, 동성애자 가정, 복혼 가정 등 다양한 가정이 존재한다.

하지만 정서는 변하지 않는다. 오직 확장될 뿐이다. 자녀를 위해 할 수 있는 가장 좋은 일은 자녀를 세상에 태어나게 해준 사람을 사랑하는 것이다. 또는 자녀를 함께 양육하고 있는 사람을 사랑하는 것이다. 자녀가 사랑하는 사람을 사랑해야 한다. 그래야 아이들은 자신이 사랑받고 있음을 알게 될 것이다.

자녀가 가장 원하는 것

FEB 15

엘리너 루스벨트는 힘든 어린 시절을 보냈다. 어머니는 항상 까다롭고 비판적이었다. 하지만 그럼에도 그녀는 어머니를 소중히 여겼기에 어머니가 스물아홉 살의 나이로 세상을 떠났을 때 크게 절망했고 불과 몇 달 후 아버지마저 세상을 떠났을 때는 충격에서 벗어나기 힘들었다. 엘리너는 할머니 집으로 보내졌는데, 그녀는 곧 어머니의 정서적 문제와 비판적인 태도가 누구에게서 비롯된 것인지 알게 되었다.

지루하고 고통스러운 생활은 엘리너가 런던에 있는 학교에 다니기 전까지 지속되었다. 여학생들을 위한 특수학교에서 엘리너는 마리 수베스트라는 선생님을 만나게 되었고, 그 선생님은 엘리너를 평범하고 부끄럼 많은 소녀가 아닌 재능과 야망, 세상을 바꿀 능력이 있는 특별한 사람으로 봐주었다. 이후에 엘리너는 이렇게 회상했다. "어린 시절 내내 내가 가장 바랐던 것은 관심과 칭찬이었다. 나는 나에게 관심을 끌거나 칭찬받을 만한 면이 하나도 없다고 느꼈기 때문이다."

부모인 우리도 직장이나 공동체, 결혼 생활에서 관심과 칭찬을 받고 싶어 한다. 어리고 연약한 삶을 살고 있는 우리 아이들이라고 왜 관심과 칭찬을 바라지 않겠는가? 그리고 부모에게서 관심과 칭찬을 받는 것보다 더 의미 있는 것이 어디 있을까?

어린이로 사는 것은 힘들다. 아이들은 위축되고 자기 자신을 의심한다. 자신이 속한 곳이 어디인지, 자신이 어떤 존재인지 고민한다. 이런 고민을 해결할 수 있게 도와주는 것이 부모의 역할이다. 아이들은 사랑받고 있고, 특별하며, 있는 그대로 충분하다는 것을 알려주어야 한다. 아이들이 마땅히 받아야 할 관심과 애정을 보여주자.

FEB 16 — 가장 중요한 것을 중요하게 여긴다

> 우리가 하는 말과 행동은 대부분 필수적인 것이 아니다. 이런 말과 행동을 하지 않으면 더 많은 시간과 평온함을 얻을 것이다. 매 순간 자문하자. "이 것이 꼭 필요한가?"
> —마르쿠스 아우렐리우스 Marcus Aurelius

'가장 중요한 것은 가장 중요한 것을 가장 중요하게 유지하는 것이다'라는 멋진 표현이 있다.

물론 가족마다, 사람마다 가장 중요하게 여기는 것은 다르다. 하지만 일반적으로 부모들에게 가장 중요한 것은 자녀를 적응력이 좋고, 자립적이며, 예의 바르고, 행복한 아이로 키우는 것이다. 가장 중요한 것은 대학이 아니다. 로펌의 파트너가 되는 것도 아니다. 깨끗한 집을 갖는 것도, 친구들과의 경쟁에서 이기는 것도 아니다. 높은 성적도 아니고, 부모의 발자취를 따르는 것도 아니며, 축구팀의 주장이 되는 것도, 뛰어난 첼로 연주자가 되는 것도 아니다.

가장 중요한 것은 아이들이 건강하고, 자신의 삶을 잘 준비하고, 좋은 가치관을 가지고, 자신이 누구인지, 무엇을 하며 인생을 보내고 싶은지에 대해 알아가는 것이다. 그중에서 가장, 가장, 가장 중요한 것은 우리가 아이들을 사랑하고 아이들이 우리에게 사랑받고 있다고 느끼는 것이다.

당신이 알고 있다는 것을 모르게 하라

FEB 17

지금은 세계 헤비급 챔피언이지만 권투 선수로서 처음으로 자립을 시도하던 젊은 시절, 플로이드 패터슨은 너무 배가 고파서 늦은 밤 어머니의 집으로 향할 수밖에 없었다.

"엄마에게 배고프다고 말하지 마." 그는 함께 가던 친구에게 말했다. "내가 밥도 잘 챙겨 먹지 못할 만큼 돈이 없다는 걸 엄마한테 들키기 싫어." 하지만 플로이드가 인사를 하자마자 어머니는 음식을 만들기 시작했다.

"엄마, 만들 필요 없어요." 그는 아무렇지 않은 척 이야기했다. "오늘 저녁에 식당에서 배가 터질 정도로 먹고 왔어요." 엄마는 그냥 간식일 뿐이라고 답하며 저녁을 한 상 가득 차려주었다. 플로이드는 몇 년 후 자서전에서 "엄마는 내가 그냥 인사차 방문한 게 아니라는 걸 알고 계셨을까? 나는 그냥 엄마를 섭섭하지 않게 하려고 차려준 음식을 먹은 게 아니었다"라고 이때를 회상했다.

플로이드의 어머니는 당연히 알고 있었을 것이다! 부모는 항상 모든 걸 알고 있다. 하지만 그녀는 아무 말도 하지 않았다. 그녀는 아들의 처지뿐만 아니라 아들의 기분과 자존심도 고려해 자신이 해야 할 일을 했을 뿐이다.

자녀가 도움이 필요할 때 부모가 해야 할 일은 도와주는 것뿐이다. 면박을 주는 게 아니라 *도와주는 것*. 창피를 주는 게 아니라 도움이 되어주는 것이다. 이것이 플로이드와 그의 어머니가 가졌던 관계, 자녀가 도움이 필요할 때면 언제든 집으로 돌아가 도움을 구할 수 있다는 것을 아는 관계를 만드는 방법이다.

FEB 18 | 자녀를 설득하는 방법

1941년, 메리 처칠은 에릭 던캐넌이라는 청년의 청혼을 받아들였다. 그녀는 젊고 미숙했다. 두 사람은 서로에 대해 잘 알지 못했다. 게다가 당시는 전쟁이 지속되는 상황이었다. 던캐넌은 그녀에게 꼭 맞는 짝이 아니었다. 정치계의 수장이었던 그녀의 부모님은 걱정이 깊어질 수밖에 없었다.

하지만 클레먼타인 처칠은 딸을 비난하는 대신 그것이 옳은 선택이라고 확신하는지 물어볼 뿐이었다. 그런 다음 주변에서 신뢰와 존경을 받는 사람 중 딸이 부담 없이 독립적으로 의견을 물어볼 수 있는 사람을 찾았다. 그러던 중 처칠의 측근 중 한 명인 애버렐 해리먼을 만나게 되었다.

해리먼은 젊고 충동적인 이 소녀와 따로 대화를 나누었다. "그는 내가 스스로 고민했어야 하는 것들을 모두 말해주었다"라고 메리는 회상했다. 그는 메리에게 아직 앞날이 창창하다고 말했다. "아직 많은 사람을 만나본 것도 아닌데 처음 다가온 사람의 청혼을 덥석 받아들여선 안 되며, 자신의 인생에서 어리석은 짓을 하는 것은 범죄나 다름없다"라고 말했다.

메리는 그의 조언을 받아들였고, 몇 주 후 자의로 약혼을 깨기로 결정했다. 이것은 스스로 내린 결정이었지만, 시간이 흐르고 그녀는 그런 결정을 내릴 수 있게 도와준 부모님이 계셔서 얼마나 다행이었는지 깨달았다. 그녀는 이렇게 썼다. "어머니가 개입하지 않았다면 어떤 일이 일어났을까? 어머니의 판단, 이해심과 사랑에 감사한다."

아이들은 우리가 동의하지 않는 일들을 벌이는데, 나이를 먹을수록 부모가 강압으로 설득할 수 있는 일들은 거의 없어진다. 우리는 아이들을 이해해야 하고, 인내심을 가져야 한다. 약간의 속임수를 쓰더라도 말이다. 궁극적으로 올바른 결정을 내려야 하는 사람은 자기 자신이기 때문에 우리는 아이들에게 조언을 해주고, 아이들이 그 조언을 받아들이기 위한 수단을 제공해야 한다. 또한 아이들이 어떤 선택을 하더라도 부모의 사랑이 변치 않음을 알려주어야 한다.

최고의 상황을 가정하자

FEB 19

당신은 자녀를 아주 어릴 때부터 지켜본 사람이다. 이 세상에서 가장 착한 행동을 하는 것도 보았을 것이다. 부모는 자녀가 어떤 아이인지 가장 잘 알고 있다.

그렇다면 한 가지 질문이 있다. 아이들이 실수하고, 시험에 떨어지고, 차를 고장 내고, 말썽을 일으키고, 말대꾸를 할 때 당신은 왜 최악의 상황을 가정하는가? 왜 분노하고 비판적인 태도로 아이를 대하는가? 왜 비난이나 실망, 의심의 눈초리로 아이들을 꾸짖는가?

당신은 그들이 착하고 괜찮은 아이들이라는 것을 안다. 아이들이 대개는 최선을 다한다는 것을 안다. 아이들이 무엇을 힘들어하는지 안다. 무엇을 두려워하고, 무엇에 취약한지, 어떤 약점을 갖고 있는지도 알고 있다. 아이들이 어떤 일을 겪어왔는지 안다.

그렇다면 왜 당신의 말투나 가정에 그런 점이 반영되지 않는가? 다정함이나 선의는 어디로 갔는가? 왜 아이들을 믿는 사람처럼, 좋아하는 사람처럼 이야기하지 않는가? 인내심과 너그러운 마음은 어디로 갔는가? 당신이 아이들에게 갖고 있다고 주장하는 *무조건적인* 태도는 어디에 있는가?

부모인 우리가 잊지 말아야 할 질문이다. 아, 그리고 이 모든 내용은 배우자와의 대화에서도 그대로 적용할 수 있다는 사실도 잊지 말자.

FEB 20

가장 부유한 아이들

누구나 어린 시절에 만났던 "부유한 아이들"을 기억한다. 부유한 아이들도 더 부유한 아이들을 기억하고 있을 것이다. 우리는 그들의 스키 여행, 커다란 집, 그 집만큼 큰 별장, 전자제품, 옷 등을 부러워했다.

그런데 어른이 된 지금, 그때의 그 아이들을 떠올렸을 때 가련해 보이는 아이들이 얼마나 많은가?

어쩌면 그들은 가정에서 부모의 관심을 그리워하고 있었을지 모른다. 행복이나 안정감이 부족하다고 느끼거나 부모님이 항상 다투고 있었을지도 모른다. 또는 부모님이 쉬지 않고 일만 했을 수도 있고, 다른 형제를 편애하고 있었을 수도 있다.

어른이 된 지금은 "부"라는 것이 다양한 형태로 존재하기 때문에 부자가 되기 위해 꼭 돈이 많아야 하는 것은 아니라는 걸 안다. 이것은 정말 좋은 소식이다. 모든 부모는 자녀에게 풍요로운 삶을 줄 수 있다. 우리는 아이들에게 쏟는 시간과 관심으로 부를 측정할 수 있다. 아이들이 안전함과 안정감을 느끼는지, 아이들이 사는 곳을 따뜻한 가정으로 느끼는지 등으로도 측정할 수 있다. 우리가 1년에 3만 달러밖에 벌지 못한다고 해도 말이다.

당신은 돈 한 푼 쓰지 않고 아이를 전교에서 가장 부유한 아이로 만들 수 있다.

언제나 자녀의 친구가 되어주자

FEB 21

기업가 벤 호로비츠는 래리 페이지, 스티브 잡스, 셰릴 샌드버그와 함께 일하며 1조 달러의 코치로 불리는 전설적인 빌 캠벨에게 수년간 코칭을 받았다. 호로비츠는 캠벨을 위한 추도 연설에서 아빠로서 가장 힘들었던 일과 그때 캠벨이 어떻게 도와주었는지 들려주었다.

첫째 아이 줄스는 자신이 트랜스젠더라는 결론을 내리고 성별을 바꾸기 위해 테스토스테론을 복용하고 수술을 받기로 했습니다. 이런 상황에서 부모가 느끼는 감정을 온전히 설명하기는 불가능하지만, 가장 먼저 걱정이 되었습니다. 사회에서 인정받지 못하는 건 아닐까, 건강이 나빠지진 않을까, 수술이 잘못되면 어떡할까, 편협한 사람들에게 해코지당하는 건 아닐까 하는 걱정뿐이었죠. 걱정이 너무 커서 일상생활을 할 수 없을 지경이었습니다. 그래서 저는 빌에게 털어놓기로 했어요. 빌은 제 사연을 듣고 눈물을 흘리며 이렇게 말했습니다. "정말 힘든 일이 될 거예요." 그는 즉시 줄스를 만나고 싶어 했습니다. 그리고 빌은 줄스를 안아주며 혼자가 아니고 언제나 빌이라는 친구가 있음을 알려주었습니다. 빌은 줄스의 마음을 이해했어요.

멘토인 캠벨을 기리기 위해 자신의 가족이 겪은 힘겨운 일을 사람들과 공유한 이 아름다운 연설은 앞으로 수많은 일을 겪게 될 모든 아이들이 부모에게 들어야 하는 말의 핵심이 담겨있다. 인생을 살다 보면 정말 힘든 일이 생길 거야. 하지만 넌 혼자가 아니란다. 내가 항상 너의 친구가 되어줄게.

FEB 22

자녀들과 언제나 함께하는 것

2008년 7월, 저널리스트 데이비드 카는 딸 에린이 대학교를 졸업하고 첫 직장을 구하기 위해 런던으로 떠나는 모습을 지켜보았다. 에린은 지난 몇 년 동안 힘든 시기를 보냈다. 알코올중독 증세가 시작되었고, 항상 괜찮은 남자들만 사귀는 것도 아니었다. 하지만 에린은 항상 아버지가 자신을 깊이 사랑한다는 사실만은 알고 있었다.

에린이 런던에 도착했을 때 이메일 편지함에는 아버지가 보낸 편지 한 통이 기다리고 있었다. 그것은 훌륭한 부모만이 쓸 수 있는, 데이비드의 경우에는 — 58세의 나이에 갑작스럽게 세상을 떠났기에 — 그가 세상을 떠난 후에도 딸에게 길잡이가 되어줄 편지였다.

얘야, 우리는 정말, 정말 기쁘구나.
우리는 언제나 너를 사랑하고 지지할 뿐만 아니라, 세상에 야망을 펼치겠다는 너의 선택을 존경하고 자랑스러워하고 있다는 걸 기억하길 바란다.

무슨 일이 있어도 자녀가 사랑받고, 지지받고, 인정받고 있으며 지금 모습 그대로도 충분하다는 사실을 알려주자. 그들이 어디를 가든 부모의 사랑과 지지, 자부심이 함께한다는 것을 알려주자.

자신의 가치가 어디에 있는지
어릴 때부터 가르쳐준다

FEB 23

> 젊은이들은 어릴 때부터 금을 착용하거나 소유하는 것이 옳지 않다는 것을 배워야 한다. 인간 본성의 일부이자 태어날 때 받은 장점인 각자만의 황금이 영혼에 섞여있기 때문이다.
>
> -플루타르크Plutarch

로저스 아저씨는 프로그램이 끝날 때마다 시대를 초월한 진리로 이제는 속담에 가까워진 메시지를 아이들에게 전달한다. "너는 너라는 사실만으로 오늘을 특별한 날로 만들었어. 세상 어디에도 너 같은 사람은 없고 나는 있는 그대로의 너를 좋아해."

부모로서 우리는 자녀의 진정한 가치가 어디에 있는지 가르쳐주어야 한다. 아이들의 가치는 그들이 이룬 성과에 있는 것도, 수입이나 외모에 있는 것도 아니다. 그들의 진정한 가치는 외적인 요소에 있지 않다. 그들의 가치는 타고난 내면에 있다. 아이들이 존재하기 때문에 그들의 가치도 존재한다. 지구상에 동일한 유전자, 경험, 환경의 조합을 가진 사람은 존재하지 않는다. 그 사실이 바로 아이들을 특별한 존재로 만드는 것이다. 아이들이 가장 희귀한 보석보다 더 희귀하고, 가장 귀한 금속보다 더 귀한 이유다.

FEB 24 아이들이 원하는 모든 것

자녀들에게 정말로 필요한 것은 무엇인가? 부모가 *반드시* 해야 하는 일은 무엇일까? 무엇이 필수적이고 무엇이 선택적인가? 쉬운 답은 없지만, 2008년 버락 오바마 대통령은 아버지의 날 연설에서 우리 아이들이 정말 필요로 하고 바라는 것이 무엇인지에 대해 명료하게 설명했다.

> 우리 아이들은 꽤 똑똑합니다. 인생이 항상 완벽할 수 없고, 때로는 험난한 길이 기다리고 있으며, 아무리 훌륭한 부모라도 모든 일을 제대로 해내지는 못한다는 것을 잘 알고 있습니다. 그들은 우리가 그들의 삶의 일부가 되길 바랄 뿐입니다. 자녀의 미래에 대한 자부심과 설렘으로 가득 찬 소중한 순간, 자녀에게 모범을 보이거나 조언을 해줄 수 있는 기회, 그저 곁에 있어주며 사랑한다는 것을 보여줄 수 있는 기회. 부모가 된다는 것은 결국 이런 것들입니다.

다른 무엇보다도 부모의 역할이 중요하다. 자녀의 삶에 한 부분 — 긍정적인 부분 — 이 되는 것. 필요한 조언을 해주는 것. 좋은 본보기가 되어주는 것. 아이들을 이해하고 사랑하는 것. 부모가 곁에서 해야 하는 일은 이게 전부다.

그 외는 모두 부가적인 것이다.

아이들에게 어떤 말을 더 많이 하는가?

FEB 25

아이가 위층으로 뛰어 올라가는데 당신이 아이를 멈춰 세운다. "얘, 올라가기 전에…." 당신이 거실에서 텔레비전을 보고 있는데 딸이 방 문을 열고 나온다. "얘, 할 말이 있는데…." 아이들이 뒷마당에서 레슬링을 하고 있는데 당신이 문을 열고 이렇게 말한다. "얘들아…."

그럴 때 아이들은 부모가 학교 숙제에 대해 말할 것이라고 생각한다. 혹은 옷차림을 지적하거나 집안에서 얌전하게 놀라고 말할 것이라고 생각한다.

아니, 이제 그런 말 대신 아무리 많이 해도 부족한 말, '사랑해'를 말해 주자.

사랑한다고 말할 때 아이들이 깜짝 놀라는가? 그저 아이들이 알 수 있도록 우리의 감정을 솔직하게 드러내고 싶을 뿐인데 아이들이 혼란스러워하는가? 그것은 자녀의 잘못이 아니라 부모의 잘못이다. 아이들의 행동이 아니라 우리의 행동에 문제가 있는 것이다. 그것은 아이들이 아니라 부모가 고쳐야 할 문제다.

FEB 26

부모가 바라게 될 것

조니 건서는 하버드대학에 진학한 유쾌하고 똑똑한 소년으로, 사랑이 넘치는 두 부모의 자랑이자 기쁨이었다. 하지만 어느 날 갑자기 뇌종양을 진단받고 15개월간의 투병 끝에 결국 너무 일찍 생을 마감했다.

아들 조니의 짧은 생애를 다룬 존 건서의 감동적인 회고록 《죽음이여, 오만하지 마라 Death Be Not Proud》의 마지막 부분에서 존의 아내 프랜시스는 아들의 죽음을 회상한다. 그녀는 아이와 함께한 너무도 짧은 시간을 되돌아보며 어떤 생각과 감정이 드는지 자문한다.

"우리가 조니를 더 사랑해 주었으면 좋았을 텐데."

그게 다였다. 그 생각이 머릿속을 떠나지 않았다. 그들이 아들 조니를 사랑하지 않은 것이 아니었다. 건서의 회고록을 읽고 그들이 얼마나 아름다운 가족이었는지 감동하지 않을 사람은 아무도 없을 것이다. 다만 모든 것이 사라졌을 때 프랜시스가 생각할 수 있는 것이라곤 아들과 함께했던 시간을 더 소중히 여길 수 있었던 기회뿐이었다.

그런 상실을 경험하는 일이 없길 바란다. 어떤 부모도 아이를 땅에 묻는 일은 없어야 한다. 하지만 그래도 우리의 마지막을 생각해 보자. 그때 우리는 어떤 생각을 할까? 우리 삶을 되돌아볼 때 우리는 무엇을 바라게 될까? 가족을 더 사랑했더라면 하는 아쉬움이 들 것이다. 매일 수천 번, 수천 가지 방법으로 이야기한다 해도, 아이들이 우리에게 어떤 의미인지 표현하는 데 얼마나 부족했는지 후회하게 될 것이다.

그러니 지금 당장, 우리가 할 수 있을 때 아이들을 더 사랑하도록 노력하자.

줄 수 있을 때 주자

FEB 27

> **미래의 사랑은 존재하지 않는다. 사랑은 오직 현재에만 존재할 뿐이다.**
> -레프 톨스토이 Leo Tolstoy

시인 윌리엄 스태퍼드는 육아에 대한 아름답고 사려 깊은 통찰력을 갖고 있었다. 하지만 그중에서도 그의 마지막 통찰은 최고였다.

스태퍼드가 일흔아홉 살의 나이에 심장마비로 세상을 떠났을 때 그의 아내와 자녀들은 스태퍼드의 책상에서 그가 마지막으로 쓴 짧은 문장이 적힌 종이 한 장을 발견했다. 종이에는 "그리고 내 모든 사랑은….."이라고 적혀있었다.

사랑은 스태퍼드가 그의 50년 커리어에서 자주 사용하던 단어가 아니었다. 아마 당신도 편하게 자주 말하는 단어가 아닐지도 모른다. 하지만 할 수 있을 때, 살아있을 때 많이 말해야 한다. 그리고 그냥 말만 하지 말고, 사랑을 주자.

당신의 자녀, 가족, 사랑하는 사람들은 받을 자격이 있다. 당신의 모든 사랑을.

FEB 28 | 사랑은 승리의 행진이 아니다

인생은 전쟁이자 낯선 곳으로의 여정이다.
-마르쿠스 아우렐리우스 Marcus Aurelius

두 명의 자녀를 둔 레너드 코언은 "사랑이 승리의 행진이 아닌 차갑고 험난한 할렐루야"라고 말했다.

부모가 되는 것에 대해 낙담하게 만들려는 것이 아니다. 당신은 이미 티켓을 샀고 기차에 탑승했다. 만약 육아의 과정이 홀마크 카드에 나오는 따뜻한 순간의 연속일 것으로 기대한다면 자신을 속이고 실망할 수 있다는 점을 상기시켜 주려는 것이다. 당신이 해야 하는 육아를 텔레비전에서 보는 모습과 비교하는 것은 바람직하지 않다.

육아의 과정은 힘들다. 정말로 힘들다. 어두운 순간도 많을 것이다. 지금 무엇을 하고 있는 건지 전혀 알 수 없거나 자신이 최악의 부모라는 생각이 드는 순간도 많을 것이다. 그래도 계속 나아가자. 포기해선 안 된다. 절망해서도 안 된다.

아이들은 당신만을 의지하고 있다.

두 번째 기회가 올 때는
반드시 잡는다

FEB
29

딸이 새벽 다섯 시에 놀자고 뛰어 들어왔을 때 기뻐하며 침대에서 벌떡 일어나지는 않았을 것이다. 십 대 아들에게 성적에 대해 스스로 설명할 기회를 많이 주지도 않았다. 저녁 식사 시간에는 휴대폰을 계속 확인하느라 아이들에게 온전히 집중하지 못했다.

다른 방도가 없다. 당신이 망쳐버렸다. 최선을 다하지 않았다.

이 사실은 변하지 않는다. 하지만 육아의 한 가지 장점은 두 번째 기회가 있다는 것이다. 아이들은 잊어버린다. 아이들은 다른 무언가를 위해 당신을 또 필요로 한다. 아직 아이들과 힘든 대화도 많이 해야 하고 저녁 식사도 매일 해야 한다.

이미 일어난 일을 되돌릴 수는 없지만 두 번째 기회가 올 때 잡을 수는 있다. 비록 지친 상태라도 아이와 놀기 위해 의지력을 발휘할 수 있다. 화를 내기 전에 잠시 멈추고, 당신은 아들을 사랑하며 아들은 여전히 시행착오를 겪고 있다는 사실을 떠올려보자. 당신의 휴대폰을 서랍 안에 넣어두고 가족과의 식사 시간에 온전히 집중하자.

이런 기회가 영원히 주어지는 것은 아니다. 내일은 결코 보장되지 않는다. 오늘은 선물이자 우연이다(특히 윤년에는). 그렇기 때문에 아이들과의 모든 상호작용은 중요하고, 그것을 당연하게 여겨선 안 된다. 하지만 우리가 매번 제대로 해낼 수는 없을 것이다. 그러니 만약 우리가 운이 좋아서 두 번째 기회를 얻는다면 그 기회를 잘 활용해야 한다. 더 열심히 노력해 보자.

3
월

March

가족을 최우선으로 생각하기

일, 가족, 대인관계 중 두 가지 선택하기

두 가지만 선택할 수 있다

MAR 1

친구여, 시간이 부족하구나
동이 터도, 어둠이 끝나도
사랑과 일, 친구를 가질 시간을 찾기에는

-케네스 코크 Kenneth Koch

다작을 하는 예술가이자 두 자녀를 둔 아버지인 오스틴 클레온은 어떻게 그 모든 일을 해낼 시간을 만드냐는 질문을 받았다. "전 시간이 없어요." 그가 대답했다. "예술가의 삶에서 중요한 것은 균형입니다." 그리고 그는 모두가 항상 지켜야 할 사소한 규칙을 덧붙였다. 바로 일과 가족, 대인관계 중 두 가지를 고르는 것이다.

파티를 열고 인간관계에 매달릴 수 있지만, 그럴 경우 당신에게 일할 시간은 많이 남지 않을 것이다.

열심히 작품 활동에 매진해 그 분야에서 찬사를 받을 수 있지만, 그것이 당신의 가족에게 남기는 것은 무엇인가?

행복한 가정을 꾸리는 것만큼이나 일에 전념한다면, 다른 활동을 할 여유는 없을 것이다.

이 모든 일을 항상 해낼 수 있다면 정말 좋겠지만 그럴 수는 없다. 부모는 자녀가 이 세상에 태어나는 순간부터 자녀의 필요와 우리의 욕구 사이에서 균형을 잡아야 한다. 처음에는 예상 밖의 일이 될 수 있다. 하지만 우리가 무엇에 '노No'를 외쳐야 하는지 왜 거절해야 하는지 알고 나면, 오래 지속되는 일, 정말 중요한 일에 편안하고 자신 있게 '예스Yes'라고 말할 수 있다.

MAR 2

가족을 제외한 모든 것은 일시적인 것이다

샤를 드골은 프랑스를 구했고 프랑스를 이끌었다. 그러나 그의 권력이 정점에 달했을 때도 그는 항상 "대통령직은 일시적이지만 가족은 영원하다"라는 사실을 되새기려 노력했다. 이에 따라 그는 사생활과 공적인 생활 사이에 경계를 두었다. 가족과 보내는 시간을 소중히 여겼다. 특히 지적장애를 앓는 딸인 앤을 비롯해 자신을 의지하는 자녀들에게 소홀히 대하지 않았다.

우리는 절대 이 사실을 잊어선 안 된다. 나는 세상에 매우 중요한 존재일지 모르지만, 나와 관계된 소수의 사람들에게 *나는 세상의 전부*다. 가족보다 더 중요한 것은 없고, 가족보다 영원한 것은 없다.

우리는 가족을 잃을 수 있으며 가족을 깨뜨릴 수도 있다. 가족을 떠나게 만들 수도 있다. 그러면 그 상실은 영원한 것이 된다.

반드시 성공을 위해 노력하자. 야망을 실현하자. 다만, 그것이 정말로 중요한 것을 희생시키지는 않는지 주의하자.

당신은 베이비시터가 아니다

MAR 3

ESPN 방송진행자이자 두 딸의 아버지인 스튜어트 스콧은 친구들과 각자의 자녀를 데리고 레스토랑에 앉아있었다. 기분이 좋아지는 유쾌한 장면이었다. 모두가 즐거운 시간을 보내고 있었고 아이들도 예의 바르게 행동했다. 아빠들도 서로 유대감을 느꼈다. 모든 게 완벽했다.

그때 한 어머니가 옆을 지나가다가 스콧을 알아보고 "아이들을 잘 돌봐주고 있네요"라고 칭찬을 건넸다. 그녀는 이 말이 스콧에게, 사실 모든 아버지들에게 얼마나 모욕적인 말인지 깨닫지 못했다. 아버지들은 자신의 아이를 시간제로 돌봐주는 베이비시터가 아니기 때문이다.

베이비시팅Babysitting은 보통 돈을 받고 다른 사람이 부모를 대신해 아이를 돌봐주는 서비스를 말한다. 의미상 베이비시터는 아이의 부모가 아니다. 하지만 이 아이들은 스콧의 자녀였다. 그가 원하더라도 그는 자녀의 베이비시터가 될 수 없다. 그것은 마치 집주인이 현관문을 잠그는 것을 볼 때마다 그를 경비원이라고 부르는 것과 같다.

스콧은 자신의 일을 하고 있었다. 아빠의 역할을 하고 있었다. 그 이상도, 이하도 아니었다. 스콧이 암으로 세상을 떠난 후 그의 친구는 이렇게 말했다. "스콧은 자신을 엄마의 손에서 아이를 몇 시간 동안 떼어놓는 임시 부모의 존재로 생각하지 않았다."

부모로서 하는 일을 중요하게 여기자. 왜냐하면 그것이 실제로 중요한 일이기 때문이다.

MAR 4

조정할 수 있어야 한다

엘리자베스 2세 여왕의 아버지인 조지 6세는 총리인 윈스턴 처칠과 매주 화요일 오후 다섯 시 반에 만남을 가졌다. 그래서 1952년, 엘리자베스가 왕위에 올랐을 때 그는 딸이 이 전통을 이어나갈 것이라고 생각했다. 엘리자베스는 전통주의자였기 때문이다.

하지만 그녀는 그 전통을 따르지 않았다. 엘리자베스 여왕에게는 두 명의 어린 자녀가 있었고, 당시 모든 부모는 오후 다섯 시 반이면 저녁을 먹인 다음 아이들을 재우곤 했기 때문이다. 엘리자베스 여왕은 "엄마는 오늘 밤 왜 우리랑 안 놀아줘요?"라는 괴로운 질문을 피하기 위해 아이들을 목욕시키고 잠자리에 재운 다음 여섯 시 반부터 윈스턴 처칠과 국정 문제를 논의했다.

요점은 자녀가 몇 살이든 스케줄을 조정할 준비가 되어있어야 한다는 것이다. 당신이 어떤 일을 하든, 우리는 가장 중요한 임무를 중심으로 다른 일을 조정할 수 있고, 조정해야 한다. 여왕이 윈스턴 처칠과의 만남을 한 시간 늦출 수 있다면, 당신도 전화 회의 일정을 조정할 수 있다.

일보다 가족이 우선이다. 아무리 그게 국가의 일이라도 말이다.

아이들만을 위한 시간을 정하라

MAR 5

루스 베이더 긴즈버그는 로스쿨 재학 시절, 자신의 육아 전략에 대해 이렇게 설명했다(당시에 여성들은 이런 일을 하지 않던 시절이었다).

우리 집 베이비시터는 오전 여덟 시에 도착해서 오후 네 시에 떠났다. 나는 수업 사이의 쉬는 시간을 이용해서 공부하고 다음 날 과제를 했지만, 오후 네 시가 되면 그때부터는 제인을 위해 시간을 썼다. 우리는 함께 공원을 가고, 게임을 했으며, 우스꽝스러운 노래를 불렀다. 제인이 잠들면 나는 다시 공부를 시작했다. 주어진 시간을 최대한 활용해야 했다. 시간을 낭비할 수 없었다.

물론 당신은 바쁘다. 일도 해야 하고, 배우자도 있으며, 자녀들도 있다. 그리고 성인으로서의 모든 의무를 해내야 한다. 이 모든 것이 중요하다. 어떻게 모든 걸 해낼 수 있을까?

사실 이 모든 일을 매일 온전하게 다 해낼 수는 없다. 어떤 일은 놓칠 수밖에 없는데, 보통 가장 먼저 놓치는 것이 아이들과의 시간이다. 그것은 텔레비전을 켜줄 수 있기 때문이다. 카시트에 아이를 앉혀놓고 볼일을 보러 다닐 수 있기 때문이다. 아이들에게 "미안해. 지금 너무 바빠"라고 말할 수 있기 때문이다.

그래서 시간을 매우 명확하게 정해놓는 것이 좋다. 타협할 수 없는, 온전히 *아이들만을 위한* 시간을 정해놓는 것이다. 당신이 업무나 다른 중요한 일을 할 때처럼 말이다.

우리에게 남은 시간만 아이들에게 쓴다면, 부모로서 우리에 대해 어떤 말을 할 수 있을까? 아마도 긍정적인 말은 아닐 것이다. 아이들이 최우선이다. 다음에 새롭게 해야 할 일을 달력에 적을 때 이 사실을 잊지 말자.

MAR 6

자녀를 우선시하는 것이란

아치 매닝은 커리어 내내 뉴올리언스 세인츠의 선수로 활약했다. 그는 실력이 뛰어난 선수였지만 팀은 훌륭한 성적을 내지 못하고 있었다. 수년 동안 뉴올리언스 세인츠는 패배했다. 수년 동안 그는 형편없는 공격 라인과 드래프트를 견뎠고, 결승전 근처에도 가지 못했다.

따라서 그가 휴스턴 오일러스로, 나중에는 미네소타 바이킹스로 옮겨가게 된 것은 다행일 수 있었다. 그의 경력에 새로운 활력을 불어넣을 수 있었다. 은퇴하기 전까지 몇 년이라는 기간이 남아있었기에 마침내 우승 팀의 일원이 되는 기회를 잡을 수도 있었다. 하지만 그 대신 1984년, 그는 은퇴했다.

왜 그랬을까? 그의 아들 일라이 때문이다. 그가 쓴 책《나의 첫 번째 코치 *My First Coach*》에서 매닝은 이렇게 설명했다.

나는 집을 떠나있었고 그 사실이 전혀 좋지 않았다. 은퇴하고 난 후의 진정한 즐거움 중 하나는 내가 집에 있을 수 있다는 사실이었다. 항상 일라이 곁에 있을 수 있었다.

이것이 훌륭한 부모의 모습이자 경기장 안팎에서 진정으로 위대한 모습이다. 당시 그가 바이킹스에서 뛰었다는 것을 사람들이 중요하게 생각했을까? 지금 그때를 기억하는 사람이 있을까? 그럴 수도 있고, 그렇지 않을 수도 있다. 하지만 그때를 분명히 알아채고 기억하는 한 사람이 있다. 바로 일라이다. 그는 아버지의 선택으로 헤아릴 수 없는 혜택을 받았다. 일라이 매닝은 행복한 가정과 두 번의 슈퍼볼 우승이라는 결실을 맺었다.

가족을 최우선으로 생각하는 삶은 어떤 모습일까? 다른 어떤 것들보다 가족을 정말 우선순위에 둔다면? 직접 해보기 전까지는 정확히 알 수 없겠지만 기분이 정말 좋을 것임은 분명하다.

그들의 기억 창고를
어떻게 채워주고 있는가?

MAR 7

> 우리는 매일 아이들의 기억 창고에 저금을 하고 있다.
> -찰스 R. 스윈돌 Charles R. Swindoll

당신의 어린 시절을 떠올려보자. 어떤 기억이 떠오르는가? 달력에 적혀있던 중요한 순간들이 떠오르는가? 크리스마스 아침이나 봄방학? 아니면 독립기념일에 하던 바비큐 파티?

아니면 이보다 훨씬 더 평범한 기억들인가?

우리가 성장하며 기억하는 것은 작은 순간들이다. 당신은 아버지가 장거리 운전을 할 때 조수석에 앉아있던 것을 기억한다. 축구 연습이 끝나고 피자를 먹으러 가던 길을 기억한다. 낮잠을 자고 아래층으로 내려와 풋볼 경기를 보던 때를 기억한다. 부모님이 해준 사소한 조언을 기억한다. 부모님이 어떤 일로 화를 낼 것이라고 생각했는데, 그 대신 우리를 껴안아 준 순간을 기억한다.

비슷하게 우리는 작은 순간에서 상처를 받기도 하고 무시당하는 기분을 느끼기도 한다. 거실에 신발을 두고 왔다고 야단맞을 때, 가족이 의견을 지지해 주지 않을 때, 부모님 사이에서 무언의 긴장감이 느껴질 때 등이다.

오늘도 당신은 아이들의 기억 창고에 이런 작은 순간들을 계속해서 저장하고 있다. 그들의 기억 창고에 어떤 순간을 남기고 싶은가?

MAR 8

중요한 일을 한다는 것을 핑계로 삼지 마라

> 나는 집 뒤에 사무실을 만들었다. 언젠가 내 딸은 이 사무실을 보고 "여기가 바로 아빠가 우리를 위해 일한 곳이야"라고 생각하며 감상적인 기분을 느낄 것이다. "여기가 바로 아빠가 나보다 더 사랑했던 곳이야"라고 생각하지 않기를 바랄 뿐이다.
> - 도널드 밀러 Donald Miller

이런 말이 존재하지 않는다면 좋겠지만, 안타깝게도 실제로 존재한다. 위인들의 자녀가 남긴 말이다. 알베르트 아인슈타인의 아들, 넬슨 만델라의 딸처럼 대통령이나 왕, 록스타, CEO를 아버지로 둔 자녀들이 했던 말이다. 그들은 "아빠는 일을 해내기 위해 많은 사람들 곁에 있었지만 내 곁에 있어준 적은 없어" 혹은 "아빠는 아빠가 하는 일에 있어서는 세계 최고였어. 아빠 노릇을 하는 것만 제외하면"이라고 말한다.

가슴 아픈 이야기다. 분명히 세상에는 넬슨 만델라가 필요했다. 엘리너 루스벨트가 필요했고 스티브 잡스가 필요했으며 알베르트 아인슈타인이 필요했다. 그들이 한 일은 힘들고 중요한 것이었다. 희생이 필요한 일이었다. 그래서 그들은 가족을 희생해야 했다.

하지만 꼭 그렇게 큰 대가를 치러야 했을까?

자녀의 삶에 부재한 것을 정당화할 수 있는 일이나 커리어, 임무는 없다. 중요한 존재가 되고, 소명을 갖고, 성공을 거두는 것은 대단한 일이다. 하지만 영향력 있는 존재가 된다고 해서 당신의 가장 중요한 임무가 바뀌는 것은 아니다. 가장 중요한 일은 부모가 되는 것, 자녀를 위해 곁에 있어주는 것, 세계 최고의 엄마와 아빠가 되는 것이다.

스포트라이트를 받던 시절이 끝나고 명성과 영향력이 사라질 때도 당신은 여전히 부모일 것이며, 당신의 자녀는 항상 그렇듯이 여전히 부모인 당신을 필요로 할 것이기 때문이다.

지금 중요한 성공은 이것뿐이다

MAR 9

> 이룰 수 없는 무리한 요구를 들어주지 못하는 것에 죄책감을 느낄 때마다 스스로 물어보자. "이것이 자녀와의 관계를 개선하는 데 도움을 주는가? 이것이 내 공동체에 도움이 되는가?"
> -제시카 그로스 Jessica Grose

부모가 되기 전 우리는 모두 각자의 방식으로 성공을 추구했다. 우리 중 일부는 다른 사람들보다 성공을 더 갈구했다. 성공을 거머쥔 사람도 있고, 그러지 못한 사람도 있다.

그러다가 아이들이 태어났다. 그래서 무엇이 바뀌었을까? 확실히 시간과 에너지가 더 많이 필요해졌다. 재정적인 안정이 더 중요해졌다. 아이들은 우리를 성장하게 했다. 하지만 무엇보다 성공의 정의를 완전히 바꾸어 놓았다. 시어도어 루스벨트는 이렇게 설명했다.

인생에는 다양한 종류의 성공이 있다. 성공한 사업가나 철도원, 농부, 변호사나 의사, 작가, 대통령, 목장 주인, 전투 부대의 대령, 회색 곰이나 사자를 잡는 사냥꾼이 되는 것은 매우 흥미롭고 매력적이다. 하지만 자녀와 함께 끊임없는 즐거움을 나누는 가정에서 모든 일이 적당히만 잘 진행된다면 다른 어떤 형태의 성공과 성취도 그에 비해 중요성을 잃게 된다.

물론 우리는 여전히 우리 일을 잘 해내길 바란다. 챔피언십에서 우승하거나 거물급 고객을 유치하고 싶어 한다. 우리는 인정을 원하고 성공에서 오는 황홀감을 원한다. 하지만 이제 우리는 느껴보았기에 안다. 그런 것들이 집에서 보내는 고요한 저녁, 공원에서 보내는 일요일, 웃음 가득한 아침 식사 시간, 당신의 품에 안기는 아이들에 비하면 얼마나 사소하게 느껴지는지.

지금 중요한 것은 이런 성공뿐이다.

MAR 10
"피할 수 없는 현실에 온 걸 환영해"

칼럼니스트이자 작가인 데이비드 브룩스의 아들이 태어났을 때 한 친구는 그에게 "피할 수 없는 현실에 온 걸 환영해"라고 쓴 이메일을 보냈다.

아빠라면 이게 무슨 의미인지 모두 알 것이다. 부모가 된다는 것을 완벽히 나타내는 문장이다. 아이를 낳음으로써 생기는 가장 큰 변화는 경제적인 문제가 아니다. 수면 부족도 아니고 다른 사람을 돌봐야 한다는 부담감이나 인간관계에서 오는 스트레스도 아니다. 갑자기 당신이 더 이상 자신의 세상에서 중심이 아니라는 피할 수 없는 현실을 받아들여야 한다는 것이다. 당신이 무엇을 예상했든지 전혀 상상하지 못했던 것이다.

어른으로서 당신은 당신이 원하는 대로 행동했다. 모든 것이 정상적인 일정대로 진행되었다. 당신은 결정을 내리고 노력하기만 하면 됐다. 세상은 논리적이고 당신이 통제할 수 있었다. 하지만 지금과 앞으로 남은 삶은 달라졌다. 파티에 몇 시에 도착할 예정인가? 그건 딸이 낮잠에서 깨어날 때다. 아이들이 독감에 걸렸는가? 그렇다면 당신도 곧 독감으로 아플 것이다. 아이들이 아침에 짜증을 내거나 사춘기 호르몬 때문에 힘겨워하는가? 당신도 그럴 것이다.

피할 수 없는 현실이란 당신이 통제할 수 없는 상황을 의미한다. 당신은 아이가 떼를 쓰는 것을 감당하고 싶지 않기에 90분 동안 모래밭에 앉아 놀게 될 것이다. 피할 수 없는 현실이란 주말에는 축구 경기에 참석하고 평일 저녁에는 학교 연극을 보러 가며 카풀과 등하교를 책임져야 한다는 것을 의미한다. 바빠서 저녁 식사를 건너뛰거나 이동 중에 대충 끼니를 때울 수 없다는 것을 의미한다. 더는 그런 식의 삶이 작동하지 않는다.

그것이 바로 지금의 당신이다. 그것이 피할 수 없는 현실이다. 하지만 이런 삶은 멋지다. 어서 익숙해지자.

그 자리에 자주 있어주는 것이다

MAR 11

> 어쩌면 사랑과 관심이 같은 것일지도 모른다고 생각하지 않나요?
> －그레타 거윅 Greta Gerwig

자녀와 어떻게 소통하고 있는가? 자녀에게 무엇이 옳은지 어떤 방식으로 보여주고 있는가? 당신이 자녀에게 얼마나 관심이 있는지 어떻게 알게 할 수 있을까?

답은 간단하다. 그저 곁에 있어주는 것이다. 그것도 자주. 사랑 Love 이라는 단어의 철자가 T-I-M-E이라는 우스갯소리도 있다. 사실이다. 만약 부모가 항상 곁에 있어준다면 아이들은 당신이나 당신의 배우자, 다른 사람들에게 부모가 자신에 대해 어떻게 느끼는지 물어볼 필요도, 고민할 필요도 없을 것이다. 당신이 다른 어떤 일보다 아이들과 보내는 시간을 우선순위에 둔다면 말이다. 또한 곁에 있어주는 것은 힘든 순간에 "알맞은 말을 해야 하는" 부담감도 덜어준다. 자녀와 함께하는 시간 속에 그 말이 모두 담겨있기 때문이다.

훌륭한 부모가 되는 것은 삶의 중요한 순간에만 국한되지 않는다. 아이들을 좋은 학교에 입학시켜 앞서갈 수 있도록 하거나 좋은 환경을 제공한다고 훌륭한 부모가 되는 것도 아니다. 가장 중요한 것은 아이들과 보내는 일상적인 시간이다. 좋은 사람이 되는 것이 어떤 것인지 날마다 보여주는 것이다. 자녀를 볼 때마다 당신이 아이에게 얼마나 마음을 쓰고 있는지, 아이가 얼마나 중요한 존재이며 사랑받고 있는지 보여주는 것이다.

훌륭한 부모가 되는 것은 아이들의 곁에 있어주는 것이다. 자주.

MAR 12

자녀가 최우선이다

엘리자베스 2세 여왕은 6개월간의 해외 순방을 마치고 귀국했다. 그녀의 아이들은 며칠 동안 왕실 요트에서 그녀가 돌아오기만을 간절히 기다렸다. 여왕은 선물을 가져왔을까? 아이들에게 멋진 이야기들을 들려주었을까? 아니면 뽀뽀 세례를 퍼부었을까?

여왕이 배에 오르자 미래의 왕이 될 찰스 왕세자는 그녀에게 달려갔다. 하지만 언제나 의전을 엄격히 지키는 여왕은 고위 인사들에게 먼저 정중히 인사했다. 그러고는 "얘야, 아직 네 차례가 아니란다"라고 아들을 꾸짖었다. 여왕은 가족을 껴안아 주기 전에 일을 먼저 마무리했다.

아무리 중요한 일을 하고 있었다고 해도, 아무리 규칙을 열렬히 따르는 사람이었다고 해도, 심지어 그녀가 아무리 찰스를 좋아하지 않았다고 해도, 65년이 지난 지금도 가슴 아픈 일이다. 특히 그녀가 자녀들과 저녁을 함께하기 위해 총리와의 주간 회의 시간을 바꾸었다는 걸 알기 때문에 더 그렇다.

그녀는 그 상징성을 볼 수 없었던 것일까? 말 그대로 가족보다 일을 우선순위에 두는 것 말이다. 이미 6개월 동안 아이들을 기다리게 한 후였는데도?

자녀들은 반드시 우선순위에 있어야 한다. 아이가 태어난 첫 몇 달이나 몇 년이 아니라 항상. 부모는 항상 "응, 그래. 얘야"라고 말할 수 있어야 한다.

다른 사람들이 당신의 시간을 빼앗아 가지 않게 한다

MAR 13

비극적인 죽음을 맞이하기 몇 주 전, 코비 브라이언트는 ESPN의 한 기자로부터 메시지 한 통을 받았다. 레이커스 역사의 한순간에 대한 기사를 작성 중인데, 그를 인터뷰하고 싶다는 내용이었다. 이것은 유명 인사들이 항상 받는 요청 중 하나이다. 그것은 일의 일부였고, 사실 애초에 그들이 유명 인사가 된 이유 중 하나이기도 하다. 뉴스에 나오고, 사람들이 자신의 의견을 듣고 싶어 하고, 자신의 브랜드를 키우는 것이다. 코비는 이렇게 대답했다. "지금은 할 수 없습니다. 딸들 때문에 바빠서요. 몇 주 후에 다시 연락해 주세요."

당신은 이런 메시지를 보내는 규율이 있는가? 당신은 얼마나 강력하게 가족을 우선순위에 두는가? 업무나 일상생활에서 발생하는 끝없이 쏟아지는 요청이나 기회, 책임, 의무에 대해 얼마나 잘 방어하고 있는가? 사람들이 당신의 시간을 빼앗아 가거나, 당신을 바쁘게 하거나, 당신을 아이들이나 가족으로부터 멀어지게 하는 것은 너무나 쉽다.

안타깝게도 이제 코비 브라이언트는 아이들과 더 시간을 보낼 수 없게 되었고, 아이들도 아빠와 더 시간을 보낼 수 없게 되었다. 그렇기 때문에 그가 보낸 문자는 늘 죽음의 그늘 아래서 살아가는 우리에게 영감을 주고, 그의 마지막 업적을 상기시켜 주는 강력한 메시지가 된다.

가족을 우선순위에 두자. 아이들을 우선순위에 두자. 지금은 너무 바쁘다고 말하고 정중하게 거절하자. 당신에게는 다른 우선순위가 있다.

MAR 14 — 자녀들을 잘 알고 있는가?

이것은 너무 끔찍해서 사실일 수밖에 없는 이야기다. 레스터 2세 백작이 자신의 거대한 저택 복도를 따라 걷고 있었다. 젊은 식모가 아이의 손을 잡고 백작을 지나치고 있었다. "이 아이는 누구의 아이인가?" 그가 식모에게 물었다. 그녀는 깜짝 놀랐지만 침착하게 이렇게 대답했다. "백작님의 아이입니다."

말할 필요도 없이 백작은 불행하고 외롭게 세상을 떠났다.

다행히도 지금은 대부분의 사람이 자녀에게 이렇게 무관심하지 않다. 더 이상 아무도 이렇게 부모 역할의 부재 — 혹은 영국인들의 온건하고 귀족적인 불간섭주의 방식 — 를 받아들이거나 용납하지 않는다. 그렇긴 해도 여전히 이런 의문이 남는다. 당신은 정말로 아이들에 대해 얼마나 잘 알고 있는가?

아이들의 요구는 매우 소박하다

MAR 15

> 아이들은 부모의 커리어에 점수를 매기지 않는다. 그들은 정서적으로 공감해 주고 지지해 주는 부모를 원할 뿐이다.
> -벤 스틸러 Ben Stiller

데이비드 레터맨은 심야 토크쇼의 왕이었다. 레터맨이 진행했던 프로그램은 시즌 33까지 방영되었고 그는 미국 텔레비전 역사상 최장수 심야 토크쇼 진행자로 기록되었다. 전성기에는 매주 수백만 명의 시청자가 그의 방송을 보았고 연간 약 3,000만 달러를 벌어들였다.

2014년, 레터맨은 방송을 그만둔다고 발표했다. 결정을 내리던 날, 레터맨은 어린 아들(늦은 나이에 얻은 아들이었다)에게 소식을 전했다. "아빠는 일을 그만둘 거야. 은퇴해." 그는 해리에게 말했다. "이제 매일 일하러 가지 않을 거야. 내 삶은 바뀔 거고 우리 삶도 바뀔 거야."

"저는 계속 카툰 네트워크를 볼 수 있는 거예요?" 그의 아들이 물었다. "아마도 그럴 거야. 확인해 볼게." 레터맨이 대답했다. 수천만 달러와 모두가 탐내는 방송 시간을 떠나려던 그에게 아들은 자신이 텔레비전을 계속 볼 수 있는지만 궁금해했다. 아이들은 이렇게 우리를 겸손하게 만든다.

우리는 우리가 사회에서 정말 중요한 존재라고 생각한다. 우리가 하는 일이 정말 중요하다고 생각한다. 그것은 우리가 스스로에게 하는 말이다. 가족에게 어떤 삶을 제공하기 위해 돈을 버느라 그렇게 오랜 시간 일을 하는 것이라고 말이다. 하지만 아이들이 바라는 것은 정말 소박하다. 아이들이 바라는 것은 대부분 부모와 보내는 시간이다. 그 외에는? 그들은 간식만으로도 꽤 만족한다. 게임이나 물놀이를 할 수 있는 스프링클러, 출장을 다녀오던 중 공항에서 산 자석, 잘못을 너그럽게 용서해 주는 부모의 모습에 아이들은 꽤 쉽게 감동한다. 그들이 바라는 것은 소박하다.

MAR 16 투쟁 없이는 불가능하다

1980년대 샌드라 데이 오코너가 첫 여성 대법관으로 재임하던 시절, 여성 판사들을 위한 행사에서 한 법학 교수가 이렇게 물었다. "어떻게 가족을 돌보면서 경력도 쌓을 수 있나요?" 오코너는 대답했다. "항상 가족을 우선순위로 생각하면 됩니다."

감명 깊은 대답이었지만 행사장에 있던 모든 선구적인 여성들은 그것이 완전한 진실이 아니라는 것을 알고 있었다. 그녀의 전기 작가에 따르면, 여성 청중들은 그 질문에 대한 진짜 대답은 "끝없는 투쟁", 괴로운 선택, 타협일 것이라고 생각했다. 당신의 야망보다 가족을 먼저 생각해야 하는 것은 결코 쉬운 일이 아니며, 또한 매우 힘든 일이기도 하다. 만약 쉬웠다면 모든 부모가 그렇게 했을 것이다.

실제로 나중에 오코너는 일과 가정의 균형을 맞추는 것이 얼마나 "필사적으로 힘들었는지"에 대해 이야기했다. 그녀는 남성과 여성 법학도들에게 이 노력에 대해 이야기했다. 이 투쟁이 얼마나 힘든지 빙빙 돌려 말하지 않았다. 자신이 배운 것을 공유했다. 그리고 가장 중요한 것은 그녀가 앞장서서 노력하면 가능하다는 사실을 알려주며, 우리에게 안도감을 주었다는 것이다.

아이들과 놀아주는 시간을 절대 후회하지 않을 것이다

MAR 17

아무리 지금 막 작업복을 입었더라도, 이미 약속 시간에 늦었더라도, 수영장 물이 얼음장처럼 차갑더라도, 아이들이 최근에 말썽을 자주 일으켰더라도, 세상의 무게가 어깨를 짓누르고 있더라도, 당신은 아이들과 놀아주기 위해 하려던 일을 멈춘 것을 절대 후회하지 않을 것이다. 아이들과 물놀이를 하고, 비디오 게임을 하고, 아이들과 몇 분 동안 대화를 나누고, 토요일을 가족들과 함께 보낸 것을 결코 후회하지 않을 것이다.

당신은 아이를 위해 시간을 낸 것에 항상 만족할 것이다. 우리에게 얼마나 더 많은 시간이 주어질지 아무도 모르기 때문이다. "나에게 너보다 더 중요한 것은 없어"라는 메시지보다 더 중요한 건 없다. 아무리 바쁘고 처리해야 할 일이 많더라도 동심의 세계에 잠시 들어갔다 오는 것으로 회복되지 않을 사람은 없다.

하지만 이런 기회를 너무 많이 놓치면 후회하게 될 것이다. 사실 당신은 이미 많은 기회를 놓쳤기 때문에 후회하고 있을지도 모른다.

MAR 18   진정한 '아빠 세금'은 이것이다

육아의 장점 중 하나는 소위 '아빠 세금**Dad Tax**'이라고 불리는 것인데, 아이들이 먹던 아이스크림 한 입이나 핼러윈데이에 받은 사탕 몇 개, 접시에 있는 가장 큰 폭찹 조각을 가져갈 수 있다는 것이다. 이 집은 부모의 집이고, 부모는 어른이기 때문에 우리는 원할 때마다 아이들에게 무언가를 요구할 수 있다.

워싱턴 D.C.에서 가난하게 자란 농구 감독 존 톰슨은 아버지가 항상 자신과 형제들이 먹다 남은 음식을 드셨다고 회상한다. 하지만 나이가 들면서 그는 이것이 아버지가 징수하는 것이 아니라 납부하는 다른 종류의 아빠 세금이라는 것을 깨달았다. 톰슨은 자서전에 이렇게 썼다. "이제 나는 아버지가 정말 배고팠지만 우리가 더 먹을 수 있도록 희생하셨다는 걸 안다. 내가 너무 이기적이어서 아버지가 내가 남긴 폭찹 뼈를 뜯고 계셨던 이유, 내 접시에 있는 그레이비소스를 깨끗이 핥아 드신 이유를 몰랐던 것일까? 아버지는 우리를 배려하고 계셨던 것이다. 우리가 먹을 수 있도록 아버지는 드시지 않았던 것이다."

가족을 우선순위에 두는 것은 단순히 당신의 일정에 관한 문제가 아니다. 작가 사이먼 시넥은 "진정한 리더는 가장 마지막에 식사를 한다"라는 유명한 말을 남겼다. 아버지들도 마찬가지다. 아이를 세상에 태어나게 한 순간부터 본능적이고 당연한 책임감으로 받아들여야 하는 것은 바로 아이가 우선이라는 것이다. 아이들은 가질 수 있는 대부분을 가진다. 아이들은 가장 큰 폭찹이 아니라 필요한 만큼 많은 폭찹을 먹을 수 있다. 아이들은 인생의 달콤함과 재미를 경험하게 된다. 만약 찌꺼기라도 아이들이 남긴 게 있다면, 그때는 당신도 맛을 볼 수 있을 것이다.

아이들에게 하지 말아야 할 것

MAR 19

앙겔라 메르켈이 어렸을 때 그녀의 아버지는 집을 비우는 날이 많았다. 아버지는 신도들을 만나기 위해 여러 곳을 방문하고 각종 회의와 교회 행사에 참석해야 했다. 우리 모두와 마찬가지로 그도 바빴다. 업무적으로 해야 하는 일뿐만 아니라 종교적으로 해야 하는 일, 어른으로서 해야 하는 일을 모두 해내야 했다.

이것은 그의 가족에게 큰 타격을 주었다. 메르켈은 "가장 힘들었던 순간은 아버지가 금방 돌아오겠다고 말하시고 몇 시간이나 돌아오시지 않을 때였어요"라고 당시를 회상했다. 그녀는 아버지가 곧 집에 올 것이라고 기대하며 길에서 몇 시간을 기다리다가 실망하는 일이 많았다.

우리는 어떤 형태로든 자녀에게 이런 말들을 하곤 한다. 외부에 볼일을 보러 가며 이렇게 말한다. "1분 만에 다녀올게." 밖에 나가서 놀자고 조르는 아이들을 조용히 만들면서 "잠깐 전화 한 통만 끝내고"라고 말한다. 훨씬 더 오래 걸릴 것을 알면서도 "이제 곧 저녁 식사가 준비될 거야"라고 말한다. 차가 막히지 않을 거라는 듯이 우리는 "어두워지기 전에 집에 돌아올게. 약속해"라고 말한다. 혹은 메르켈의 아버지처럼 출장이나 여행이 잦아지면서 중요한 순간들을 놓치거나 아이들을 계속 기다리게 한다.

시간이나 일정을 완전히 통제할 수 있는 사람은 없지만, 아이들과 소통하는 방식 — 부모가 약속을 하고 약속을 지키는 방식 — 은 통제할 수 있다. 그리고 부모는 이 약속을 진지하게 여겨야 한다. 자녀들이 그저 이것을 감당하길 기대해선 안 된다. 자녀를 존중하는 마음으로 소통하고 정확한 정보를 알려주어야 한다. 어른으로서 우리가 아이들에게 제공해야 하는 것들을 해주지 못할 때 아이들은 마땅히 그 이유나 설명을 들어야 한다. 이것은 의무의 문제이기도 하지만 그보다 더 중요한 신뢰의 문제이기 때문이다.

MAR 20

아이들의 부탁이 언제까지나 지속되진 않는다

때로는 추억이 될 때까지 그 순간의 가치를 알 수 없을 때가 있다.
-닥터 수스 Dr. Seuss

아이들이 언제까지나 부모에게 같이 수영장에 들어가자고, 옆에 있어달라고, 숙제를 도와달라고, 자신의 고민에 대해 같이 대화를 나누자고 부탁하진 않는다.

이것은 단지 아이들과 보낼 수 있는 여름이나 차를 태워줄 순간들이 영원하지 않아서만은 아니다(물론 이것도 사실이긴 하지만 말이다). 아이들의 요청이 끝나는 이유는 어느 순간이 되면 아이들이 부모의 메시지를 파악하게 되기 때문이다.

아빠는 너무 바쁘고 재미가 없어. 엄마는 이야기를 듣자마자 재단하려고 하기 때문에 물어보기에 좋은 사람이 아니야.

바로 이런 메시지 말이다.

그렇기 때문에 우리는 대답할 기회를 나중으로 미룰 수 없다. 이번이 자녀의 천 번째 요청이라는 이유로 화를 낼 수 없다. 최선을 다하고, 현재에 충실하고, 가장 재미있는 모습을 보여주어야 한다. 지금이 바로 그 순간이기 때문이다.

지금이 당신의 기회다. 이를 헛되게 쓸 순 없다. 아이들에게 잘못된 메시지를 주어선 안 된다. 이 기회를 잡고, 당신이 어떤 사람인지 아이들에게 보여줘야 한다.

자녀가 잘 자라길 바란다면

MAR 21

세네카는 부를 "중립적인 것"이라고 했다. 좋지도 나쁘지도 않지만 있으면 좋다는 뜻이다. 그의 말이 맞다. 돈은 어떤 것들을 더 좋게 만든다. 돈은 없는 것보다 있는 게 확실히 더 낫다. 하지만 돈이 마법처럼 자녀에게 멋진 어린 시절을 만들어줄 거라고 생각하는 것은 실수다.

돈은 자녀에게 좋은 삶을 보장해 주지 않는다. 자녀에게 고통이나 상실감을 느끼지 않게 해주는 것도 아니다. 자녀들이 바라는 것을 적은 목록에 돈은 최우선 순위에 들지 않는다.

아이들이 진짜 원하는 것은 당신이다. 아이들에게 정말 필요한 것은 당신이다. 1950년대의 인생 상담 연재 칼럼인 디어 애비Dear Abby에는 이런 말이 나왔다. "자녀가 잘 성장하길 바란다면, 아이와 보내는 시간은 두 배로 늘리고, 아이에게 쓰는 돈은 절반으로 줄이자."

돈을 지불하고 자녀 곁에 있어줄 사람을 고용할 수는 없다. 당신만이 할 수 있는 일을 다른 사람에게 돈을 주고 부탁할 수는 없다. 물론 돈은 어떤 일들을 더 수월하게 만들 수 있다. 돈으로 아이를 돌보는 사람이나 과외선생님을 구할 수 있다. 하지만 부모가 직접 키우고, 좋은 본보기가 되어주며, 자녀를 아끼고 소중히 여긴다는 것을 보여주는 것만큼 중요한 것은 없다.

이에 대한 증거는 무엇일까? 얼마나 많은 위인들이 큰돈 없이도 훌륭하게 성장했는지를 생각해 보자.

MAR 22

아이들이 당신의 일이다

> 사랑하면 그 사람을 위해 무언가를 해주고 싶어진다. 희생하고 싶고 봉사하고 싶어진다.
> -어니스트 헤밍웨이 Ernest Hemingway

우리는 모두 바쁘다. 수많은 책임이 있고 그 외에도 해내야 하는 일이 많다. 그래도 우리에게 주어진 *진정한* 임무가 무엇인지 잊어선 안 된다. 경제학자 브라이언 캐플란이 홈스쿨링을 하고 있는 네 명의 자녀에게 "너희들은 내 일을 방해하는 존재가 아니라 너희가 나의 일이야"라고 말했듯이 말이다.

우리의 일은 훌륭한 아이들을 키워내는 것이다. 더 정확히 말하면, 아이들을 훌륭한 어른으로 키워내는 것이다. 아이들과 보내는 시간은 ― 홈스쿨링을 하는 것이든 소파에서 함께 텔레비전을 보는 것이든 ― 일을 방해하는 요소가 아니다. 아이들과 보내는 시간 자체가 일이다. 우리가 해야 하는 정말 중요한 일.

일적으로 아무리 많은 성취를 이루었더라도 자녀가 어려움을 겪고 있다면 누가 자신의 삶을 성공했다고 생각할 수 있을까? 부모로서 실패했다는 것을 알면서도 노벨상을 받는다면 과연 진정으로 행복할까? 세상의 모든 돈이 있더라도 자녀가 연휴에 부모를 만나러 오도록 설득할 수 없다면 억만금이 다 무슨 소용일까?

그렇기 때문에 아이들은 절대 우리의 일을 방해하는 존재가 될 수 없다. 아이들이 바로 우리의 일이기 때문이다.

당신은 고귀한 창조자다

MAR 23

당신이 무엇을 성취했거나 성취하고자 하든, 결코 능가할 수 없는 무언가가 있다. 가톨릭 운동가이자 평화주의자 도러시 데이는 이렇게 썼다.

> 내가 아무리 대단한 책을 쓰고, 훌륭한 교향곡을 작곡하고, 가장 아름다운 그림을 그리고, 가장 정교한 조각상을 만들었다고 해도 내 아이를 품에 안았을 때만큼 고귀한 창조자가 된 기분을 느낀 적은 없었다. 어떤 인간이라도 자신의 아이를 낳았을 때 느낀 것만큼 커다란 사랑과 기쁨을 얻을 수는 없을 것이다. 이로 인해 예배하고 숭배할 필요성이 생겼다.

당신이 아이를 처음 품에 안았을 때 느낀 그 기분. 아이가 아빠라고 부르며 당신의 품으로 달려왔을 때, 조언을 구하기 위해 당신을 찾아왔을 때, 식탁 맞은편에 앉아 밥을 먹는 모습을 조용히 지켜볼 때 느끼는 그 감정. 바로 그 느낌 — 자부심과 사랑, 유대감 — 이 당신이 가져가야 할 느낌이다.

당신이 창조했다. 당신은 고귀한 창조자다. 그것을 증명하는 방식으로 자녀를 키우자.

MAR 24 | 당신이 받지 못한 것을 주자

NFL 와이드 리시버인 마퀴스 리는 2020년에 경기를 뛰지 않았다. 빌 벨리칙 감독 밑에서 뛸 수 있었지만 그러지 않았다. 운동선수이자 미식 축구선수로서 전성기를 누리고 있었기 때문에 몸이 지치거나 고된 훈련이 두려워서는 아니었다. 그가 그 시즌에 불참한 이유는 많은 사람들이 그랬던 것처럼 코로나19로 모든 것이 붕괴되었기 때문이었다.

사업가들처럼 운동선수들도 원정경기를 위해 여러 곳을 돌아다니며 가족과 떨어져 지내야 한다. 하지만 코로나19로 인해 가족과 친구들을 만날 기회가 제한되면서 NFL 시즌의 모습도 달라지게 되었다. 리는 감당할 수 있는 것보다 더 오랫동안 가족과 떨어져 지내야 했다. 그는 ESPN과의 인터뷰에서 이렇게 말했다.

내 배경과 출신 지역을 아는 사람들은 내 인생에 아버지가 없었다는 것을 알 것이다. 나이가 들면서 코치님 말고는 아버지 같은 존재가 없었다. 지금은 내가 내 딸 곁에 있어줄 기회다. 올해는 딸과 함께 시간을 보내고 내년에 복귀하는 것이 더 중요하다고 생각했다. 미식축구는 언제나 그곳에 있을 테니까 말이다.

리는 가족을 우선순위에 두었다. 그의 아버지가 해주지 못한 것을 리는 딸에게 해주고 있었다. 그는 자신의 인생에서 우선순위를 명확히 정하고, 자녀를 키우는 데 있어서만큼은 시간을 아끼지 않기로 결정했다. 우리도 그와 같은 결정을 내려야 하지 않을까?

"왜 나를 위해 시간을 내어주지 않았나요?"

MAR 25

"급한 용무"를 핑계 삼아 가까운 사람들에 대한 책임을 소홀히 해서는 안 된다.

-마르쿠스 아우렐리우스 Marcus Aurelius

"아버지가 건강하길 바라요." 1886년, 기숙학교에 다니던 어린 윈스턴 처칠은 항상 바쁜 아버지에게 편지를 썼다. "아버지는 브라이턴에 계실 때 한 번도 일요일에 저를 만나러 온 적이 없으시죠." 그가 아버지에게 이런 편지를 쓴 건 처음이 아니었다. "아버지가 브라이턴에 계실 때 왜 저를 보러 오지 않으셨는지 모르겠어요. 정말 실망했지만 아마도 아버지는 너무 바쁘셨던 거겠죠."

조시 아일랜드가 《처칠과 아들 Churchill and Son》이라는 책에서 언급한 것처럼 오랜 시간이 흐른 뒤 처칠의 기억에 남은 것은 실망감뿐만 아니라 이기적이었던 아버지를 이해하려 했던 자신의 슬픈 시도였다.

우리는 완벽한 부모가 될 수 없다. 실수도 할 것이다. 그렇다 해도 아이에게서 "왜 저를 위해 시간을 내어주지 않으셨나요?"라는 마음 아픈 질문이 나오지 않게 최선을 다해야 한다. 이 질문에 대한 적절한 대답은 없기 때문이다. 그리고 부모의 마음을 이해하기 위해 아이들이 떠올리는 대답은 아이들의 마음을 혼란스럽게 하고 부모의 부재로 인한 피해를 더 키운다.

아이들은 당신이 대통령이라는 사실에 관심이 없다. 지금이 바쁜 영업 시즌이라는 사실도 신경 쓰지 않는다. 당신의 부모님이 아프다는 사실도 신경 쓰지 않는다. 당신이 양육권 문제로 싸우고 있다는 사실도 신경 쓰지 않는다. 그저 당신이 곁에 없었다는 사실만 기억할 뿐이다.

시간은 주어지는 것이 아니라 만드는 것이다. 우리는 시간을 만들어야 한다. 그것이 우리의 일이다. 가장 우선순위에 두어야 하는 일이다.

MAR 26

아이들에게 부모란

존 레넌과 오노 요코의 외동아들인 션 레넌은 아버지 없이 자라야 했다. 비극적이게도 존 레넌은 션이 고작 다섯 살일 때 자신의 뉴욕 아파트 건물 밖에서 암살당했다. 하지만 아버지와 보낸 그 몇 년의 시간은 지금의 션을 만드는 데 큰 영향을 미쳤다.

마크 마론과의 인터뷰에서 션은 매일 누군가 자신에게 다가와 "당신의 아버지가 저에게 어떤 의미였는지 *모를 거예요*"라거나 "당신의 아버지가 만든 음악이 저에게 얼마나 중요한 의미인지 아마 당신은 *모를 거예요*"라는 취지의 말을 한다고 밝혔다.

션은 그들의 말이 이상하다고 생각했다. 왜냐하면 존 레넌과 그의 음악은 그 누구에게보다 션의 삶에서 *훨씬 더* 중요했기 때문이다. 존 레넌은 션의 아버지였고, 션은 아버지를 잃은 그 순간부터 그 관계를 붙잡고 살아왔기 때문이다. 존의 음악은 이제 그가 아들과 대화할 수 있는 유일한 방법이 되었기 때문이다.

모든 부모는 이 말의 의미를 마음에 새겨야 한다. 역사상 가장 위대한 뮤지션도 세상 사람들에게 아티스트로서의 존재보다 자녀에게 부모로서의 역할이 더 중요했다. 우리가 얼마나 대단한 작업을 하든, 그것이 우리를 얼마나 부유하게 해주든, 그 작업이 수많은 사람들에게 어떤 의미로 남게 되든, 어떤 것도 우리가 자녀들에게 미치는 영향보다 더 클 수는 없다.

야망을 가져도 괜찮다

MAR 27

당신에게는 이번 생을 사는 동안 이루고 싶은 일이 있을 것이다. 책을 쓰고 싶거나 어쩌면 지금 회사를 창업하는 중일지도 모른다. 챔피언십에서 우승하고 싶거나 대통령 선거에 출마하고 싶을 수도 있다. 하지만 당신은 훌륭한 부모가 되고 싶기도 하다. 이는 필연적으로 다른 목표들을 성취하는 것을 더 힘들게 만든다.

이것은 도덕적 딜레마일까? 어떤 선택지도 고를 수 없는 소피의 선택일까? 개인의 성취와 훌륭한 부모가 되고 싶다는 열망. 이 두 가지 목표를 모두 달성하는 게 가능한 일일까? 아니면 대법관 긴즈버그와 대법관 오코너의 이야기에서 볼 수 있듯이 한쪽의 희생이 필요한 것일까?

역사를 돌아봤을 때 상충하는 욕망 사이에서 갈등을 느끼고 한쪽을 선택해야 했던 것은 대부분 여성들이었다. 반면에 아버지들은 집 밖에서 성취감과 인정을 찾도록 권장되었다. 남성에게는 직업적 성공이 곧 좋은 부모의 역할이었기 때문이다.

하지만 사회가 발전하면서 당신이 총리든 억만장자든 관계없이 모든 부모는 일과 육아 사이의 팽팽한 긴장감을 감당해야 하게 되었다.

영국 최초의 여성 총리였던 마거릿 대처는 자서전에서 영국의 선구적인 정치가 아이린 워드의 말을 인용한다. "언제나 가정이 삶의 중심이 되어야 하지만, 그것이 야망의 한계가 되어선 안 된다."

당신은 더 큰 목표를 가져도 괜찮다. 원하는 직업을 갖고 그 일을 잘하고 싶어 해도 괜찮다. 세상을 바꾸기 위해 노력해도 괜찮다. 이러한 것들을 자녀와 공유하고 그 과정에서 자녀에게 더 넓은 시야를 열어주는 한, 당신은 아이들에게 당신과 이 세상에 대해 더 많은 것을 가르쳐주고 있는 것이기 때문이다. 열심히 일해야 하고, 옳은 일을 해야 하며, 잠재력을 발휘해야 하고, 다른 사람들에게 도움이 되어야 한다는 것을 아이들에게 가르치고 있는 것이기 때문이다.

MAR 28

이건 가족의 일이다

테일러 브랜치는 미국 시민 평등권 운동과 마틴 루서 킹 목사에 대한 놀라운 기록을 3부작으로 썼다. 수백 개의 각주를 포함한 이 책은 3,000장에 달하는 분량으로 퓰리처상 논픽션 부문과 전미 비평가 협회상 등의 상을 받기도 했다.

의심할 여지 없이 브랜치는 오랜 시간 연구하고, 글을 쓰고, 편집하고, 대담을 나눈 이 역사학의 걸작에 상당히 만족해하고 있었다. 하지만 마지막 권의 감사의 말에서 그는 이런 성취를 이루기까지 그가 가족으로부터 받은 사랑을 표한다. 브랜치는 이렇게 썼다.

로레인 모텔을 처음 방문하기 몇 주 전에 태어나 대학을 졸업하자마자 나의 마지막 연구를 도와준 내 아들 프랭클린에게 감사의 말을 전합니다.

어떤 여정이든 자녀는 언제나 부모와 함께한다. 당신은 자신의 경력을 당신이 중심이 되는 무언가로 생각하기 쉽다. 하지만 그렇지 않다. 이것은 가족의 일이다. 가족 구성원의 꿈도 마찬가지다. 개인의 여정에 서로 더 많이 참여할수록 좋다. 성취감은 더 달콤해지고, 일의 완성도는 높아지며, 희생은 덜 고통스러워진다. 이 모든 일이 함께 해낸 것이기 때문이다.

아이들과 더 많은 시간을 보내는 법

MAR 29

모든 부모는 아이들과 더 많은 시간을 보내고 싶어 한다. 이런 고민이 없어 보이고 우리만큼 오래 일하지 않아도 되는 부모, 아이들과 더 많은 시간을 보내기 위해 업무 일정을 자유롭게 조정할 수 있는 부모를 부러워한다.

우리도 그렇게 운이 좋다면….

코미디언 아지즈 안사리는 뮤지션인 프랭크 오션과 나눈 농담 섞인 대화를 들려준다. 커리어에 있어서 자율성을 추구하는 오션에 감탄한 아지즈는 어떻게 원할 때만 음악을 만들고, 원할 때만 투어를 다니며, 원하는 일만 할 수 있는지 물어보았다.

오션은 별로 힘든 일이 아니라고 말했다. *"그저 돈을 덜 버는 것에 익숙해지기만 하면 돼요."*

솔직히 생각해 보면 일 때문에 아이들과 떨어져 있는 시간 중에 실제로 생계를 위한 일과 관련된 시간은 얼마나 되는가? 건강하고 지속 가능한 삶을 살기 위한 목표에 관련된 시간은? 아마도 우리가 스스로 (혹은 아이들에게) 말하는 것만큼은 아닐 것이다.

우리는 다른 이유들 — 주로 좋은 이유 — 을 위해 일하는 것이지, 꼭 해야만 해서 일하는 것은 아니다. 우리는 원한다면 업무 일정을 더 유연하게 조정할 수 있다. 다른 직업을 선택할 수도 있다. 승진이나 높은 연봉, 남들과의 비교 대신 가족을 우선순위에 둘 수 있다.

마치 우리가 갈구하는 자유와 기회가 주어지지 않은 것처럼 행동하지 말자. 우리는 아이들과 더 많은 시간을 보낼 수 있다. 지금보다 더 많은 시간을 함께할 수 있다. 그저 돈을 덜 버는 것에 익숙해지기만 하면 된다.

MAR 30 | 어떤 규칙을 정할 것인가?

경제학자 러셀 로버츠는 몇 가지 규칙과 의식을 따르며 산다. 예를 들면, 그는 안식일을 지키고 정기적으로 십일조를 드린다. 또한 아버지로서 그는 모든 부모가 지켜야 할 만한 또 다른 규칙을 갖고 있다.

만약 아이가 당신에게 손을 잡아달라고 내밀면, 잡아준다.

인생과 인간관계는 끊임없는 밀고 당기기의 연속이다. 부모가 아이들에게 다가가면 아이들은 바쁘거나 친구들이 옆에 있어서, 혹은 당신에게 화가 났다는 이유로 한 걸음 멀어진다. 아이들을 도우려고 하지만 아이들은 당신의 도움을 바라지 않는다. 당신은 아이들에게 가장 좋은 것만을 주려 하지만 아이들은 그것을 이해하지 못한다.

이런 상황은 우리가 통제할 수 없다. 우리가 통제할 수 있는 것은 아이들이 손을 뻗을 때, 손을 잡아달라고 내밀 때 그 기회를 놓치지 않고 잡는 것이다. 자녀가 우리와 함께 침대에 누워있고 싶어 할 때 함께 누워있자. 아이들에게 전화가 오면 회의 중이라도 받아보자. 아이들이 무언가에 대해 말하고 싶어 한다면 그것이 어떤 *주제라도* 들어주자. 기회가 있을 때마다 아이들을 꽉 껴안아주자.

아이들에게 이런 일들을 해달라고 요구할 수는 없지만, 이런 일이 일어났을 때 아이들이 건넨 손을 잡아준다는 규칙을 정할 수는 있다.

이것이
최우선 순위가 되어야 한다

MAR 31

일상생활에서 가족을 우선시한다는 것은 어떤 모습일까? 아마도 리키 루비오가 자신의 프로 농구 커리어가 남들이 생각하는 것보다 더 빨리 끝날 것이라는 사실을 공개적으로 발표한 것과 가까운 모습일 것이다. 이 NBA 스타는 이렇게 말했다.

> 아들이 학교에 입학할 때가 되면 저에게 NBA는 그만한 가치가 없을 거예요. 전 [스페인으로] 돌아가야 할 겁니다. 아들이 친구들을 사귀어야 할 나이인 여섯 살 때 이리저리 옮겨 다니느라 아이를 힘들게 하고 싶지 않거든요. 아내와 상의한 끝에 내린 확고한 결론입니다. 농구가 더 이상 저의 우선순위가 아닐 때가 올 거예요.

그는 이 계획을 지킬 수 있을까? 부모의 커리어는 좋은 부모가 되는 것과 상충할 수밖에 없는 것일까? 그것은 리키 루비오와 우리 각자가 결정할 문제다. 하지만 언제가는 아이들이 우선순위가 되어야 하는 때가 온다. 부모는 아이들에게 최선을 다해야 한다. 아이들을 위해 희생해야 하고, 아이들에게 마땅히 누려야 할 삶을 주어야 한다. 부모가 함께하는 삶 말이다.

당신의 커리어는 중요하다. 하지만 가족은 영원하다. 최우선 순위가 되어야 한다.

4
월

April

감정 다스리기

인내심과 자제력에 대한 교훈

항상 올바른 손잡이를 잡자

APR 1

모든 일에는 두 개의 손잡이가 있다. 하나는 열 수 있는 손잡이, 다른 하나는 열 수 없는 손잡이다. 형제가 당신에게 잘못을 저질렀다면 "잘못"이라는 손잡이를 잡지 말라. 그 손잡이로는 아무것도 열 수 없다. 그 대신 "그가 당신의 형제이고 함께 자랐다"라는 손잡이를 잡아라. 그것은 열 수 있는 손잡이다.

-에픽테토스 Epictetus

매일, 어쩌면 하루에 수백 번씩 당신은 힘든 상황에 직면할 것이다. 숙제를 했다고 거짓말하는 아이. 당신에게 쏘아붙이는 아내. 오일 교체를 하기 위해 맡겨야 하는 차. 틀린 말을 하는 상사. 아이들을 예뻐하지만 당신을 미치게 만드는 조부모. 이륙 두 시간 전까지 공항에 도착하게 해야 하는 가족.

당신은 이런 상황에 어떻게 반응할 것인가? 화를 내고, 멀어지고, 다투고, 원한을 품을 것인가? 아니면 심호흡을 하고, 공감하고, 사과하고, 통제하려는 마음을 조금 내려놓을 것인가?

매일, 모든 상황에는 선택의 순간이 있다. 당신은 어떤 손잡이를 잡을 것인가? 아이들에게 쉬운 손잡이와 올바른 손잡이 중 어떤 손잡이를 잡는 모습을 보여줄 것인가?

APR 2
당신의 임무는 빠르게 전환하는 것이다

월스트리트의 거의 모든 주요 헤지펀드 및 CEO와 일해온 리더십 코치인 랜들 스터트먼은 가정에서 리더가 된다는 것이 무엇을 의미하는지에 대해 이렇게 이야기했다.

리더로서 당신이 해야 할 일은 빠르게 전환하는 것이다. 당신은 다양한 장소에서 다양한 역할을 수행하지만, 가정에서 당신의 임무는 마지막에 나눈 대화를 이어나가는 것이 아니다. 아빠라는 역할로 전환하기 위해 집으로 들어가기 전 차 안에서 몇 분간의 휴식을 가져야 한다면 그렇게 하자. 하지만 당신이 해야 할 일은 이전 역할에서 가져온 어떤 것도 집으로 가지고 들어가지 않는 것이다.

운이 나쁜 날이나 나쁜 사람 때문에 당신이 좋은 부모가 되는 것에 영향을 받아선 안 된다. 사무실의 쓰레기를 집 안으로 가지고 가선 안 된다. 아이들이 이해할 수 없는 어른의 책임감으로 인해 생긴 쓰레기가 없도록 집을 깨끗하게 유지해야 한다. 그런 것은 집 밖에 버려두고 와야 하며 퇴근하고 집으로 돌아오는 길에 신속하게 처리해야 한다.

다시 한번, 어느 쪽일까?

APR
3

> 분노는 언제나 상처보다 오래간다. 그 반대의 길을 선택하는 것이 최선이다. 노새가 발길질을 하거나 개가 물 때 이를 되갚아 주는 것이 정상이라고 생각하는 사람이 있을까?
>
> —세네카 Seneca

아서 애셔가 딸과 함께한 시간은 비극적으로 짧았다. 그는 죽음을 앞두고 시간이 얼마 남지 않았음을 알고 자서전 말미에 딸에게 몇 가지 조언을 남겼다. 우리가 1월 5일에 다룬 이야기와 비슷한 내용이었다.

"내가 너를 지켜보는 것처럼 우리 조상들도 우리를 지켜보고 있어." 그는 딸에게 말했다. "우리는 조상들이 꿈꿔왔던 것보다 더 많은 것을 누리고 있기 때문에 그들을 실망시켜선 안 돼."

조상들이 우리를 지켜보고 있는 건 사실이다. 하지만 브루스 스프링스틴이 말한 것처럼 우리는 그들의 유령에 시달리기도 한다. 당신은 자녀에게 어떤 존재가 되어줄 것인가?

당신은 아이들에게 좋은 본보기가 되어주고 있는가? 당신은 아서가 어린 딸에게 그랬던 것처럼 아이들이 품위 있고 절제력 있으며 위대하고 선한 사람이 되도록 영감을 주고 있는가? 아니면 당신이 저지른 실수, 아이들에게 가한 고통, 해결되지 않은 일들로 아이들을 괴롭히고 있는가?

APR 4

"너는 말썽 피우기엔 나이가 너무 많아"

어리석은 행동은 성인이 되어도 허용된다. 어른이 되었을 때 허용되지 않는 것은 배려심 없는 행동이므로 사려 깊고 어리석은 행동을 하자.
-행크 그린 Hank Green

사고를 치지 않아야 하는 나이, 단지 피곤하다는 이유로 성질을 부려선 안 되는 나이, 어질러 놓은 걸 다른 사람이 대신 치우게 해선 안 되는 나이처럼 나이에 따라 특정한 행동이 허용되는 대략적인 기준이 있다.

우리는 아이들이 잘못하면 "이렇게 행동하기엔 나이가 너무 많지 않니? 철 좀 들어!"라고 말한다.

안타깝게도 우리가 이 기준을 자신에게 적용하는 경우는 극히 드물다. 불륜 같은 심각한 일이든, 밥을 먹지 못해서 예민하게 구는 것처럼 가벼운 일이든, 우리의 행동을 먼저 점검해 봐야 한다는 사실을 잊는 것 같다. 비록 아이들이 자기 나이에 맞지 않게 행동하더라도 아이들은 아직 *아이들이다*. 그리고 당신은 어른이다. 무슨 변명이 있겠는가?

우리는 게으르게 그냥 내버려두었던 어리석은 습관에서 벗어날 때라는 사실을 스스로 상기해야 한다. 우리는 이렇게 말썽을 피우고 비겁하게 행동하며 스스로를 책임지지 않기에는 나이가 너무 많다. 그리고 아이들이 항상 지켜보고 있다는 사실을 기억하자. 그들이 믿고 있는 어른처럼 행동하자.

그들이 얼마나 작은 존재인지
잊지 않는다

APR
5

> 순수함과 인간의 완전함에 대한 희망을 가져다주는 어린이가 없다면 세상은 끔찍한 곳이 될 것이다.
>
> -존 러스킨 John Ruskin

잊을 수 없는 소설《달콤한 내세 *The Sweet Hereafter*》에는 가슴 아픈 장면이 나온다. 혼자가 된 남편이 죽은 아내의 옷을 개고 있다. 그는 그녀의 옷가지를 손에 들고 새삼 그녀의 체구가 얼마나 작았는지 눈으로 확인하며 깜짝 놀란다. 그가 사랑하고 그리워하는 이 작은 사람은 그의 마음속에 너무 큰 자리를 차지하고 있어서 원래의 그녀보다 훨씬 큰 존재로 여겨졌던 것이다.

이것은 우리 아이들도 마찬가지다. 아이들은 우리 삶에서 너무 큰 공간을 차지하고 커다란 존재감을 자랑한다. 그리고 아이들은 너무 *시끄럽다*. 그래서 아이들이 작고도 작은 사람이라는 사실을 쉽게 잊어버린다. 그들은 자신을 거의 통제하지 못한다. 아이들은 어른의 신체적, 경험적 우위와 기세에 의해 위축된다.

우리는 주의해야 한다. 자녀가 청소년이든 유아든 그들이 얼마나 작은 존재인지 잊어선 안 된다. 차에서 잠든 아이를 침대까지 안아 옮길 때 아이들이 얼마나 작은지 느껴보자. 대학교에 입학하는 아이의 짐을 싸줄 때 — 그들의 인생은 여전히 시작된 지 얼마 되지 않았기 때문에 — 얼마나 짐이 적은지 살펴보자.

아이들이 얼마나 작은지 깨달을수록 우리는 더 친절해질 수 있다. 더 보호해 주고 더 인내하게 될 것이다. 아이들이 자신과 주변 사람들, 세상을 이해하기 위해 얼마나 애쓰고 있는지 알고 더 감사하게 될 것이다.

아이들은 정말 작은 존재다. 잊지 말자.

APR 6 | 이 힘을 사용하고 있는가?

자극과 반응 사이에는 공백이 있다. 그 공간에는 우리가 반응을 선택할 수 있는 힘이 있다.

—빅터 프랭클 Viktor Frankl

작가 파멜라 드러커맨은 자신의 저서 《프랑스 아이처럼 *Bringing Up Bébé*》에서 프랑스식 육아의 비결로 "잠깐 멈추기 Le Pause"에 대해 이야기한다. 드러커맨은 수면 교육을 설명하면서 이 용어를 사용했는데, 실제로 잠깐 멈추기는 아이들을 키울 때 모든 부분에서 부모가 쓸 수 있는 훌륭한 전략이다.

아들이 넘어졌을 때 부모가 바로 달려가야 할까? 아니면 *잠깐 멈추고* 아이가 얼마나 아픈지, 울어야 할지 아닐지 파악할 시간을 줘야 할까? 딸이 당신에게 무언가를 말하려고 할 때 부모가 딸의 문장을 완성해 줘야 할까? 아니면 *잠깐 멈추고* 딸이 알맞은 단어를 찾으며 무슨 말을 하고 싶은지 생각할 시간을 줘야 할까? 청소년인 자녀가 농구팀에서 빠지고 싶다고 이야기할 때 바로 논쟁을 시작해야 할까? 아니면 *잠깐 멈추고* 아이가 왜 그만두고 싶은지, 대신 무엇을 하고 싶은지 들어봐야 할까? 대학생인 자녀가 주말에 차를 빌려서 나갔다가 흠집을 내고 돌아왔을 때 화를 내지 않는다면 어떨까? 아이가 고의로 한 것이 아니라고 생각하고 *잠깐 멈출* 수 있을까?

부모는 반사적으로 반응하는 것이 아니라 어떻게 반응할지 현명하게 선택해서 반응해야 한다. 판단을 유보하고, 경청하고, 다시 한번 생각해야 한다. 아이들이 그들의 문제나 질문, 기대, 꿈에 대해 생각을 멈추지 않고 부모를 찾아올 수 있도록 잠깐 멈추는 연습을 해야 한다.

앞으로 나아가야 한다

APR 7

죽은 과거는 죽은 채 묻어둬라!
-헨리 워즈워스 롱펠로 Henry Wadsworth Longfellow

아빠가 정말 필요했는데 곁에 없던 때를 기억하는가? 아빠는 해결해야 하는 자신의 정서적 문제가 있었기 때문이다. 일하느라 너무 바빴기 때문이다. 엄마의 지나친 애착 때문에 숨이 막히거나 자신이 작아진 기분이 들었던 기억이 있는가? 엄마의 질투나 인색함, 감정 기복을 기억하는가? 부모가 당신이 간절히 도움을 필요로 했던 일조차 가볍게 여기던 때를 기억하는가?

물론 기억할 것이다. 어떻게 잊을 수 있겠는가? 그렇게 결정적인 경험은 큰 상처를 남긴다. 그리고 지금 당신은 화가 난다. 그래야 한다. 당신의 부모는 부모로서 당연히 해야 하는 일을 제대로 하지 못했다. 아무 잘못 없는 아이였던 당신이 고스란히 그 고통을 겪어야 했다. 당신은 그들의 실패로 인한 상처를 안고 살아야 했다.

하지만 이제 당신은 *앞으로 나아가야 한다.* 그 분노는 정당하지만 — 이런 부모의 행동은 여전히 진행 중일 수도 있지만 — 당신은 이를 극복해야 한다. 이제 당신에게도 자녀가 생겼기 때문이다. 그리고 그들에게는 항상 곁에 있어줄 부모가 필요하다. 과거에 매여있지 않고, 어깨에 짐을 짊어지고 있지 않은 부모가 필요하다.

앞으로 나아가는 것은 쉽지 않을 것이다. 쉽다고 말하는 사람은 아무도 없다. 상담이나 치료를 받아야 할 수도 있다. 책을 읽거나 지원 단체를 찾는 방법도 있다. 혼자 시간을 갖고 생각과 마주해야 할 수도 있다. 그들을 용서하거나 그들을 당신의 인생에서 제외시켜야 한다. 이런 말이 있다. "당신의 문제는 당신의 잘못이 아닐 수 있지만 당신의 책임이다."

앞으로 *나아가는* 것은 당신의 책임이다. 당신의 아이들이 그러길 원한다. 당신은 과거에서 벗어나 앞으로 나아가야 한다.

APR 8 | 더 평화로운 가정을 만들고 싶다면

이런 것들은 당신의 판단을 구하는 것이 아니다. 그냥 내버려둬라.
-마르쿠스 아우렐리우스Marcus Aurelius

부모와 자녀 사이 — 배우자 사이에도 — 에 생기는 갈등은 판단에서 비롯된다. 우리도 의견을 갖고 있고 자녀도 의견을 갖고 있는데, 이것이 의견 충돌의 원인이 된다. 우리가 자녀들과 더 좋은 관계를 유지할 수 있는 간단한 방법이 하나 있다. 의견을 덜 내는 것이다.

딸의 결혼식에 어떤 음식을 준비할지 꼭 의견을 제시해야 할까(당신이 결혼식 비용을 지불한다고 해도)? 자녀의 헤어스타일에 대한 의견이 꼭 필요할까? 당신이 자녀의 친구들이나 그 친구들의 부모에 대해 어떻게 생각하는지가 중요할까? 자녀의 친구들은 당신의 친구가 아니라 그들의 친구다. 당신에게는 이상하게 들리는 음악을 자녀가 좋아한다고 한들 그게 뭐 어떤가? 자녀가 자신의 자녀를 다른 방식으로 키우고 싶어 한들 그게 뭐 어떤가?

당신의 판단이 개입되었을 때 더 좋은 것은 거의 없다. 무엇보다도 당신의 가족에게는 좋을 것이 없다.

문 앞에 두고 들어간다

APR 9

당신은 직장에서 하루 종일 스트레스에 시달린다. 다른 사람들의 어리석음도 목격한다. 그들의 기분과 감정의 희생양이 되기도 한다. 휴대폰에서는 걱정스러운 뉴스, 고통과 질투심을 유발하는 소식을 담은 소셜미디어의 알람이 쉬지 않고 울린다.

이런 상황에서 어떻게 해야 할까? "당파 정치는 국경선에서 멈춰야 한다"라는 말처럼 세상에서 받은 스트레스는 현관 문턱에서 멈춰야 한다. 그런 쓰레기를 집 안으로 들고 들어가선 안 된다. 가족이 모여 저녁을 먹는 동안 CNN을 틀어놓는 것도 당연히 안 된다.

랜들 스터트먼이 말한 것처럼 불만스러운 직업인에서 온전한 부모의 역할로 빠르게 전환하여 집을 안전한 공간으로 만들어야 한다. "죄송하지만 입장할 수 없습니다. 당신은 초청자 명단에 없거든요"라고 말하는 경호원처럼 현관문에서 모두 내려놓고 와야 한다. 당신은 어떤 일에도 타격을 입지 않는다. 상사의 분노를 가지고 들어갈 수 없다. 분열이나 불화의 조짐이 신발 밑창에 들러붙어 거실에 퍼질 수 없다. 집은 반드시 깨끗하게 유지되어야 한다. 이런 부정적인 것들은 들어올 수 없다.

집에 도착하는 순간 당신은 온전한 부모가 될 준비가 되어있어야 한다. 즐길 준비가 되어야 한다. 하루의 고단함 끝에 지쳐버린 부모가 아니라 아이들이 필요로 하는 부모가 되어있어야 한다.

APR 10 | 우리가 수용해야 할 마음가짐

티베트에서는 불교 승려들이 모래로 아름다운 만다라를 만든다. 복잡하고 기하학적인 무늬를 만드는 데 몇 시간 혹은 며칠을 쏟지만, 완성하자마자 깨끗하게 닦고 다시 만다라를 만들기 시작한다.

부모로서 우리가 하는 모든 일도 그렇지 않은가?

당신이 청소하자마자 집은 다시 더러워진다. 설거지를 하고 5분이 지나면 싱크대가 다시 설거짓거리로 가득 찬다. 아이들의 장난감을 채 정리하기도 전에 바닥에는 또 다른 장난감이 쏟아진다. 얼마 전 아이들에게 새로 사준 옷은? 벌써 닳고 더러워졌다.

이런 상황을 그냥 방치하면 미쳐버릴지도 모른다. 당신은 화가 날 수도 있다. 하지만 이런 과정을 사랑하는 법을 배울 수도 있다. 모든 것을 만다라처럼 다시 시작하고 또 시작하는 끝없고 덧없는 과정으로 보는 것이다. 이것을 우리가 해야 하는 일이 아니라 예술로 바라보는 것이다. 이런 과정의 끝은? 끝났다는 것은 아이들의 어린 시절이 끝나고 아이들과 함께하는 삶이 끝나는 것을 의미한다.

그라운드호그 데이 Groundhog Day처럼 반복되는 일이라 좋다. 다시 일어나서 아이들과 함께 생활할 수 있는 기회가 생겼다는 점이 좋다.

아름답게 해내자. 잘 해내자. 함께 해내자.

선한 사람들에게 화내지 않는다

APR 11

> 화가 났을 때 말하라. 그러면 두고두고 후회할 최고의 연설을 할 것이다.
>
> –앰브로즈 비어스 Ambrose Bierce

당신이 화를 낼 때 그 옆에서 어쩔 수 없이 그 화를 받아내야 하는 사람은 누구인가? 바로 가족이다. 이상한 일이다. 길에서 낯선 사람의 무례한 행동은 참을 수 있지만 아들이 신발을 잘못 벗어놓고 오는 건 절대 허용할 수 없다니. 비서에게 어떤 일을 (천 번째) 요청할 때는 프로답게 대했지만, 배우자가 다른 방에서 소음 때문에 당신의 말을 들을 수 없을 때는 쌀쌀맞게 대하다니.

역설처럼 느껴지지만, 사실 이것은 물리적인 거리가 가까워서 일어나는 문제다. 정확히 말하면, 가족들은 가장 가까이 있기 때문에 다른 사람들보다 화를 낼 기회가 더 많은 것이다. 슬프고도 어딘가 뒤틀린 상황이다. 나쁜 행동을 하는 멀리 떨어져 있는 사람들은 대부분 분노의 표적이 되지 않는다. 하지만 선한 행동을 더 많이 하는 사람들 — 상처를 준 것보다 훨씬 더 많이 우리를 도와주고 사랑해 준 사람들 — 은 분노의 희생자가 된다.

세네카는《화에 대하여》에서 "선한 사람들에게 화를 내지 말라"라고 했다. 오늘, 사랑하는 누군가에게 화를 내는 자신을 발견한다면 그 사람의 긍정적인 특성이 그 순간 당신을 괴롭히는 것보다 훨씬 크다는 사실을 상기하자. 소리를 지른다고 해서 상대방이 내 말을 더 잘 듣는 것이 아님을 상기하자. 어쩌면 그들도 실수한 것을 깨닫고 불편한 마음을 가지고 있을지도 모른다는 사실을 상기하자. 그들이 얼마나 작은 사람인지를 기억하자. 아이들이 얼마나 선한 사람인지를 상기하자.

상대방이 나를 사랑한다는 이유로, 혹은 아이들이기 때문에 참고 부모와 살아야 할 수밖에 없다는 이유로 화를 낼 수 있다는 것은 변명이 될 수 없다. 우리는 누구에게도 화를 내지 않도록 노력해야 하지만, 만약 화를 내야 한다면 단지 옆에 있다는 이유로 그 대상이 되지는 않도록 하자.

APR 12 | 당신은 어떤 에너지를 내뿜고 있는가?

오늘날 '에너지'라는 단어가 널리 사용되는 것은 아마도 사이비 과학이나 사기꾼들이 우리 문화에 만연하다는 신호일 수도 있다. 에너지 치료사나 에너지 크리스털도 얼마나 흔히 볼 수 있는가? 컨설턴트를 고용하여 회사의 에너지를 분석할 수도 있다. 부정적인 에너지를 없애기 위해 음파 목욕을 하거나 오라리딩 전문가에게 당신이 세상에 내보내는 에너지를 분석해 달라고 할 수도 있다. 이별한 후 아파트에서 태우는 세이지의 양은 레스토랑 요리에 사용되는 세이지의 양과 맞먹을 정도다.

하지만 이렇게 말도 안 되는 이야기에도 불구하고, 에너지는 육아에 중요한 요소다. 시저 밀런이 반려견에게 올바른 에너지를 투사하는 것에 대해 이야기한 것처럼, 당신의 아이들도 부모가 발산하는 에너지를 감지할 수 있다. 회사에서 힘든 하루를 보냈는가? 아이들도 느낄 수 있다. 지금 살고 있는 곳이 마음에 들지 않는가? 아이들도 느낄 수 있다. 배우자에게 화가 났는가? 아이들도 그 마음을 느낀다. 아이들이 자고 있을 때 말다툼을 해도 아이들은 모두 알 수 있다.

오늘 아이들이 반항하고 괴물처럼 행동하는가? 그렇다면 당신이 지금 어떤 에너지를 발산하고 있는지 확인해 보자. 아들이 왜 어린 동생을 때렸을까? 어쩌면 당신이 내뿜고 있는 긴장과 불만 가득한 에너지가 전염되었을지도 모른다. 딸이 왜 이렇게 골칫덩어리처럼 행동할까? 당신이 품고 있는 분노와 연관이 있을 수도 있다. 어쩌면 딸은 오늘 아침 식사 자리에서의 상황이 너무 어색하고 이상해서 참을 수 없었기 때문일지도 모른다.

아이의 행동이나 태도에서 문제가 보이면 거울을 들여다보고 당신의 에너지부터 바로잡자. 행복한 가정, 친절과 사랑, 평화가 있는 가정을 원한다면 그런 에너지를 가져오자. 의식적이고 의도적으로 투사하자. 당신에게 좋은 일이 일어난다면 아이들에게는 더 좋은 일이 일어날 것이다.

아이들이 보내는 신호

APR
13

아이들의 주 언어는 말이 아니라 행동이다. 아이들이 어떤 생각을 하는지, 어떤 기분인지 알고 싶다면 그들이 하는 말이 아니라 행동을 지켜보자.

"말보다 행동이 더 중요하다"라는 말이 바로 그런 의미다. 아이들이 어릴수록 말 대신 행동으로 말할 가능성이 높다. 이것은 단순하고 명백한 한 가지 이유 때문인데, 바로 아직 말을 제대로 하지 못하기 때문이다. 말을 할 수 있다고 해도 아이들은 정확한 표현을 붙일 수 있을 정도로 자신의 느낌 — 신체적인 것이나 감정적인 것 — 을 이해하지 못한다. 자신이 감정을 갖고 있다는 사실조차 모르는 경우도 많다.

귓속이 아픈 18개월짜리 아기를 보자. 말하지 않고 불편함에 머리 옆쪽을 손으로 건드리거나 한밤중 울면서 깰 뿐이다. 불안함을 느끼는 여덟 살짜리 아이를 보자. 말 없이 복통과 공포를 느끼며 젖은 침대에 누워있을 뿐이다. 누군가에게 상처받은 청소년은 특별한 말없이 다른 사람들에게 상처를 줄 수도 있다.

그래서 우리는 명백하고 눈에 보이는 방식보다 더 다양한 방식으로 아이들의 말에 "귀 기울여야" 한다. 아이들의 행동을 봐야 하고 인내해야 한다. 아이패드를 하며 소리를 지르고 투정을 부리는 것은 거의 틀림없이 다른 이유 때문이라는 것을 이해해야 한다. 무기력하고 성적이 떨어지는 것은 하나의 증상이라는 것을 알아야 한다. 아이가 행동으로 당신에게 말하는 것이다.

아이들이 보내는 신호를 읽을 수 있겠는가? 당신도 언어가 아닌 당신만의 행동으로 아이와 대화할 수 있겠는가?

APR 14 — 가장 힘든 일

체스티 풀러는 바나나 전쟁에 참전했고 게릴라 전투에도 참전했다. 제2차 세계대전 중에는 태평양의 섬들을 점령했다. 그는 한국 전쟁에서도 싸웠다. 그러니 당신은 그가 인생에 어떤 일이 일어나더라도 감당할 수 있는 사람처럼 보일 것이다. 하지만 체스티는 당신처럼 부모가 되는 것이 사람이 할 수 있는 일 중 가장 힘든 일이라는 것을 깨달았다.

인천에 상륙하여 혹독한 추위에서 전투를 치르고 한국에서 고향으로 돌아가자마자 체스티와 그의 아내는 딸의 편도선 제거 수술을 위해 병원에 가야 했다. 항상 다정다감했던 체스티는 딸을 안고 수술실로 향했다. 아이를 부드럽게 달래고 침대에 눕히면서 간호사가 수술을 준비할 수 있게 도왔다. 하지만 겁에 질린 딸은 아빠를 놓아주지 않으려 했다. 아이는 울고 소리를 지르며 그에게 매달렸고 결국 그는 어쩔 수 없이 딸을 억지로 떼어놓을 수밖에 없다. "버지니아, 그 애는 나를 절대 용서하지 않을 거야." 그는 대기실로 돌아온 아내에게 말했다. "이건 펠렐리우에서 싸울 때보다 더 힘들군."

크게 과장된 말은 아니었다. 부모가 된다는 것은 인생의 그 어떤 일보다 우리에게 많은 것을 요구한다. 감정적, 육체적, 정신적인 도전을 준다. 우리의 모든 심금을 울린다. 전쟁에서 승리하기 위해 자신을 단련할 수 있고, 직장에서 쿨하게 큰돈을 걸고 내기를 할 수도 있지만, 아이들과의 애착을 갈망하는 것에 대해 할 수 있는 일은 없다. 아이들만큼 당신을 사로잡는 것은 아무것도 없다. 아이들만큼 당신을 감동시키는 존재는 없기 때문이다.

이것이 당신이 할 일 중 가장 어려운 일이다. 이를 알고, 받아들이고, 감사하자.

아이들의 시각으로
본 적이 있는가?

APR 15

> 부모님은 자신도 한때는 어렸다는 사실을 잊은 걸까요? 분명히 잊은 것 같아요.
>
> -안네 프랑크 Anne Frank

우리는 아이들이 변명을 늘어놓는다고 생각한다. 이야기를 지어낸다고 생각한다. 그냥 아이들이 침대로 돌아가 자길 바란다. 혹은 코치의 말을 잘 듣거나 숙제를 끝내길 바란다. 우리는 아이들에게 괜찮다고, 그냥 한번 시도해 보라고 말한다. 그렇게 불편하지 않으니까 재킷을 입어 봐. 그렇게 어려운 내용 아니니까 숙제 좀 해.

《앵무새 죽이기 To Kill a Mockingbird》를 읽어본 적이 있는가? 애티커스가 누군가의 몸 안에 들어가서 머물러보는 것, 그 사람의 입장이 되어보는 것에 대해 이야기하던 것을 기억하는가? 당신도 실제로 그렇게 해본 적이 있는가? 동정하는 사람이나 동경하는 사람이 아닌 당신이 이끌고, 가르치고, 키우고 싶은 누군가 — 당신의 자녀와 같은 — 의 마음에 들어가 본 적이 있는가?

아이가 한밤중 잠에서 깨어 당신의 방으로 들어온다면 아이의 침대에서 잠을 자보자. 어쩌면 그곳은 정말 무서운 곳일지도 모른다. 축구 훈련에 함께 참석해 보자. 어쩌면 코치가 정말 나쁜 사람일지도 모른다. 그 재킷이 아이에게 어떻게 느껴질까? 어쩌면 아이에게는 너무 더울지도 모른다. 그리고 당신은 그 나이였을 때 숙제하는 것을 좋아했는가?

아이의 관점에서 바라보자. 아이의 머릿속으로 들어가 머물러보자. 그런 다음 한 걸음 물러서서 그 시각에 맞는 부모가 되어주자.

APR 16 | 대부분의 문제를 해결해 주는 방법

경험 있는 부모라면 거의 모든 문제를 마법처럼 해결해 주는 만병통치약이 무엇인지 알고 있을 것이다. 그건 바로 음식이다.

아이는 왜 소리치고 있을까? 왜 동생을 괴롭히는 것일까? 홈스쿨링을 하는 동안 왜 집중하지 못하는 것일까? 왜 잠들지 못하는 것일까? 왜 변덕을 부리는 것일까?

정답은 간단하다. 아이들은 배가 고픈 것이다. 배가 고파서 예민한 상태다. 하지만 아이들은 그 사실을 알지 못한다.

엄마들이 항상 가방에 간식을 넣고 다니는 데는 그만한 이유가 있다. 간식으로 대부분의 문제를 해결할 수 있다. 곤두선 신경을 다스릴 수 있다. 대부분의 어려운 상황을 진정시킬 수 있다.

먹는 것을 항상 잊어버리는 아이들이 있다. 그러니 먹을 것을 주자. 배가 고픈지 물어보자. 아이들에게 배가 고프다는 사실을 상기해 주자. 식사 시간을 엄격하게 지키자. 그리고 어떤 일이 일어나는지 지켜보자.

또한 당신이 배우자나 아이들에게 투덜대거나 화가 나고 퉁명스럽게 대하고 있다면, 당신 역시도 배가 고파서 예민해진 것일 수 있다. 2014년 오하이오 주립대학교 연구원들은 커플 간의 싸움은 대부분 누군가 배가 고프기 때문에 발생한다는 사실을 발견했다. 그러니 산책을 하거나 심호흡을 다섯 번 하는 것처럼 무언가를 먹으면 대부분의 문제가 해결될 수 있다는 사실을 기억하자.

당신의 화난 모습이
어떤지 알고 있는가?

APR 17

> 화가 날 때는 거울을 보는 것이 도움이 된다. 추악하게 변해버린 자신의 모습에 경악을 금치 못할 것이기 때문이다.
>
> ―세네카 Seneca

우리는 어떤 상황에서 화를 내는 것이 마땅하거나 적절하다고 느낄 수 있다. 하지만 화를 내는 모습은 언제나 끔찍하게 보인다.

다음에 외출했을 때 자녀가 한 행동에 화를 내는 다른 부모가 있는지 살펴보자. 자녀가 축구 경기를 할 때 관중석을 관찰해 보자. 공항에서 휴가를 떠나는 가족을 지켜보자. 피자 가게에서 당신의 맞은편 테이블에 앉아있는 대가족을 바라보자.

마치 거울을 보는 것과 같은 효과를 얻을 수 있다.

아이가 넘치는 에너지로 이리저리 뛰어다닐 때 지나치게 큰 소리로 "앉아. 내가 몇 번이나 말해야 해. 앉으라고!"라고 이야기하는 당신의 표정은 어떤가? 화가 나서 아이의 팔을 움켜잡고 가까이 잡아당길 때 당신은 어떤 모습일 것 같은가? 아이가 당신이 바라는 대로 행동하지 않는다는 이유로 폭군처럼 아이들의 기본적인 권리를 빼앗겠다고 협박할 때 당신의 말투는 어떻게 들릴까? 공항에서 서두르라고 소리를 지를 때의 당신은? 말로는 감당할 수 없을 정도로 언쟁이 악화되어서 아이를 한 대 때릴 때 당신은 괴물처럼 보이지 않을까?

당신은 *끔찍한* 사람처럼 보인다. 공공장소에서 자녀에게 이런 행동을 하는 사람들을 봤을 때 당신이 느꼈던 것처럼 당신도 끔찍해 보인다. 화가 났을 때 보기 좋은 사람은 아무도 없다. 더 심각한 문제는 그 모습이 아이들의 뇌에 오랫동안 각인될 수 있다는 것이다.

APR 18 — 우리의 적

주의를 산만하게 하는 요소를 제거하는 것을 두려워하지 말라.
-레프 톨스토이 Leo Tolstoy

당신은 지금 이상한 업무 메일을 받고 난 후 혼란스러워졌다. 방금 무언가를 보고 나서 불쾌해졌다. 누군가 당신에게 한 말 때문에 기분이 상했다. 그러면 어떤 일이 일어날까? 자녀가 그 영향을 고스란히 받게 된다. 그게 아니라면 아이들은 저녁을 먹는 동안 반쪽짜리 엄마나 아빠와 함께해야 한다. 당신의 몸은 집에 있지만 정말 집에 있는 것이 아니기 때문이다.

어떤 생각이나 감정에 사로잡히는 것은 육아의 적이다. 최악인 부분은? 아이들이 그것을 감지할 수 있다는 것이다. 아이들은 스펀지이기도 하면서 거울이기도 하다. 그 결과로 아이들은 난동을 부리고, 집을 어질러 놓고, 남동생을 깨물며, 머리를 분홍색으로 염색한다. 아이들은 부모의 에너지를 감지하고 그에 반응한다.

슬픈 진실은 우리가 사로잡혀 있는 것들은 대부분 중요한 것이 아니라는 사실이다. 사무실에 있는 얼간이에게 머릿속의 여유 공간을 내어준다. 아니면 트위터에 들어가 강박적으로 부정적인 뉴스를 계속 확인하기를 선택한다. 지금처럼 이메일을 이렇게 자주 확인할 필요가 없다. 돈에 대해 걱정하는 것은 결코 돈 문제를 해결해 주지 않는다.

이런 의미 없는 것들을 모두 밀어내야 한다. 그래야 현재에 집중할 수 있고 인내할 수 있으며 부모의 역할을 할 수 있다.

이러한 기회들을 놓치지 말자

APR 19

휴가를 떠나는 공항에서 비행기가 몇 시간씩 지연되어 짜증이 났다. 딸이 형편없는 성적표를 가지고 와서 실망했다. 의사에게 병을 진단받고 집으로 돌아오며 두려움을 느꼈다. 갓 태어난 아이와 또 밤을 지새우며 지쳤다.

하지만 중요한 질문, 더 정확히 말하면 기회는 바로 이것이다. "그 일로 서로 더 가까워졌는가?"

물론 꼭 그럴 필요는 없다. 당신은 화를 낼 수도 있고, 짜증을 낼 수도 있다. 낙담하거나 당황할 수도 있다. 하지만 그게 아니라면, 그 순간을 즐길 수도 있다. 아이들이 울고 있더라도, 당신이 실망했더라도, 당신이 울고 있더라도 말이다. 그 대신 *사랑과 감사*, *행복*을 느낄 수도 있다.

이것은 대화할 기회이기 때문이다. 아이들을 다른 각도에서 볼 기회, 질문할 기회, 함께 시간을 보낼 기회이기 때문이다. 정치인들이 말하듯 위기는 낭비하기엔 너무 아까운 것이다. 이전에 하지 못했던 것을 해볼 수 있는 기회다. 평상시에는 할 수 없던 일을 해볼 기회다.

위기는 언제나 서로를 더 가까워지게 만들고, 더 사랑하게 만들고, 더 잘 이해하게 만든다.

APR 20 공평하지 않은 일

> 노인들은 언제나 젊은이들에게 매우 참을성이 없다. 아버지들은 항상 자신의 아들이 결점 없이 장점만 갖추길 기대한다.
>
> -윈스턴 처칠 Winston Churchill

우리는 아이들에게 많은 것을 기대한다. 아이들을 밀어붙이고 재촉하며 해야 할 일을 지시한다. 아이들이 기대에 미치지 못하면 가볍게나마 벌을 준다.

부모들은 아이들에게 수십 년의 인생 경험이 있어야 가능한 무리한 일들을 기대한다.

청사진은 없다. 청사진이 있다고 가정하거나 심하게는 특정한 청사진을 상상하고 아이들에게 그런 기대를 하는 것은 매우 불공평하다. 자녀에게 기대치를 가질 수 있을까? 가질 수 있다. 아이들이 우리와 같은 함정에 빠지거나 나쁜 습관을 갖지 않도록 도와줄 수 있을까? 물론이다. 그렇게 하지 않는다면 그것은 범죄가 될 것이다.

하지만 아이들은 좋은 점이든 나쁜 점이든 부모와 닮아있다는 사실을 기억하자. 아이들은 부모와 같은 집에서 평생을 살아왔다. 좋은 습관은 물론이고 나쁜 습관까지도 — 특히 나쁜 습관을 더 잘 배운다 — 부모를 보고 배운다. 아이들은 완벽한 사람이 되지 않을 것이다. 부모에게 배운 단점이나 그들이 타고난 단점을 갖고 살아갈 것이다. 의도치 않았더라도 우리의 비현실적인 기대 때문에 아이들을 벌하는 것은 공평하지 않은 일이다.

부모가 해야 할 일은 아이들에게 불가능한 일을 요구하는 것이 아니라 아이들을 사랑하고 인내하는 것이다.

절대, 절대 해서는 안 되는 일

APR 21

> [대大 카토]는 아내나 아이를 때리는 것이 세상에서 가장 신성한 것에 신성 모독적인 손을 얹는 행위라고 말했다.
>
> -플루타르크Plutarch

다행히 대부분의 사람이 더 이상 이런 이야기를 들을 필요가 없는 시대가 되었지만, 안타깝게도 여전히 이런 이야기를 들어야 할 사람이 존재한다. 그들이 이 책을 읽고 있을 수도, 그렇지 않을 수도 있다. 그래도 당신이 맡은 귀한 보물이 무엇인지 다시 한번 상기할 가치가 있는 이야기다.

당시의 배우자나 아이들에게 손을 올리는 행위는 용납할 수 없다.

당신이 얼마나 화가 났든지 중요하지 않다. 누가 먼저 시작했든지 중요하지 않다. 자녀에게 몇 번이나 말했는지도 상관없다. 당신의 부모가 당신을 때린 적이 있다고 해도, 어떤 문화에서는 여전히 용납되는 일이라고 해도 상관없다.

2,000년 동안 우리는 그것이 잘못된 행위임을 마음속 깊이 알고 있었다. 당신은 아이들에게 봉사하기 위해, 아이들을 보호하고 사랑하기 위해 이 자리에 있는 것이다. 단지 순간적으로 화가 나서, 통제할 수 없어서 그 의무를 어긴다는 것은 있을 수 없다. 이것은 신성한 서약을 어기는 것이다. 그리고 한번 어기고 나면 결코 되돌릴 수 없다.

절대 해서는 안 되는 일이다. 절대.

APR 22

잘못된 행동을 하는 게 좋을까?

〈뉴욕타임스 New Yrok Times〉 기사에서 《멍청하지 않은 아이로 키우는 법 How to Raise Kids Who Aren't Assholes》의 저자 멀린다 웨너 모이어는 육아에서 가장 반직관적인 생각, 즉 아이들이 잘못된 행동을 하는 것이 어쩌면 그렇게 큰 문제가 아닐지도 모른다는 생각을 해보라고 말한다. 어쩌면 그런 행동이 아이들이 사랑받고 있으며 안전함을 느끼고 있다는 신호일지도 모른다고 말이다. 그녀는 기사에서 이렇게 썼다.

> 이렇게 생각해 보자. 아이들이 어른에게 항상 예의 바르고 상냥하게 대하며 순종하는 것은 어른을 두려워하기 때문인 경우가 많다. 자신의 아이들이 얼마나 말을 잘 듣는지 자랑하는 사람들이 "매를 아끼면 아이를 버린다"라는 말을 입버릇처럼 하는 것은 우연이 아니다.

무질서가 좋다거나 어떤 규칙도 강요해선 안 된다는 말이 아니다. 아이가 당신을 힘들게 하거나 당신에게 도전한다는 이유로 자신을 형편없는 부모라고 낙인찍기 전에, 아이들이 당신 앞에서 그런 행동을 하는 게 편하다고 느끼는 것이 어떤 의미인지 한번 생각해 보라는 뜻이다.

어쩌면 아이들은 실제로 당신의 말에 귀 기울이고 있을지도 모른다. 특히 당신이 곁에 있어줄 때, 무조건적인 사랑을 베풀어줄 때, 아이들에게 스스로를 위한 선택을 하길 바란다고 말할 때 말이다. 어쩌면 아이들은 당신을 마음속 깊이 존경하고 있을지도 모른다. 하지만 더 중요한 것은 아이들이 이 세상 누구보다 당신을 신뢰하고 있을지도 모른다는 것이다.

아이들을 밀어내지 않는다

APR 23

물론 아이들은 성가실 수 있다. 고통스러울 정도로. 귀에 대고 소리를 지르고 음식과 흙이 묻은 손으로 당신의 옷을 더럽힌다. 당신에게 업히려고 등에 올라타면서 숨을 쉬지 못하게 할 수도 있다.

하지만 비록 귀가 아프더라도, 당신이 아끼는 셔츠에 얼룩이 지더라도, 숨을 쉴 수 없더라도 이 모든 행동을 받아들여야 한다. 아이들을 밀어내선 안 된다.

물론 적절한 행동과 적절하지 않은 행동이 무엇인지는 알려줘야 한다. 당신의 신체를 보호해야 한다. 하지만 중요한 것은 아이들은 아직 자신의 행동이 다른 사람들에게 어떤 영향을 미치는지 잘 알지 못한다는 점이다. 청소년들도 어떤 일에 대한 결과나 인과에 대한 개념을 완전히 이해하지 못한다. (왜 십 대들이 미친 사람처럼 운전하고, 형편없는 음식을 먹으며, 쓰레기 같은 말을 한다고 생각하는가?) 아이들이 이해할 수 있는 것은 부모가 화가 나면 자신을 밀어내려 한다는 것이다.

아이들은 자신이 감지하는 게 무엇인지, 자신이 어떤 느낌을 갖고 있는지는 말로 표현할 수 없어도 부모의 에너지가 변화하는 것은 느낄 수 있다. 그리고 이 모든 것에서 가장 힘든 점은 괴롭고 자극적이고 혼란스러운 이 감정이 그들에게 영원히 남을 수 있다는 것이다. 그러니 자기 자신을 통제하도록 노력하자. 더 강인해지는 연습을 해야 한다.

목을 세게 감싸고 있는 아이들의 팔을 부드럽게 풀면 된다. 새로운 셔츠를 사면 된다. 게임 규칙을 바꾸어 당신이 아이들을 쫓아가면 된다. 당신은 성가신 일을 신나는 일로 바꿀 수 있다. 차분하게 대화하고 잘못을 바로잡아 준 다음, 고통을 깊은 교감의 순간으로 바꿀 수 있다. 이것은 전적으로 부모에게 달려있다.

APR 24 | 다른 사람이 자녀를 함부로 대한다면?

만약 당신이 베이비시터를 고용했는데, 아이들을 보는 대신 휴대폰만 들여다보고 있는 걸 알게 된다면 매우 화날 것이다. 우연히 선생님이나 할머니, 할아버지, 또는 다른 사람이 당신의 아이에게 소리를 지르는 모습을 목격한다면 화를 참기 힘들 것이다. 누군가 아이들을 놀리고 괴롭히는 걸 본다면 당장 멈추게 할 것이다.

그런데도 당신은 항상 아이에게 이런 행동을 하고 있다. 짜증이 치밀어 오르는데 아이들이 말을 듣지 않으면 팔을 잡아당겨 조그만 얼굴에 대고 "당장 그만둬!"라고 소리친다. 아이의 축구 경기도 집중해서 보지 않는다. 당신의 관심을 끌기 위해 아이들이 쉴 새 없이 불러도 못 들은 척한다. 더 심각한 문제는 아이들이 수영장에서 놀고 있을 때 당신의 관심이 다른 곳에 있다는 것이다. 고작 이메일이나 문자, 트위터를 확인하기 위해서 말이다. 당신은 자신이 유쾌하고 농담하기를 좋아한다고 생각하지만, 다른 누군가가 당신처럼 행동하는 것을 보았다면 당신은 이를 *괴롭힘*이라고 말했을 것이다.

우리는 우리가 한 행동에 대해서는 변명하거나 합리화하지만, 다른 사람이 같은 행동을 할 때는 절대 그냥 넘어가지 않는다. 당신이 나쁜 부모라거나 학대하는 부모라고 말하는 것이 아니다. 단지 상기해야 할 필요성이 있을 뿐이다. 당신의 임무는 아이들을 다른 사람들로부터 보호하는 것만이 아니다. 당신의 나쁜 습관, 화, 결점으로부터도 보호해야 한다. 자녀의 안전을 맡길 *사람*에게 기대하는 것을 자기 자신에게도 요구해야 한다. 스스로에게 *최고의 자신*이 되길 요구해야 한다.

변명이나 이중 잣대는 통하지 않는다. 베이비시터용 카메라로 보듯이 당신의 행동도 관찰해야 한다. 새로운 학교나 어린이집을 찾을 때처럼, 신뢰하되 확인하는 과정을 거쳐야 한다. 그리고 스스로 질문해야 한다. 지금 내가 하는 행동을 다른 사람이 하고 있다면 그냥 내버려둘 수 있을까?

미루고, 미루고, 미룬다

APR 25

세네카는 "화에 대한 가장 좋은 치료제는 잠시 멈추는 것이다"라고 말했다. 이건 맞는 이야기다.

잠시 멈추는 것은 화로 인해 후회할 행동을 하지 않도록 마음을 비우는 데 가장 효과적인 방법이다. 화는 과장된 감정이다. 모든 상황에서 최악의 상황을 가져와 확대한다. 또한 화는 악화의 요인이기도 하다. 나쁜 상황을 상상하게 만들고 우리에게서 과민 반응을 일으켜 상황을 더 악화시킨다.

잠깐 시간을 갖는 것은 이런 일이 일어나지 않게 하고, 화가 당신을 이기지 못하도록 도와준다. 다음에 화가 날 때는 심호흡을 다섯 번 정도 한 후에 흥분이 가라앉았는지 살펴보자. 사실 그건 거의 불가능에 가깝다.

당신이 아이들에게 전혀 반응하지 않아야 한다는 말이 아니다. 당신의 피를 끓게 만드는 문제가 있다면 해결해야 할 것이다. 그 문제와 관련한 이야기를 할 수도 있다. 거짓말은 용납되지 않으며, 엄마에게 말대꾸하는 것은 용인될 수 없고, 오븐을 켜놓고 나가면 집이 타버릴 수도 있다는 사실을 가르쳐야 하다. 하지만 1분만 기다리자. 산책을 하자. 내일 이야기를 나누자. 퇴근하고 집으로 돌아와서 해결하자. 침착한 사람이 되도록 노력하자.

가르침이 있는 순간으로 만들자. 어떤 상황에 어떻게 반응할지는 내가 스스로 통제할 수 있음을 가르쳐주자.

APR 26

관용의 순간은 중요하다

실수하는 것은 인간적인 일이고, 용서하는 것은 신성한 일이다.
-알렉산더 포프 Alexander Pope

1930년대 중반, 열 살이었던 지미 카터는 조지아에서 아버지와 낚시를 하고 있었다. 물고기를 잡는 동안 아버지는 점점 늘어나는 물고기를 지미의 벨트고리에 걸어놓은 주낙줄에 연결해 놓았고, 어린 지미는 뿌듯해했다.

하지만 몇 시간 후 지미는 자기도 모르는 새 끈이 풀렸다는 사실을 깨달았다. 그는 아버지가 화를 낼까 봐 겁에 질려 정신없이 물속으로 뛰어들어 수색을 시작했다. "무슨 일이야?" 아버지가 물었다. "아빠, 물고기를 놓쳤어요." "전부 말이냐?" 아버지가 물었다. "네. 전부요." 울먹이며 지미가 대답했다.

"아버지는 어리석은 행동이나 실수를 거의 참지 않으셨어요." 80년 후 카터는 이렇게 회상했다. 하지만 긴 침묵 후에 아버지는 웃으며 이렇게 말했다. "가게 내버려둬. 강에는 물고기가 많아. 내일 또 잡을 수 있을 거야." 오랜 시간이 흐른 후 카터는 이때를 인내와 친절, 용서의 순간으로 기억하게 되었다. 물고기는 더 이상 중요하지 않았다. 사실 물고기가 중요했던 적은 없었다. 중요한 것은 아버지가 그 순간에 지미에게 필요한 게 무엇인지 알고 있었다는 것이다.

당신은 어떤가? 관용과 아량의 힘을 알고 있는가? 무언가를 내려놓을 수 있는가? 당신의 분노와 좌절감을 통제할 수 있는가? 당신은 언제 밀고 언제 가까이 당겨야 하는지 알고 있는가?

내면의 목소리에
영향을 미치는 건 부모다

APR 27

> 당신의 인생에 큰 영향을 미치는 것은 아무도 들을 수 없는 목소리다. 내면에서 들리는 목소리의 어조와 내용을 얼마나 잘 살피는지에 따라 삶의 질이 결정된다.
>
> -짐 로허 박사 Dr. Jim Loehr

당신은 그저 아이들이 예의 바르게 행동하고, 당신의 말을 잘 따르고, 동생을 때리지 않으며, 학교를 잘 다니고, 어떤 일이든 하게끔 하려 했을 뿐이다. 그래서 단호하고 엄격하게 이야기한다. 당신은 피곤한 데다 같은 대화를 천 번도 더 했기 때문에 당신이 할 수 있는 만큼 친절하게 대하지 못한다. 당신은 어쩌면 농담을 던지며 아이들이 하는 일에 대한 솔직한 의견을 부드럽게 전달하려고 노력했을 수도 있다. 안타깝게도 농담이 상처를 줄 때도 많지만 말이다.

이런 순간에 부모가 실제로 하고 있는 일이 무엇인지 아는가? 아이들의 머릿속에 매우 명확한 목소리를 심어주고 있는 것이다

우리가 하는 모든 말과 자녀와의 모든 상호작용이 자녀를 형성한다. 부모가 자녀에게 말하는 방식은 자녀가 스스로에게 말하는 방식에 영향을 미친다. 이에 대한 증거가 필요하다면, 당신이 부모에게 받은 상처의 말들과 그 과정에서 내면화된 목소리들을 생각해 보자. 수십 년이 지난 지금도 상담 치료를 받으며 극복하는 중일지도 모른다.

그러니 너무 늦기 전에 자신을 돌아보자. 어떻게 하면 자녀에게 유령이 아니라 도움이 되는 조상이 될 수 있을지 생각해 보자. 친절하고 우호적이고 인내하는 상호작용을 하자. 자녀가 스스로에게 말하길 바라는 방식으로 이야기하자. 아이들이 좋은 이야기를 기억할 수 있도록 좋은 목소리를 들려주자.

APR 28 정말 당신에게 중요한가?

> 사소한 일에 필요한 것보다 더 많은 시간을 쏟지 않는 것이 좋다는 점을 명심하라.
>
> -마르쿠스 아우렐리우스 Marcus Aurelius

이런 문제는 당신에게 정말 중요한 것처럼 느껴질 수 있다. 아이들이 문을 쾅 닫지 않는 것. 정해진 방식에 따라 청소하는 것. 사용한 물건을 곧바로 정리하는 것. 발을 가구가 아닌 바닥에 두는 것.

하지만 사실 당신은 이런 문제 자체에는 큰 관심이 없다. 그것은 정말 중요하지 않다. 만약 아이들이 좋은 추억을 갖는 것과 깨끗한 벽을 갖는 것 중에 선택해야 한다면 분명히 아이들이 즐거운 추억을 갖는 것을 선택할 것이다. 자녀의 높은 성적과 높은 자존감 중 하나를 선택해야 한다면 높은 자존감을 선택할 것이다. 아이의 안전, 행복, 자아상과 다른 것 사이에서 선택해야 한다면 당신은 절대 다른 무언가를 선택하지 않을 것이다.

하지만 또다시 이 문제로 말다툼을 하고 있다. 중요하지 않은 일로 죽기 살기로 다투길 선택하고, 사실은 별로 신경 쓰지도 않는 ― 인정하자 ― 인조 벽지 한 장을 보호하길 선택한다. 당신이 정말로 신경 쓰는 것 ― 이 규칙들이 실제로 의미하는 것 ― 은 복종과 통제다. 당신이 정말로 걱정하는 것, 그래서 집착하게 되는 것은 당신이 아이들을 망칠지도 모른다는 뿌리 깊은 불안감이다.

진정하자! 그냥 내버려두자. 그냥 내려놓아도 후회하는 일은 절대 일어나지 않을 것이다.

얼마나 오래 버틸 수 있는가?

APR 29

선한 사람은 변론하지 않고, 변론하는 사람은 선하지 않다.
-노자 Lao Tzu

결국에는 아이들과 덜 싸웠더라면 하는 후회를 하게 될 것이다. 그렇게 많은 일들을 문제 삼지 않았더라면 하는 후회를 하게 될 것이다. 자신의 삶이나 아이들의 삶을 되돌아보면서 "그 많은 말다툼을 하길 정말 다행이야. 아이들에게 그렇게 엄격하게 대해서 정말 다행이야. 아이들이 마침내 이 모든 규칙을 배우게 되어서 정말 다행이야"라고 생각하는 사람은 아무도 없다.

당신도 알고 있다. 그렇다면 오늘은 얼마나 오래 버틸 수 있는가?

아이들에게 이런저런 일로 잔소리하지 않고 얼마나 오래 버틸 수 있는가? 사춘기 자녀의 선택을 지적하지 않고 얼마나 오래 버틸 수 있는가? 아이에게 발을 끌거나, 식탁에 기대거나, 물건을 아무렇게나 놔두지 말라고 이야기하지 않고 얼마나 오래 버틸 수 있는가?

자녀와의 상호작용을 비판적인 대화로 만들지 말자. 그렇다고 해서 아이들에게 무조건적으로 긍정적인 태도를 보여야 한다는 의미는 아니다. 단지, 사소한 일로 잔소리하는 것을 멈추어 보자는 것이다. 지금 아무리 당신이 아이들과 자신을 설득하려 해도, 이런 문제는 몇 년 후 당신의 삶을 되돌아볼 때 전혀 중요하지 않은 일이 될 것이다.

그러니 비판은 자제하자. 모든 일에 의견을 낼 필요는 없음을 기억하자. 만약 그중 일부를 혼자 간직한다면 서로가 더 행복해질 것이다.

APR 30 | 당신은 누구에게 인내심을 발휘하는가?

앙겔라 메르켈 전 독일 총리의 아버지는 동독의 목사였다. 그는 신도들에게 많은 사랑을 받았다. 그는 수년에 걸쳐 신도들과 깊은 유대감을 형성했다. 하지만 집에서는 달랐다. 가정에서 그는 엄격하고 참을성 없는 아버지였다. 앙겔라 메르켈은 이렇게 회상했다. "어릴 때 정말 화가 났던 것은 아버지가 다른 모든 사람들에게는 엄청난 이해심을 보여주면서, 어린 우리들이 잘못을 저지르면 완전히 다른 반응을 보인다는 것이었다."

분명히 그는 친절하고 이해심을 발휘할 능력이 있는 사람이었다. 목사로서 그는 매일, 하루 종일 사람들에게 인내심을 발휘하고 있었다. 하지만 그게 문제였다. 직장에서 모든 인내심을 소진했기에 집에 돌아왔을 때는 가족을 위한 인내심이 남아있지 않았다. 혹은 많은 사람들 앞이 아니라는 이유로 일과 가족에게 다른 기준을 적용했는지도 모른다. 어쩌면 어린이들도 다른 사람들과 똑같은 문제를 가진 작은 사람이라는 사실을 잊었는지도 모른다. 그래서 우리는 때때로 아이들을 그에 맞는 존엄과 존중, 연민으로 대하지 못한다.

우리는 직장 동료가 문을 닫지 않고 들어왔다고 해서 소리를 지르지 않는다. 당신에게 더 많은 상담과 조언을 바라는 선수에게 벌을 주지 않는다. 하지만 지금까지 전 세계 어린이들은 인내심이 바닥난 부모들에게 이런 대우를 받아왔다.

가족에게 친절해지자. 다른 사람들에게 하듯 가족에게도 똑같이 인내심과 이해심을 베풀자. 아니, 가족에게 더 큰 인내심과 이해심을 베풀어보자. 당신이 은퇴하거나 팀의 코치를 그만둔 후에도 그들은 여전히 당신의 가족일 것이기 때문이다.

아이들 옆에, 아이들 뒤에 서있어 주자.
그들이 있는 곳이 어디든.

5
월

May

인격이 곧 운명이다

옳고 그름에 대한 교훈

이것이 모든 것을 예측한다

MAY 1

> 인격이 곧 운명이다.
>
> -헤라클레이토스 Heraclitus

그 사람이 어떤 사람인지에 따라 앞으로 일어날 일과 할 수 있는 일이 결정된다. 이것은 스포츠에서도, 정치에서도, 사업에서도 마찬가지다. 아무리 재능이 뛰어나고, 의욕이 강하고, 주변 환경이 훌륭해도 결국 가장 중요한 것은 인격이다. 인격은 숨길 수 없고 다른 것으로 대체될 수 없다.

결국 겉으로 드러나게 된다.

자녀를 위해 더 나은 세상을 만들고, 그 세상에서 자녀를 선한 사람으로 키우고 싶은 부모가 해야 할 일은 인성을 중시하는 것이다. 아이들에게 가르쳐주고 모범을 보이는 것이다. 아이들에게서 좋은 성품을 발견했을 때 칭찬해 주는 것이다. 물론 아이들이 똑똑하길 바라고, 야망을 갖길 바랄 수 있다. 창의적이고 성실하길 바랄 수도 있다. 하지만 좋은 인성이 뒷받침되지 않으면 이런 특성들은 아무 소용이 없다.

우리는 지금 삶의 모든 측면에서 그 사실을 무시한 대가를 치르고 있다. 이 상황을 해결해야 한다. 그리고 그 해결책은 가정에서부터 시작된다.

MAY 2
부모의 인격이 자녀의 인격을 만든다

나무를 들이받은 검은색 차 한 대의 사진이 사방으로 퍼졌다. 그러자 처음엔 한 명, 그다음에 또 한 명, 그다음에는 더 많은 여성들이 입을 열기 시작했다. 결국 그는 인정했다. 타이거 우즈는 120명이 넘는 여성들과의 불륜을 고백했다.

그것은 모두에게 충격적인 뉴스였다. 하지만 그를 알던 사람들은 그렇게 놀라지 않았고, 그를 아주 잘 알고 *지내던* 사람들은 전혀 놀라지 않았다. 타이거 우즈의 전기 작가인 제프 베네딕트와 아먼 케티언은 "부전자전. 피는 못 속인다"라는 다소 진부한 표현을 썼다. 아버지 얼 우즈는 수년 동안 아들 타이거를 데리고 전국 골프 대회에 참가할 때 "부도덕한 행동을 숨기려는" 어떤 노력도 하지 않았다. 얼 우즈의 호텔 방에는 여자들이 드나들었다. 그는 편의점에 들러 40온스짜리 술병이 담긴 종이봉투를 들고 나오기도 했다. 웨이트리스에게 자신과 같이 담배를 피워달라고 부탁하기도 했다.

도박, 웨이트리스, 불륜은 타이거의 인격과 거리가 먼 행동이 아니었다. 이것은 *그의* 성격, 더 정확히 말하면 그의 아버지에게 *배운* 성격의 특성이었다. 아버지가 그린 설계도를 바탕으로 구축된 것이었다. 사과는 나무에서 먼 곳으로 떨어지지 않는다. 나무가 사과를 만들었기 때문이다.

이 놀라운 특성을 키워주자

MAY 3

빅토리아 여왕에게 가장 큰 영향을 미친 사람은 그녀의 어머니가 아니라 훗날 빅토리아 여왕의 조언자이자 친구가 된 루이즈 레첸 남작 부인이었다.

빅토리아는 레첸으로부터 영국의 위대한 여왕 중 한 명 — 약 63년 동안 통치했으며 그중 40년 이상을 혼자서 통치했다 — 이 될 수 있었던 근간을 얻었다. 레첸은 특유의 겸손한 말투로 이렇게 말했다.

나는 공주가 스스로 옳고 선하다고 생각하는 것을 시험하고, 숙고하고, 확고히 옹호하는 자질을 만들어준 것이 아니다. 나는 공주 안에 가지고 있던 자질을 키워준 것이다.

부모에게는 많은 책임이 있지만, 그 어떤 것도 이 책임보다 중요하지 않다. 부모는 아이들이 똑똑하고 남을 도울 줄 알며 의젓하게 자라길 바란다. 학교에서 좋은 성적을 거두길 바란다. 하지만 이러한 자질을 키우도록 도와주는 능력이 부모에게 없다면 그 어떤 것도 이룰 수 없다.

그러니 아이들의 자질을 키워주자. 매일매일.

MAY 4 | 자녀에게 가르쳐야 할 네 가지 덕목

> 인생의 어느 시점에서 용기, 절제, 정의, 지혜보다 더 나은 것을 발견한다면 그것은 정말 대단한 일임에 틀림없다.
> -마르쿠스 아우렐리우스 Marcus Aurelius

아리스토텔레스는 이것을 숭배했다. 기독교인들과 스토아 학파도 마찬가지였다. 서양에서는 이를 "주요한 덕목 Cardinal Virtues" — "경첩 Hinge"이라는 의미의 라틴어 "cardo"에서 유래했다 — 이라고 부른다. 좋은 삶을 살 수 있는지의 여부는 이 덕목들을 따를 수 있는지에 달려있다. 모든 부모가 아이들에게 반드시 가르쳐야 하는 덕목들이다.

용기: 일어서는 것. 앞으로 나아가는 것. 인생에서 두려워하거나 소심해지지 않는 것.
절제: 균형을 아는 것. 자신을 통제하는 것. 과잉이나 극단을 피하는 것.
정의: 옳은 일을 하는 것. 다른 사람을 배려하는 것. 의무를 다하는 것.
지혜: 배우는 것. 공부하는 것. 열린 마음을 유지하는 것.

이것이 바로 삶의 네 가지 필수 덕목이다.
부모로서 당신은 이러한 덕목을 숭배해야 하고, 자녀도 같은 덕목을 실천하는 사람으로 키워야 한다. 자녀가 보고 배울 수 있도록 직접 모범을 보여야 한다. 아이들의 삶과 미래가 여기에 달려있다.

자녀는 부모가 하는
모든 일을 보고 배운다

MAY 5

항상 복음을 전하라. 필요한 경우 말을 사용하라.
-아시시의 성 프란체스코 Francis of Assisi

복싱 챔피언이자 민권 운동가였던 플로이드 패터슨은 젊은 시절 많은 면에서 문제아였다. 도둑질을 하고 학교를 빠지고 싸움에 휘말렸다. 한번은 자신의 모습이 마음에 들지 않는다는 이유로 자신의 사진을 찍고 그 사진 속 눈을 도려냈다. 그는 결국 많은 사람에게 버림받았다.

슬픈 인생의 또 다른 힘겨운 시기가 시작될 수도 있었지만, 다행히 패터슨은 뉴욕 북부에 있는 소년 공동체로 보내졌다. 그곳에서 개방적이고 다정한 심리학자인 파파넥 박사의 도움으로 패터슨의 세상은 바뀌었다. 처음으로 사람들이 그를 바라봐 주었다. 미국 교도소 시스템에서 말하는 "교화"를 넘어 그는 사랑받고 있었다. 파파넥 박사는 자신의 철학을 설명했다.

> 아이에게 벌을 주는 것은 벌을 주는 방법을 가르칠 뿐이다. 꾸짖는 것은 꾸짖는 방법을 가르칠 뿐이다. 우리는 이해하는 것을 보여줌으로써 이해하는 방법을 가르칠 수 있다. 아이를 도와줌으로써 돕는 방법을 가르칠 수 있다. 아이는 협동하는 과정에서 협동하는 방법을 배운다.

아마도 당신의 자녀가 이렇게까지 심각한 문제를 일으킨 적은 없을 것이다. 플로이드의 주변 사람들이 느꼈던 것만큼 너무 멀리 가지 않았길 바란다. 하지만 어떤 상황이든 교훈은 같다. 우리가 아이들에게, 아이들과 함께, 아이들 주변에서 하는 모든 일은 아이들에게 가르침이 된다. 파파넥 박사가 설명한 것처럼 부모가 좋은 의도를 갖고 있을 때도, 아이들이 잘못된 행동을 하고 있을 때도 우리는 종종 우리가 아이들에게 가르치고 싶은 것과 정반대의 것을 가르치고 있다.

MAY 6
스스로 청소하도록 가르친다

뉴질랜드의 올블랙스 All Blacks는 세계 최강의 럭비 팀이다. 그들은 샌안토니오 스퍼스부터 뉴잉글랜드 패트리어츠, 미국 여자 축구 대표 팀 등 다양한 스포츠 명문 팀들과 어깨를 나란히 한다. 그들은 어떻게 이런 성과를 이뤄냈을까?

물론 그들이 강인하고 매우 뛰어난 재능을 갖고 있기 때문이기도 하다. 하지만 그들의 성공에는 잘 알려지지 않은 또 다른 요소가 있다. 바로 그들은 스스로 뒷정리를 한다는 것이다. 제임스 커는 자신의 책 《레거시 Legacy》에서 경기 후 올블랙스 선수들이 라커 룸을 청소하는 모습을 묘사했다.

라커 룸을 쓸고 정리한다.
제대로 해낸다.
다른 사람이 다시 청소할 필요가 없게 한다.
어느 누구도 올블랙스를 대신 보살펴 주지 않기 때문이다.
올블랙스는 스스로를 보살핀다.

자녀가 스스로 청소하길 바란다면 그것이 왜 중요한지 가르쳐야 한다. 자녀가 스스로 돌보는 법을 배우길 바란다면 그런 행동에서 자부심과 만족감을 찾도록 가르쳐야 한다. 설거지와 거실 청소를 하게 만들려면 그것이 단순한 집안일이 아님을 가르쳐야 한다. 이것은 그들의 인성과 헌신을 보여주는 방법이자 자급자족할 수 있음을 표현하는 방법이며, 자기가 어떤 사람인지를 드러내는 방법이다.

"하나를 보면 열을 안다"라는 교훈을 자녀들에게 전수해야 한다. 지저분한 상태를 방치하는 것은 그 사람이 얼마나 엉망인 상태인지를 보여주는 것이다.

에고 Ego를 주지 말자

MAY 7

당신은 누구보다 자녀를 사랑한다. 아이들이 신의 선물이라고 생각한다(실제로도 그렇다!). 당신이 아이들을 어떻게 생각하는지 그들이 알길 바란다. 아이들이 스스로에게 실망하는 모습을 볼 때는 마음이 아프다. 이것은 모두 지극히 건강하고 칭찬할 만한 감정이다.

하지만 부모는 끝없는 칭찬으로 아이들의 에고를 키워선 안 된다. 우리는 아이들의 장점에 자연스러운 편견을 갖는 것과 아이들의 단점을 보지 못하는 한계를 극복해야 한다. 세네카가 썼듯이, 다정함을 담아 솔직하게 말하고, 아이들의 행동에 책임을 물어야 한다. 비록 부모의 마음이 아프더라도 말이다. 그는 이렇게 설명했다.

> 아이들은 아첨을 가까이해선 안 된다. 아이에게 진실을 듣게 하고 때로는 진실을 두려워하게 하되 항상 진실을 숭배하게 하자. 어른들 앞에서는 일어나게 하자. 벌컥 화를 내는 것으로는 아무것도 얻지 못하게 하자. 아이가 울었을 때 얻지 못한 것을 조용해졌을 때 주도록 하자. 아이가 아버지의 부를 이용하지 않게 하자. 아이가 잘못한 일에 대해서는 책망받게 하자.

세네카는 이러한 균형을 지키는 것이 쉽지 않음을 알았다. 이것은 대부분의 부모에게도 마찬가지다. 하지만 우리의 목표가 정서적으로 안정적이고 자각력 있는 아이로 키우는 것이라면 반드시 노력해야 하는 문제다. 비록 지금 당장 아이에게 달려가서 얼마나 훌륭하고 특별한 아이인지 알려주고 싶더라도 말이다.

MAY 8 — 처벌은 아이들을 더 나아지게 만들어야 한다

다른 사람을 처벌하는 것은 불에 더 많은 장작을 넣는 것과 같다. 모든 죄에는 이미 그 자체로 처벌이 있는데, 그것은 인간이 만든 처벌보다 더 잔인하고 정의로운 것이다.

– 레프 톨스토이 Leo Tolstoy

랜들 스터트먼은 리더십 코치로서 CEO와 임원들을 만나며 육아에 관한 질문을 많이 받는다. 일과 가정 사이의 빠른 전환에 대한 충고 외에도 그는 훌륭한 부모가 되고 싶어 하는 사회 리더들을 위한 또 다른 조언을 들려주었다.

처벌은 아이들을 더 나아지게 만들어야 한다.

코치에게서 나올 법한 적절한 조언이다. 생각해 보자. 한 선수의 노력에 실망한 농구 코치가 스프린트나 팔굽혀펴기를 시킨다. 이것은 재미는 없지만 하고 나면 아이를 더 강하게 만들어준다. 학업 성적 미달인 축구 선수는 추가 수업에 참석시킨다. 코트 밖에서 문제를 일으킨 운동선수는 지역 봉사활동을 하거나 사과문을 쓰게 한다. 이런 처벌은 단순히 행동을 제지하기 위한 것이 아니다. 이런 처벌은 그들을 운동선수로서 그리고 한 사람으로서 더 나아지게 만들어준다.

화가 났을 때, 아이의 잘못된 행동을 발견했을 때, 우리는 분노나 두려움, 수치심 등 감정이 격해진 상태에서 아이를 처벌하지 않아야 한다. 잠시 시간을 갖자. 아이를 더 나아지게 할 처벌을 생각하자. 어휘 훈련, 수도 외우기, 봉사활동 하기, 쓰레기 줍기, 집에 페인트칠하기처럼 아이들이 스스로 하기를 선택하지는 않지만 하고 나면 아이들에게 좋은 것들 말이다.

아이들이 좋아하지 않겠지만 언젠가는 당신에게 감사하는 날이 올지도 모른다.

나쁜 짓을 하기에는 너무 바쁘다

MAY 9

해리 트루먼은 어렸을 때 말썽을 부린 적이 있느냐는 질문을 받은 적이 있다. "거의, 거의 없어요." 그가 말했다. "전 너무 바빴어요. 열네 살이 될 때까지 도서관에 있던 3,000권의 책을 전부 읽었거든요." 동네나 학교에 문제아가 있었냐고 묻는 질문에는 이렇게 대답했다. "나쁜 짓을 하는 애들도 있었어요. 하지만 저는 나쁜 짓을 하기에는 책을 읽느라 너무 바빴습니다."

이 책의 9월에는 책 읽는 아이로 키우는 것에 대한 장점이 자세히 나오는데, 트루먼은 여기 5월에도 추가할 훌륭한 장점 한 가지를 알려준다. 책을 읽는 아이는 거의 말썽을 피우지 않는다는 것이다. 그들은 너무 바쁘다. 그들은 이미 역사, 위대한 소설, 대서사시가 가득한 세상에 살고 있기 때문에 현실 세계에서 사건이나 문제를 일으킬 시간이 없다.

물론 아이들은 여러 이유로 말썽을 일으키지만 "마땅히 할 일이 없어서"라는 이유는 당장 없앨 수 있는 문제다. 아이들을 책의 세계로 안내하자. 독서에 대한 동기를 부여하자. 그런 세상과 사랑에 빠지게 하고, 원하는 만큼 그곳에 머물게 해주자.

부모와 자녀 모두에게 문제를 덜 일으키도록 도와줄 것이다.

MAY 10

성공의 모습을 기억한다

성경은 실제 성공적인 삶에 대한 꽤 좋은 정의를 제시한다. "어른은 반드시 떳떳해야 하고, 배우자에게 충실해야 하며, 난폭하거나 반항하지 않고 신뢰할 수 있는 자녀를 두어야 한다."

우리의 임무는 다음과 같다.

- 명예로운 삶을 산다.
- 배우자를 친절히 대한다(그리고 결혼 생활을 존중한다).
- 아이들이 정직하고 신뢰할 수 있는 사람이 되도록 가르친다.
- 아이들을 버릇없이 키우지 않는다.

만약 우리가 각자의 분야에서 성공하거나 유명해지거나 존경받을 수 있다면? 환상적일 것이다. 하지만 이것을 기억하자. 아무리 세속적인 성공을 크게 거둔다고 해도 그 성공을 가장 나누고 싶은 아이들의 부모가 되는 데 실패한다면 — 특히 삶의 마지막 순간에는 — 그 어떤 성공도 의미가 없을 것이다.

당신은 좋은 사람인가?

MAY 11

코맥 매카시의 소설 《로드 *The Road*》에서 소년은 아버지에게 이렇게 묻는다. "우리는 여전히 좋은 사람인가요?"

어두운 세상 속에서도 옳고 착한 일을 하겠다는 아들의 다정한 고집은 아버지가 절망이나 잔인함에 빠지지 않게 하는 힘이 된다.

당신은 좋은 *사람인가*? 아니면 당신의 정당과 함께 부패해 버렸는가? 당신이 몸담고 있는 업계에서 타락해 버리진 않았는가? 인생의 모든 책임과 스트레스로 냉담하고 무관심한 사람이 되었는가? 대출금과 골프 경기를 걱정하느라 너무 바빠서 다른 사람들을 신경 쓸 여유가 없어졌는가? 변화하기에는, 질문하고 성찰하기에는, 새로운 시각으로 보기에는 너무 멀리 오지 않았는가?

다행인 점은 당신의 삶에도 그런 소년이 있다는 것이다. 당신의 자녀는 순수함을 간직하고 있는 존재다. 아이들은 새로운 시각으로 세상을 바라본다. 아이들은 아직 때 묻지 않았다. 그들은 일종의 정당한 사유가 된다. 당신이 왜 변해야 하는가? 왜 좋은 사람이 되어야 하는가? 바로 아이들을 위해서다.

아이들에게 희망을 주자. 본보기가 되어주자. 선한 사람이 되자.

MAY 12

결과보다 더 중요한 것

영화배우 트레이시 엘리스 로스는 다수의 그래미상 수상자이자 모타운의 전설인 다이애나 로스라는 유명하고 성공한 어머니를 두었다. 이렇게 큰 성공을 거둔 부모라면 평소에도 성공에 강한 집착을 보일 것이라고 생각할 수 있다. 의욕이 넘치는 부모는 대개 자녀도 좋은 성적을 받고, 경기에서 승리하며, 가장 강하고, 가장 예쁘고, 인기 있는 사람이 되어 부모의 발자취를 따르길 바라기 때문이다. 부모의 높은 기준은 자녀가 진학하는 대학이나 추구하는 직업에도 영향을 미친다.

하지만 트레이시는 운이 좋았다. 트레이시의 어머니는 달랐다. 대부분의 부모는 아이들에게 "시험에서 몇 점 받았니?" "경기에서 이겼어?" "너 반에서 1등 하니?"라고 묻지만 다이애나 로스는 "최선을 다했니? 기분이 어때, 트레이시?"라고 물었다. 우여곡절 끝에 뛰어난 배우로 자리 잡은 트레이시는 어머니의 가르침 덕분에 자신이 인생의 관점을 바꿀 수 있었다고 말했다. "다른 사람에게 어떻게 보일까가 아니라 내가 어떻게 느끼는지를 생각하는 과정에서 삶을 탐색하는 법을 배웠어요."

자녀의 학교 성적보다 더 중요한 것은 자녀가 어떤 우선순위를 선택하고 어떤 가치를 받아들이는가이다. 여기서 중요한 질문은 바로 이것이다. 당신은 아이들에게 시험 점수가 중요하다고 가르치는가, 아니면 *배움*이 중요하다고 가르치는가? 성공은 경쟁에서 이기는 것이라고 가르치는가, 아니면 성공은 "최고의 자신"이 되는 것이라고 가르치는가?

결과는 중요하지 않다. 눈에 보이는 결과는 중요하지 않다. 중요한 것은 자녀가 어떤 사람으로 성장해 나가는지, 그리고 그 과정에서 부모가 어떤 역할을 하고 있는지다.

자녀에게 매일 물어야 할 질문

MAY 13

> 인간이 있는 곳이면 어디든 친절을 베풀 기회가 있다.
> ─세네카 Seneca

우리는 아이들에게 항상 질문한다. 학교는 어땠어? 야구 연습은 어땠어? 말썽은 안 피웠니? 선생님이 네 수학 점수 보고 뭐라고 하셨어? 친구들이랑 재밌게 놀았고?

우리가 이런 질문을 하는 이유는 아이들과 대화하고 싶기 때문이다. 걱정되기 때문이다. 아이의 대답이 우리에게 중요하기 때문이다. 아이들도 이를 잘 알고 있다. 아이들은 이런 질문들이 부모의 가치관을 반영하고, 세상이 사람을 평가하는 방식을 반영하고 있다는 것을 이해할 만큼 똑똑하다.

그렇기 때문에 삶에서 실제로 중요한 것을 강조하는 질문을 하는 것이 중요하다. 아이들에게 던지는 이런 질문들을 하찮은 잡담으로 치부해선 안 된다. 다이애나 로스가 트레이시 엘리스 로스에게 하루가 어땠는지 물어보는 방식이 좋은 예다.

하지만 여기 또 다른 예가 있다. 자녀에게 예의 바르게 행동했는지, 주어진 일을 잘 해냈는지, 재미있게 놀았는지 물어보는 대신 자녀가 *착한 일을 했는지* 물어보는 것이다. 오늘 어떤 친절한 행동을 했니? 다른 사람을 위해 어떤 일을 했니? 오늘 누구를 도와주었니?

이런 질문이 아이들에게 어떤 메시지를 전달할지 생각해 보자. 자녀는 공감의 렌즈로 자신의 행동을 돌아보고 그 행동이 다른 사람들에게 어떤 영향을 주는지 생각한다. 부모의 질문으로 우선순위가 바뀌는 것이다. 부모는 얼마나 많은 정답을 맞혔는지보다 얼마나 옳은 일을 많이 했는지를 더 중요하게 생각해야 한다. 아이들이 이렇게 생각하고 이런 방식으로 자란다면 세상이 얼마나 더 좋은 곳으로 변화할지 생각해 보자.

MAY 14

누구와 경쟁해야 하는가?

자신과 경쟁하고 다른 사람들을 응원하자.
-캔디스 밀러드 Candice Millard

우리는 다른 부모들과 경쟁하고 있는 자신을 발견한다. 하교 시간에 다른 사람들의 차와 내 차를 비교한다. 학교 기금 모금 행사에서 사람들의 시선을 끌기 위해 멋지게 차려입는다. 이런 경쟁심은 아이들에게도 고스란히 적용된다. 자녀가 학교 친구들과 비교하여 어떤 대학에 갈 수 있는지 살펴보게 되고, 자녀에게 또래들이 가진 것과 같은 전자기기를 사주게 되며, 졸업생 대표나 야구팀 주장, 학생회장이 되라고 강요한다.

이것은 피상적인 경쟁이 아니라 어리석고 파괴적인 경쟁일 수 있다(영화 〈그들만의 계절 Varsity Blues〉에 나오는 감옥살이를 하는 부모를 떠올려보자). 우리가 필연적으로 질 수밖에 없는 경쟁일 뿐만 아니라 — 언제나 우리보다 더 부유하고, 멋있고, 타고난 재능을 가진 사람이 있을 것이다 — 아이들에게 최악의 영향을 미칠 수 있기 때문이다.

만약 누군가와 경쟁해야 한다면 우리는 아이들에게 자신과 경쟁하여 "최고의 자신"이 되라고 말해줘야 한다. 자신이 실제로 통제할 수 있는 것을 놓고 경쟁해야 한다. 그리고 우리 스스로도 그 조언을 받아들여야 한다.

현재에 더 충실하고, 더 친절하고, 아이들과 더 즐겁게 놀자. 당신의 부모에게 받은 것을 이겨내기 위해 자신과 경쟁하자. 자녀가 당신이 원하는 사람으로 성장하는 데 본보기가 될 수 있도록 당신이 할 수 있는 일에 집중하자.

공감 능력을 키워준다

MAY 15

소설 읽기의 놀라운 장점 중 하나는 공감 능력을 키우는 데 도움이 된다는 것이다. 소설 속 등장인물의 내면을 읽고 경험하면서 우리는 모든 사람이 우리처럼 생각하고 행동하지 않는다는 사실을 알게 된다. 모든 사람이 우리만큼 운이 좋았던 건 아니라는 사실도 깨닫게 된다.

또한 소설은 구체적인 조언과 훈계로 공감을 가르쳐주기도 한다. 《위대한 개츠비 The Great Gatsby》의 첫 문장을 기억할 것이다.

어리고 연약했던 시절, 아버지께서 한 가지 조언을 해주셨는데 아직도 그 말이 기억난다.
"누군가를 비판하고 싶을 때마다 세상의 모든 사람이 다 너처럼 유리한 환경에서 자라지 않았다는 사실을 기억해라."

우리 아이들도 이 말을 이해해야 한다. 이것이 아이들이 《위대한 개츠비》를 비롯한 모든 훌륭한 소설을 읽어야 하는 이유다. 그리고 소설 속 닉 캐러웨이의 아버지가 그랬던 것처럼 우리도 아이들에게 이러한 조언을 분명하게 상기시켜야 한다. 가장 중요한 것은 우리가 직접 모범을 보여야 한다는 점이다.

MAY 16

부모의 행동에는 파급력이 있다

인류의 역사는 수없이 많은 용기 있는 행동으로부터 형성된다. 한 사람이 이상을 옹호할 때마다, 많은 사람들의 삶을 개선하기 위해 행동할 때마다, 불의에 맞서 싸울 때마다 그는 희망의 잔물결을 일으키고, 그 희망은 수많은 에너지의 중심에서 서로 교차하며 억압과 저항의 가장 강력한 벽을 무너뜨릴 수 있는 흐름을 만들어낸다.
-로버트 F. 케네디 Robert F. Kennedy

아름다운 동화책 《친절한 행동 Each Kindness》에서 재클린 우드슨은 아이들이 흔히 하는 방식으로 반 친구에게 차갑게 대하는 클로이라는 소녀의 이야기를 들려준다. 그러던 어느 날 선생님은 클로이에게 돌이 물에 떨어질 때 잔물결을 일으키는 모습을 보여준다. 선생님은 친절도 마찬가지라고 설명한다.

우리가 누군가를 위해 친절한 행동을 할 때, 그것은 그들의 삶과 세상에 잔물결을 일으키며 선함을 밖으로 발산한다. 클로이는 깨달았지만 너무 늦어 버렸다. 클로이가 못되게 굴던 소녀는 이미 이사를 가버렸기 때문이다. 집 근처 연못에 돌을 던질 때면 클로이는 누군가의 삶을 나아지게 하고 그들의 하루를 더 밝게 만들어줄 수 있는 기회를 잃었다는 생각밖에 들지 않았다.

이것은 우리가 자녀에게 꼭 가르쳐야 하고, 반드시 *보여줘야* 하는 교훈이다. 아이들에게 친절히 대하고, 연민과 공감, 무조건적인 사랑을 보여주면서 우리는 아이들뿐만 아니라 아이들이 만나는 모든 사람을 도울 수 있다. 이렇게 크고 작은 친절은 아이들이 어른이 되고 우리가 세상을 떠난 후에도 오랫동안 남아 잔물결을 일으킬 것이다.

최선을 다하도록 가르친다

MAY 17

러디어드 키플링은 아름다운 시 〈만약에 If〉에서 강인함, 미덕, 명예, 의무에 관해 아들에게 조언한다. 하지만 이 시에는 사람들에게 그다지 주목받지 못한 한 줄이 있다.

> 만일 네가 가차 없이 다가오는 1분을
> 최선을 다하여 60초의 장거리달리기로 만들 수 있다면

키플링은 육체적으로든 다른 방식으로든 무언가에 최선을 다하는 것의 중요성을 이야기하고 있다. 스포츠에는 "휘슬을 불 때까지 끝나지 않는다"라는 표현이 있다. 권투나 격투기선수는 종소리가 들릴 때까지 상대에게 펀치를 날린다. 야구선수는 계속 야구방망이를 휘두른다. 달리기선수는 결승전까지 끝까지 달린다. 행동을 완수하는 것이다. 백 퍼센트를 쏟아낸다. 제대로 플레이하는 것이다.

이것은 아이들에게 가르쳐야 할 중요한 교훈이다. 결승선 앞에서 멈추지 않는다. 무언가를 할 때 아낌없이 쏟아낸다. 시간이 다 되거나 임무가 끝날 때까지 집중한다. 최선을 다하는 시간으로 채운다.

이것이 경기를 하고 삶을 사는 참된 방식이다.

MAY 18 — 올바른 일을 하도록 가르친다

> 항상 옳은 일을 하기만 하면 된다. 나머지는 중요하지 않다.
> – 마르쿠스 아우렐리우스 Marcus Aurelius

아름답고 유쾌한 소설 《오베라는 남자 *A Man Called Ove*》에서 청년 오베는 아버지와 같은 철도역에서 근무한다. 그는 동료인 톰과 함께 열차를 청소하다가 승객이 놓고 내린 서류 가방을 발견한다. 본능적으로 톰은 서류 가방을 훔치러 간다. 오베는 깜짝 놀란다. 몇 초 후, 오베는 다른 승객이 놓고 내린 지갑을 발견하고 줍는다.

바로 그때 오베의 아버지가 들어온다. 그는 오베에게 지갑을 어떻게 할 것인지 물어본다. 오베는 분실물 보관소에 맡기자고 제안했고, 지갑을 잃어버린 여성은 곧 자신의 물건을 찾아간다. "이렇게 큰돈을 돌려주는 사람은 많지 않아요." 여성이 말한다. 그러자 오베의 아버지는 대답한다. "품위를 지키고 사는 사람들도 많지 않죠." 그날 저녁 오베는 아버지에게 왜 톰이 훔친 서류 가방에 대해서는 관리자에게 말하지 않았냐고 묻는다. 아버지는 고개를 저으며 "우리는 남이 한 일을 고자질하는 그런 사람들이 아니다"라고 대답한다.

두 사례에서 오베의 아버지는 아들에게 품위가 무엇인지 보여주고 있다. 품위 Decency는 당신이 하는 행동에 관한 것이다. 다른 사람들에게 강요하는 기준이 아니다. 품위는 당신이 찾은 돈으로 당신이 어떤 행동을 하는지에 달려있다. 당신이 자녀를 양육하는 방식이다. 품위는 남을 험담하거나 따라 하는 것이 아니라, 당신이 포용하고 구현하는 것이다.

더 큰 사람이 되도록 가르친다

MAY 19

당시 열 살이었던 짐 로슨이 길을 걷고 있을 때, 차가 옆으로 지나가며 그 안에 있던 어린아이가 그를 보고 '깜둥이'라고 외쳤다. 그 증오와 비열함에 충격을 받은 로슨은 차로 손을 뻗어 소년의 뺨을 때렸다.

이 사실을 알게 된 어머니는 제일 먼저 걱정이 앞섰다. 당시 인종차별이 심했던 남부에서는 어린 흑인 소년의 행동이 나쁜 어른들에 의해 더 끔찍하고 비극적인 일로 이어지기 쉬웠다. 하지만 그것보다도 그녀는 아들이 세상의 증오에 의해 정의되거나 변화되지 않기를 바랐다.

"그렇게 하는 게 다 무슨 소용이야, 지미?" 그의 어머니가 물었다. "우리는 모두 너를 사랑하고 신도 너를 사랑해." 그녀가 설명했다. "우리는 모두 네가 얼마나 착하고 똑똑한 아이인지 알고 있단다. 우리는 좋은 삶을 살고 있고, 너도 좋은 삶을 살게 될 거야. 이렇게 사랑이 가득한데 남이 던지는 모욕이 어떤 해를 끼칠 수 있겠니? 그건 아무것도 아니야, 지미. 무의미해. 그 말을 하는 순간 네 인생에서 사라질 무지한 아이의 무례한 말일 뿐이야."

이것은 인생을 바꿀 만한 대화였다. 짐 로슨은 세상을 바꾸는 비폭력의 길로 들어섰다. (그는 1960년대에 내슈빌에서 첫 농성을 소집했다.) 그는 다른 사람들의 끔찍한 말과 행동보다 *자신의 말과 행동*이 더 중요하다는 사실을 깨달았다. 중요한 것은 친절과 사랑으로 대응하는 것이었다. 중요한 것은 자신이 선한 사람이고 사랑받고 있다는 사실을 아는 것이었고, 다른 누구도 그 사실을 바꿀 수 없다는 것이었다.

로슨의 부모는 아들에게 그가 주변에 있던 비열한 사람들보다 더 큰 사람이라는 것을 가르쳐주었다. 덕분에 그는 더 큰 사람이 될 수 있었고, 더 큰 일을 할 수 있었다. 오늘 이 자리에서 당신도 자녀들에게 똑같이 해줄 수 있는가?

MAY 20
알아서 잘될 거라고 생각하지 않는다

마르쿠스 아우렐리우스는 《명상록》에서 "권력이 만들어내는 악의, 교활함, 위선"과 "'좋은 가문' 출신 사람들이 종종 보여주는 특유의 무자비함"을 이야기한다.

부모가 좋은 교육을 받고, 가족을 위해 열심히 일해왔고, 괴물 같은 행동을 한 적이 없더라도 그런 특성을 자녀들에게 물려줄 수 있다는 보장은 없다. 인생은 유혹으로 가득하다. 나쁜 습관과 나쁜 환경에 물들기 쉽다. 마르쿠스 아우렐리우스의 자녀들을 보라. 마르쿠스와 그의 아내는 차분하고 현명했지만, 그의 아들이자 후계자인 코모두스는 영화 〈글래디에이터 Gladiator〉의 코모두스만큼이나 제국을 공포로 몰아넣은 미치광이였다.

요점은 당신이 성공했다고 해서, 자녀를 좋은 학교에 보낼 수 있다고 해서, 당신의 부모보다 돈을 더 많이 벌었다고 해서 모든 문제가 해결된 것은 아니라는 것이다. 이것은 우리가 헌신하기로 한 힘든 일이다. 위험 부담이 높다. 실수에 관대하지도 않다. 아이들은 저절로 좋은 사람으로 "자라는 것"이 아니다. 조상들의 가르침과 본보기, 부모의 변함없는 존재감으로 그렇게 만들어진다.

부모는 이 모든 것을 제공해야 한다. 느슨해져선 안 된다. 자녀가 스스로 잘할 것이라고 생각해선 안 된다. 아이들에게는 당신이 필요하다.

"그래서 너는 어떻게 했니?"

MAY 21

시인이 되기 훨씬 전, 양심적 병역 거부자가 되기 전, 자신의 아이를 낳기 전인 1920년대에 윌리엄 스태퍼드는 괴롭힘과 인종차별, 온갖 잔인한 행동이 공공연히 존재하던 시대를 살던 한 아이일 뿐이었다.

어느 날 어린 윌리엄이 집에 돌아와 부모님께 학교에서 흑인 친구 두 명이 괴롭힘을 당했다고 이야기했다. 그의 부모는 윌리엄에게 한 가지 질문을 던졌다. "그래서 너는 어떻게 했니, 빌리?"

그들은 *자신의 자녀*에게 일어난 일이 *아니라고* 무시하지 않았다. 이야기를 듣자마자 흥분해서 선생님에게 전화를 걸지도 않았다. 소리치지도 않았다. 어떤 추측도 하지 않았다. 그들은 이 사건을 '우리는 서로에 대한 책임이 있다. 우리 앞에서 나쁜 일이 일어날 때 방관해선 안 된다'라는 삶의 중요한 교훈을 가르치는 기회로 활용했다.

윌리엄의 부모는 그들이 평생 가정에서 가르치려고 했던 교훈을 아들이 잘 흡수하고 있는지 궁금했을 것이다. 그들의 질문은 아들이 선행과 의무, 친절, 인간의 품위를 실천하는 방법을 이해하고 있는지 확인하기 위한 시험이었다. 따라서 우리는 윌리엄이 이렇게 대답했을 때 부모가 어떤 기분이었을지 상상할 수 있다.

"저는 두 아이의 편이 되어주었어요."

MAY 22
자녀에게 가르쳐야 하는 세 가지 의무

인생은 괴롭다. 특히 어릴 때는 더 그렇다. 어렸을 때 우리는 경험해 보지 못하고, 준비하지 못하고, 명확하거나 분명한 답이 없어 보이는 상황에 끊임없이 직면한다. 그것은 괴롭힘을 당하거나 팔이 부러지는 것처럼 심각한 상황일 때도 있고, 첫 외박을 앞두고 긴장하거나 당신이 가장 갖고 싶었던 물건을 친한 친구가 먼저 갖게 되어 질투하는 것처럼 사소한 상황일 때도 있다. 다행스러운 상황도 있고, 불행한 상황도 있다.

이런 상황에 어떻게 대응해야 할까? 그 답을 아이들에게 보여주는 것이 부모의 일이다. 인생의 모든 순간이 이질적이고 성가시며 독특할 수 있는 만큼, 우리에게는 모든 상황에 적용 가능한 몇 가지 지침이 있기 때문이다.

아이들이 어떤 상황에 직면하든, 다음과 같이 대응할 수 있다고 가르쳐야 한다.

- 성실
- 정직
- 연민(최선을 다해 다른 사람을 돕기)

물론 그것이 항상 성공으로 이어지진 않겠지만 항상 아이들이 자랑스러워할 만한 일로는 이어질 것이다. 그리고 언제나 자녀에게 도움이 될 것이다. 갑작스러운 좌절을 겪든, 갑작스러운 성공을 겪든, 그들이 잘했든 잘못했든 무고한 목격자든 삶이 요구하는 것 ― 부모인 우리가 아이들에게 기대하는 것 ― 은 성실, 정직, 연민이다.

똑똑한 것보다
다정한 것이 더 좋다

MAY 23

아마존의 창립자 제프 베이조스가 어렸을 때 겪은 일화가 있다. 그는 할머니, 할아버지와 함께 있었는데, 두 분은 모두 흡연자였다. 베이조스는 그 무렵 라디오에서 담배 한 개비가 수명을 몇 분씩 단축시키는지 설명하는 금연 공익 광고를 들었다. 그래서 그는 전형적인 조숙한 아이처럼 뒷좌석에 앉아 이 새로운 지식으로 수학 실력을 발휘하며 담배 연기를 뿜는 할머니에게 자랑스럽게 설명했다. "할머니는 지금까지 9년이라는 시간을 잃으셨어요!"

이런 천진난만한 장난에 대한 일반적인 반응은 아이의 머리를 쓰다듬으며 똑똑하다고 말해주는 것이다. 하지만 베이조스의 할머니는 그러지 않았다. 할머니는 와락 눈물을 터뜨렸다. 베이조스의 할아버지는 손자를 따로 불러내어 베이조스의 마음에 잊을 수 없는 교훈을 가르쳐주었다. "제프," 할아버지가 말했다. "언젠가 똑똑한 사람보다 다정한 사람이 되는 게 더 어렵다는 걸 이해하는 날이 올 거란다."

영리함은 관심을 받고 싶을 때 쉽게 드러난다. 반면에 착한 사람이 되는 것은 노력이 필요하고 그 보상을 얻으려면 인내가 필요하다. 특히 자신의 말과 행동이 다른 사람들에게 어떤 영향을 미칠지 잠시 멈추고 생각해 보는 노력이 필요하다. 진정으로 훌륭한 부모는 자녀의 지능이나 성적, 영리한 말솜씨뿐만 아니라 자녀의 다정함과 연민을 칭찬한다. 이러한 자기중심적 특성들이 공감이나 다정함과 균형을 이루지 못한다면 부도덕하고 외로운 사람이 될 수 있기 때문이다.

MAY 24

대부분의 사람들에 대해 기억할 점

> 총명한 사람이라면 누구도 고의로 잘못을 저지르거나 고의로 악한 행동을 한다고 믿지 않는다.
>
> -소크라테스 Socrates

세상에는 이기적인 사람들이 많다. 잔인한 사람들, 어리석은 사람들, 사악한 사람들도 많다. 한 사람이 이 모든 면을 갖고 있는 경우도 있다. 당신의 자녀도 언젠가 세상에서 이런 사람들을 만나게 될 것이다. 당신의 아이는 그럴 준비가 되어있는가? 어쩌면 그보다 더 중요한 질문은 당신이 아이들에게 어떤 준비를 시키고 있느냐일 것이다. 물론 아이들을 그런 사람들로부터 보호하기 위해서이기도 하지만, 세상 ― 그리고 사람들 ― 에 대한 당신의 냉소주의가 아이들에게 너무 빨리 영향을 미치지 않도록 하기 위해서이기도 하다.

《세상엔 좋은 사람들이 많단다 Most People》라는 훌륭한 동화책이 있다. 대부분의 사람들은 최선을 다해 노력한다. 대부분의 사람들은 할 수 있다면 당신을 도우려고 한다. 대부분의 사람들은 행복해지기를 원한다. 대부분의 사람들은 같은 걸 원한다고 이 책은 말한다.

우리의 인생 경험에 비춰보면 이것이 진실이라고 믿기 힘들 수 있다. 그렇다고 우리가 과거에 겪은 경험과 좌절로 인한 마음의 짐을 아이들에게 넘겨줄 수는 없다. 이것이 부모로서 우리가 해결해야 하는 힘든 갈등이다. 항상 행복하고 아름답지만은 않은 세상에서 살아갈 수 있도록 아이들을 준비시켜야 한다. 또한 세상의 어둠이 완전하지 않다는 것을 가르쳐주어야 한다. 사실 세상의 어둠 같은 사람들은 소수에 불과하다.

우리는 아이들이 불꽃을 품고 다니길, 밝은 빛을 잃지 않길 바란다. 우리는 아이들이 다른 사람에게서 밝은 빛을 찾길 바란다. 그리고 아이들이 대부분의 사람들처럼 자라길 바란다. 선하고, 착하고, 행복하고, 도움을 주는.

그 길을 안내해 주는 사람은 바로 부모다.

자녀에게 도덕적 가치관을 가르치고 있는가?

MAY 25

도덕적 가치관을 심어주지 않는 교육제도는 남성과 여성이 자만심, 탐욕, 욕망을 더 잘 충족시킬 수 있는 지적 능력을 제공할 뿐이다.
-하이먼 리코버 Hyman Rickover

우리는 아이들이 좋은 학교에 진학하길 바란다. 가능한 한 많은 것을 배우길 바란다. 이것이 부모가 아이들의 성적을 확인하는 이유다. 이것이 부모가 교육과정이 바뀌는 것에 예민해지고, 대학 학비를 마련하기 위해 저축하고 투자하는 이유다.

하지만 우리는 정말 올바른 것에 집중하고 있는가? 이것은 단지 교육이 우리 아이들에게 세상에 나가서 활용할 수 있는 실제적인 직무 기술을 가르쳐야 한다는 주장을 하기 위해서가 아니다. 이것은 아이들이 선한 사람이 되는 방법을 가정에서, 교실에서, 세상에서 배우고 있는지 묻기 위해서이기도 하다.

많은 아이들이 비싼 사립학교나 아이비리그에 진학한다. 그러나 그들은 결국 부패한 정치인이나 업계를 황폐화시키는 부도덕한 사업가가 된다. 많은 아이들이 성공하는 법을 배우지만, 그 성공을 윤리적이고 책임감 있게 관리하는 데 필요한 기술과 품위는 배우지 못한다.

교육의 목적은 아이들을 더 이기적이고, 더 탐욕스럽고, 더 오만하게 만드는 것이 아니다. 아이들을 더 나은 시민, 더 나은 인간, 그리고 미래에 더 나은 부모가 되도록 만드는 것이다.

MAY 26

자녀를 나타내는 별칭

마르쿠스 아우렐리우스의 《명상록》에서 가장 흥미로운 구절 중 하나는 바로 이것이다.

> 네 자신을 선한 사람, 겸손한 사람, 진실을 말하는 사람, 분별 있는 사람, 협동하는 사람으로 만들고, 그런 후에는 이러한 자질을 다른 무엇과도 바꾸지 않도록 주의하라.

이것은 본질적으로 마르쿠스가 실천하고자 했던 원칙을 가장 간결하게 설명한 구절이다. 아이 옆에 앉아서 이 구절이 자녀에게 의미하는 바가 무엇인지 자세히 이야기해 보면 어떨까? 당신은 자녀를 어떤 아이로 키우고 싶은가? 아래의 표어 중 무엇을 향해 아이들을 이끌고 싶은가?

몇 가지 명백한 표어: 친절. 충성심. 도덕심. 정직.
아이를 세상에서 성공하도록 돕는 몇 가지 구체적인 표어: 창의성. 이중 언어 구사. 근면함. 평생 학습자.

어떤 부모들에게는 아이들이 튼튼하게 크는 것이 중요할 수 있다. 어떤 부모들에게는 아이들이 책을 읽는 사람으로 성장하는 게 중요할 수 있다. 아이들이 봉사하는 삶을 사는 것이 중요한 부모들도 있다. 여기에는 다양한 선택지가 있고, 다행히도 당신이 떠올리는 답은 대부분 옳을 것이다. 중요한 것은 당신이 어떤 별칭을 선택했는지가 아니라 당신이 별칭을 선택했다는 사실 그 자체다.

무엇을 조준하고 있는지 모르는데 어떻게 과녁을 맞힐 수 있을까? 실수로 한 가지 별칭을 다른 별칭의 의미로 가르치고 있는 게 아닌지는 어떻게 알 수 있을까? 사실 알 수 없다. 그러니 글로 써놓자.

품위 있는 사람이 되기 위한 질문

MAY 27

유쾌한 도덕철학 책인 《더 좋은 삶을 위한 철학 *How to Be Perfect*》에서 마이클 슈어는 가장 현명하고 훌륭한 사람들에게도 힘든 일 중 하나인 인생의 중요한 교훈을 자녀에게 전수하는 방법에 대한 명상으로 이야기를 끝맺는다.

다음 구절은 그 교훈이 무엇인지를 잘 담고 있다.

당신은 지구에 사는 사람이다. 당신은 이곳에 혼자가 아니며 지구에 있는 다른 사람들에게 빚을 지고 있다는 의미다. 당신이 다른 사람들에게 빚지고 있는 것은 그들이 불공정하다고 거부하지 않을 규칙에 따라 사는 것이다(그들이 품위 있고 합리적인 사람들이라는 가정하에).

그는 아이들이 이 교훈을 기억할 수 있는 훌륭한 방법도 소개한다. 바로 인생을 살면서 무언가를 하려고 할 때 형제나 자매에게 그것이 좋은 생각인지 물어보라는 것이다. 그는 친구나 선생님, 좋아하지는 않지만 똑똑하다고 생각하는 아이에게도 물어보라고 말한다. 자녀에게 "모든 사람이 이렇게 행동해도 괜찮을까? 모든 사람이 지금 네가 하려는 행동을 한다면 세상은 어떻게 될까?"라고 물어봐야 한다.

품위 있고 다정한 인간을 키우는 방법은 자신의 행동이 다른 사람들에게 어떤 영향을 미치는지, 다른 사람들에 대한 의무가 무엇인지 가르치는 것이다. 이를 위해 철학자가 될 필요는 없다. 그저 스스로 선하고 품위 있는 사람이 되는 것만으로 충분하다.

MAY 28

결코 우연이 아니다

플로렌스 나이팅게일은 놀라운 여성이다. 그녀는 간호 업무에 혁명을 일으켰고 수천 명의 생명을 구했다. 빅토리아 시대, 영국의 상류 사회에서는 여성들이 병원에서 근무하는 것과 같은 실무적인 일은 물론이고 직업적인 일 자체를 해선 안 되었기 때문에 이것은 놀라움을 자아냈다.

하지만 플로렌스의 가계도를 본 사람이라면 전혀 놀랍지 않다고 생각할 것이다. 플로렌스는 갑자기 나타난 성인이 아니었다. 그녀의 증조부는 미국 독립혁명을 지지한 자선가였으며 사바나에 있는 자신의 재산 중 상당 부분을 독립운동에 기부했다. 증조부의 아들 — 플로렌스의 할아버지 — 은 영국 하원의원이자 영국의 대표적인 노예 제도 폐지론자였다. 증조부의 손녀인 패니(플로렌스의 어머니)가 불우한 이웃들에게 큰 관심이 없었던 것이 그 집안에서 이례적인 경우였다.

플로렌스 나이팅게일이 인류애와 이타심을 갖게 된 것은 우연이 아니었다. 그녀는 모든 훌륭한 전통이 만들어지는 방식 — 가족의 선택 — 으로 그것을 배웠다. 그녀는 조상에게 영감을 받았다.

우리는 우리가 태어날 집안을 선택할 수 없다. 하지만 부모로서 우리는 집안에서 누구를 본보기로 삼아야 할지 선택할 수 있다. 플로렌스 나이팅게일처럼 어떤 가족 구성원으로부터 영감을 받고 누구를 모범으로 따를지 선택할 수 있다. 부모로서 우리는 어떤 가족 구성원에 대해 이야기할지, 무엇을 강조하고 싶은지, 어떤 교훈을 심어주고 싶은지 선택할 수 있다.

훌륭하고 이타적이며 용기 있는 아이는 우연히 만들어지지 않는다. 아이들이 타고나는 것도 아니며 갑자기 그렇게 변하는 것도 아니다. 조상 대대로 이어지는 전통에서 나오는 것이고, 우리에게서 나오는 것이다.

항상 다른 사람들이
어떻게 지내는지 생각한다

MAY 29

성경에서 모세가 — 하나님의 도움으로 — 홍해를 가르는 장면을 잘 알고 있을 것이다. 이것은 이스라엘 민족이 그들을 쫓는 이집트인들을 피해 탈출할 수 있었던 엄청난 기적이었다. 이 기적과 관련하여 덜 알려진 것은 그다음에 일어난 일이다. 모세가 바다를 다시 합쳤을 때 이집트인들이 갇혔다. 바다가 그들을 덮쳤고 수천 명이 죽었다.

이스라엘인들은 노래와 축하의 함성을 터뜨렸다. 탈무드에 따르면, 천사들이 그들과 함께할 때 하나님은 이렇게 꾸짖었다. "내 피조물들이 죽어가고 있는데 어찌 감히 기쁨의 노래를 부르는가."

이런 사건이 실제로 일어났는지 아닌지는 중요하지 않다. 다만 교훈은 변하지 않는다. 승리와 성공을 누릴 때 당신은 이것이 얼마나 멋진 일인지에 대해서만 생각하기 쉽다. 그래서 당신이 누구를 패배시켰는지, 당신의 승리로 그들이 어떤 대가를 치러야 하는지 잊어버리기 쉽다. 당신이 얻은 것보다 그들이 잃은 게 더 많을 수도 있다는 것을 외면하기 쉽다.

우리는 다른 사람들에게 항상 나만큼 좋은 일이 일어나지 않는다는 것을 깨달을 만큼 공감하고 배려할 수 있어야 한다. 잠언 24장 17절에 "네 원수가 넘어질 때 즐거워하지 말며, 그가 엎드러질 때 마음에 기뻐하지 말라"라는 말씀이 있다.

우리가 자녀에게 전해야 하는 것은 이렇게 오랜 세월 동안 변치 않는 교훈이다. 당신은 가진 것에 기뻐할 수 있고, 인생에서 승리하기를 원해야 한다. 하지만 다른 사람들이 고통받지 않는다고 생각할 만큼 무감각해지면 안 된다. 다른 사람을 신경 쓰지 않을 만큼 자기중심적이어서도 안 된다. 그리고 어느 쪽에도 무관심한 자녀를 키워서도 안 된다.

MAY 30

당신은 자녀가 갚아야 할 빚을 지고 있다

시어도어 루스벨트보다 정복과 모험의 역사를 아름답게 쓴 사람은 없다. 러디어드 키플링보다 전쟁과 영광, 제국의 이야기를 시적으로 쓴 사람은 없다.

하지만 그들은 결국 이런 일들로 매우 사랑하는 아들을 잃고 슬픔에 잠겼다. 루스벨트의 아들 쿠엔틴은 프랑스 상공에서 격추되어 세상을 떠났다. 키플링은 1915년, 전쟁에서 아들 잭을 잃었는데, 쏟아지던 총알과 포탄에 시신의 신원도 확인할 수 없었다. 루스벨트는 장남을 잃고 힘든 시기를 보내다가 곧 아들을 뒤따라갔다. 키플링은 슬픔에 잠겨 마지막 시 한 편을 썼다.

"내 아들 잭의 소식은 없나요?"
이 파도에는 없어요.
"아들은 언제쯤 돌아올 것 같나요?"
지금 부는 바람과 파도에는 돌아오지 않을 거예요.

이것은 어떤 부모도 겪어선 안 되는 비극적이고 가슴 아픈 일이다. 하지만 이 두 위인에게 책임이 없다고만은 할 수 없다. 아이들에게 불가능한 기대를 걸고 압박을 가했기 때문만이 아니라 이러한 대학살을 초래한 정책을 장려하고 기꺼이 지지했던 세대의 일원이었기 때문이다.

모든 부모에게 경종을 울리는 이야기다. 우리는 이 시대의 결정권을 갖고 있고, 그 결정의 결과는 주로 미래 세대가 감당해야 한다. 우리의 자녀와 손주들은 당신의 선택으로 만들어진 세상에서 살아갈 것이며, 어쩌면 당신도 그곳에서 마음 아플 만큼 오래 살게 될 수도 있다.

"네가 어떤 사람인지가 더 중요해"

MAY 31

1930년대, 대학에 진학하지 못한 채 명문가의 기대에 부응하기 위해 고군분투하던 젊은 워커 퍼시는 자신을 양자로 받아준 삼촌인 윌 퍼시에게 편지를 보냈다. 그는 삼촌이 자신의 성적에 대해 훈계하는 답장을 보낼 거라고 예상했다. 혹은 가족을 실망시켰다는 사실을 꾸짖거나, 어쩌면 편지 대신 과외비를 보내줄지도 모른다고 생각했다.

하지만 워커는 삼촌의 답장을 받고 깜짝 놀랐다. 편지에는 그런 내용이 전혀 없었기 때문이다. 윌은 워커의 우려와 달리 이렇게 말했다.

인격의 형성과 개인의 좋은 삶이 영광과 업적보다 훨씬 더 중요하다는 게 인생에 대한 나의 이론이란다.

멋진 이론이지 않은가? 이것이야말로 스트레스를 받고 자기 비판적이며 혼란스러워하는 아이가 삶에 대해 들어야 하는 이야기지 않을까? 네가 어떤 일을 하느냐보다 네가 어떤 사람인지가 더 중요하단다. 나는 네가 성공하는 것보다 선한 사람이 되었으면 좋겠어. 돈보다 인성이 더 중요해.

이런 사실을 간과하며 살기 쉽다. 우리는 세상이 얼마나 경쟁으로 가득한지 알고 있으며 아이들이 얼마나 무한한 잠재력을 갖고 있는지도 안다. 우리는 아이들이 우리와 같은 실수를 되풀이하지 않길 바란다. 하지만 궁극적으로 우리가 아이들을 올바르게 키운다면 이런 문제들은 저절로 해결될 것이다.

조상들은 인격이 곧 운명이라는 사실을 알았고, 우리는 이 사실이 자녀에게도 적용된다는 것을 기억해야 한다. 선한 삶, 선한 일로 가득한 삶이 성공한 삶이고 더 중요한 삶이다.

6
월

June

자신을 소홀히 하지 않기

자기 관리에 대한 교훈

도움을 요청해도 괜찮다

JUN 1

> 도움이 필요한 것을 부끄러워하지 말라. 성벽으로 돌진하는 군인처럼 당신도 완수해야 할 임무가 있다. 만일 당신이 부상을 입어 일으켜 줄 전우가 필요하다 한들 그게 뭐 어떤가?
> —마르쿠스 아우렐리우스 Marcus Aurelius

만약 자녀가 어려움을 겪고 있다면 당신은 자녀가 말해주길 바랄 것이다. 학교에서 수업 내용을 이해하지 못한다면 선생님께 물어보길 바랄 것이다. 만약 이웃이 필요한 게 있다면 당신에게 빌리러 와도 괜찮다고 생각할 것이다. 만약 배우자가 힘들어한다면 당신에게 찾아오길 바랄 것이다.

그렇다면 당신은 어떤가? 당신은 괜찮은가? 그보다 더 중요한 질문은 '당신이 괜찮지 않을 때 당신은 도움을 요청하고 있는가?'이다.

부모는 아이들이 배웠으면 하는 행동을 모범으로 보여야 한다. 당신이 길을 잃은 게 분명한데도 남에게 길을 물어보지 않는다면 아이들은 어떤 메시지를 받게 될까? 아이들이 질문했을 때 답을 모른다는 사실을 인정하고 함께 답을 찾아보는 대신 아무 말이나 지어낸다면 학습과 문제 해결에 대해 무엇을 보여줄 수 있을까? 잘 모를 때 남에게 도움을 청하는 것이 부끄러운 일이라는 메시지를 계속 전달한다면 아이들이 어떻게 의사나 상담사 앞에서 모든 것을 편하게 털어놓을 수 있을까?

하지만 이것은 그 이상의 문제다. 만약 당신이 상처받고 있는데 도움을 요청하지 않는다면 당신은 좋은 부모가 될 수 없다. 혼자서는 좋은 부모가 될 수 없다. 세상에 천하무적이거나 전지전능한 사람은 없다. 최선을 다하는 부모가 되기 위해서는 다른 사람들에게 기댈 수 있어야 하고, 실수를 인정할 줄 알아야 하며, 새로운 것을 배울 수 있어야 하고, 도움을 요청할 줄 알아야 한다. 도움을 요청해도 괜찮다는 것을 보여주자. 필요한 도움을 요청함으로써 더 나은 부모가 되자.

JUN 2 　당신이 내리는 가장 중요한 결정

> 당신이 내리는 가장 중요한 결정은 당신의 기분을 좋은 상태로 유지하는 것이다.
>
> -볼테르Voltaire

당신의 기분이 나쁠 때 아이들이 어떤 생각을 하는지 아는가? 아이들은 그것이 자신과 관련이 있다고 생각한다. 아이들은 당신이 짊어지고 있는 모든 책임감을 이해하지 못한다. 당신이 하루 종일 견뎌냈던 멍청한 동료들과 성질 급한 상사의 비현실적인 요구에 대해 알지 못한다. 아이들에게는 당신이 직장에서 받는 스트레스가 보이지 않는다. 그것은 어린아이들이 이해하기에는 힘든 복잡한 감정이기 때문이다. 특히 아이들이 직접 경험해 보지 못한 일일 때는 더욱 그렇다.

우리의 기분과 선택은 언제나 아이들에게 영향을 미치고, 아이들이 세상을 바라보는 방식과 스스로를 바라보는 방식을 변화시킨다. 우리가 이 모든 것을 어떻게 다루느냐에 따라 아이들의 기분과 자존감, 세상에 대한 인식이 바뀐다. 그리고 이 과정에서 우리는 아이들이 좋든 싫든 따를 수밖에 없는 패턴을 만들어주고 있다.

아이는 당신의 기분과 감정에 따라 고통을 받을 수도, 혜택을 받을 수도 있다.

냉혹한 계산법에서 벗어나자

JUN 3

"결혼을 하면 네 인생의 반을 나눠줘야 한단다." 소설가 수전 스트레이트의 어머니가 경고했다. "그럼 나머지 반은요?" 어린 수전은 희망차게 물었다. "아이를 낳게 되면 아이에게 남은 반을 나눠줘야 하지." 어머니가 무미건조하게 대답했다.

저런.

그렇다. 결혼과 연애는 힘들다. 과거에는 특히 여성들에게 더 가혹했다. 아이를 낳는다는 것은 부모에게 변화를 강요했다. 수면 시간과 돈, 그리고 우리가 당연히 여겼던 자유를 빼앗아 갔다. 하지만 그렇다고 해서 우리가 자신을 잃고 모든 자유를 잃어야만 할까? 물론 그렇지 않다.

우리는 이런 씁쓸한 계산법에서 벗어날 수 있다. 우리 자신과 배우자와의 관계를 위해 노력함으로써, 나이가 들어도 꿈을 포기하지 않음으로써, 결혼 생활과 아이들이 우리에게 주는 경험과 기회에 집중함으로써 말이다.

우리가 자신을 포기하는 것은 아이들을 포기하는 것이며, 이것은 아이들에게 끔찍한 교훈을 가르쳐주는 것이다.

JUN 4

당신의 자산을 보호하자

가장 어리석은 행동은 다른 종류의 행복을 위해 건강을 희생하는 것이다.
-아르투어 쇼펜하우어 Arthur Schopenhauer

물론 우리의 임무는 아이들을 부양하고, 열심히 일하고, 현명하게 소비하며, 신중하게 저축하는 것이다. 우리는 아이들에게 필요한 것을 제공하고 위급 상황에 가족을 보호하기 위한 재정적 수단을 갖기 위해 돈을 모은다. 하지만 우리가 정신 건강에도 그만큼 주의를 기울이지 않는다면 재정 상태에 쏟는 모든 노력은 한계에 부딪힐 수밖에 없다.

부는 돈이 아닌 다양한 형태로 존재한다. 베스트셀러 작가이자 라디오 프로그램 〈조찬 클럽 The Breakfast Club〉의 진행자인 찰라마그네 타 갓은 '정신적 부 Mental Wealth'라는 개념을 대중화하는 데 기여했다. 정신적 부란 당신의 온전한 정신, 웰빙, 행복 등을 의미한다. 극도로 지치거나 우울하고, 정신 건강을 잘 유지하기 위한 대인관계나 자원을 구축하지 못했을 때는 아이들을 제대로 부양하고, 좋은 부모가 되어주는 것이 정말 힘들다.

재정적인 자산을 지키려 하는 것처럼 정신적 자산도 보호해야 한다. 심리상담을 받거나 책을 사는 데 돈 쓰는 것을 아까워하지 말자. 너무 피곤하다면 초과 근무를 과감히 포기하자. 당신의 정신 건강, 회복, 웰빙이 더 중요하다. 이러한 것들을 돌보는 것은 이기적인 행동이 아니라 오히려 이타적인 행동이다. 당신의 임무는 당신이 될 수 있는 최고의 부모가 되는 것이기 때문이다. 그러기 위해서는 정신적 자산이 여유로워야 한다.

부모도 자기 자신을
돌봐야 한다

JUN 5

> 내가 처음 글을 쓰기 시작했을 때, 나는 아이들이 '엄마'라고 부르기 전의 시간을 활용해야 했는데 그때는 언제나 새벽 다섯 시쯤이었다.
> -토니 모리슨 Toni Morrison

많은 부모의 한 가지 공통점은 항상 자신을 돌보는 일을 미룬다는 것이다. 아이가 밤에 잠을 잘 자는 시기만 오면 헬스장에 갈 거야. 아이들이 아무거나 다 잘 먹는 때가 오면 나도 더 건강하게 챙겨 먹을 거야. 아이들이 독립하고 나면 아내와 예전의 관계로 돌아갈 거야.

좋은 의도로 하는 말이지만 결과는 어느 누구에게도 좋지 않다. 당신은 자신을 돌봐야 한다. 지금 당장! 나쁜 식습관이 당신의 성질을 더 돋운다고 생각하지 않는가? 당연하다. 형편없는 음식을 먹으면 형편없는 기분이 들기 때문이다. 당신의 수명을 단축시키는 게 아이들에게 좋은 일이라고 생각하는가? 계단을 오르고 장바구니를 들어 올리는 게 힘들 때 아이들에게 좋은 본보기를 보여주고 있다고 생각하는가? 아이들과 함께하는 식탁에서 배우자와의 위태로운 관계를 보여줄 때 아이들이 안전하고 사랑받는다고 느낄 수 있겠는가?

당신은 자신을 돌봐야 한다. 아이들과 당신을 위해서. 건강하고 행복하고 현명해야 더 나은 부모가 될 수 있기 때문이다. 자신을 돌보는 일을 미루지 말자. 이기적인 일이 아니라 당신에게 꼭 필요한 일이다.

JUN 6 팀이 필요하다

우리는 먹고, 자고, 일하고, 세금을 내고, 쓰레기를 버리는 것처럼 우리가 항상 해왔던 일과 책임을 완수해야 한다. 꿈을 좇는 것처럼 각자의 열망도 가지고 살아야 한다. 이 모든 것을 해내는 것은 쉽지 않다. 이제는 더욱이 돌봐야 할 작은 아이들까지 있다. 요구사항은 끝도 없는 데다가 혼자서는 아무것도 할 수 없는 작은 존재. 이 모든 일을 어떻게 해낼 수 있을까?

어슐러 르 귄은 전업 작가였다. 그녀는 소설 스물세 권, 동화 열세 권, 단편 소설 열두 편, 시 열한 편, 수필집 다섯 권, 번역서 네 권을 발표하며 활발한 작품 활동을 펼쳤다. 그녀는 편집자로 일했을 뿐만 아니라 대학교에서 강의도 했다.

아, 또한 그녀는 세 아이의 엄마였고 역사학 교수인 찰스 르 귄의 아내이기도 했다.

그녀는 어떻게 이 모든 역할을 해냈을까? 그녀의 남편은 어떻게 자신의 역할을 해냈을까? 그들은 해내지 못했다.

"한 사람이 풀타임으로 두 가지 일을 할 수는 없어요." 어슐러 르 귄은 설명했다. "글쓰기는 풀타임으로 일해야 하는 직업이고 아이들을 키우는 일도 마찬가지죠. 하지만 두 사람이 함께하면 풀타임으로 해야 하는 세 가지 일을 해낼 수 있어요. 제가 파트너십을 중요하게 여기는 이유입니다. 파트너십이 있으면 많은 일을 해낼 수 있거든요."

육아는 혼자서 해내기엔 너무 힘들고 어려운 일이다. 오랜 세월 너무 많은 엄마들이 홀로 육아를 감당해야 했고, 혼자서 희생을 강요당했다. 하지만 엄마와 아빠가 한 팀이 되어 일하면 더 강력한 힘이 생긴다. 함께하면 더 멀리 나아갈 수 있다. 이것이 모든 일을 해낼 수 있는 유일한 방법이자 아이들뿐만이 아니라 부모에게도 도움이 되는 유일한 방법이다.

부모는
혼자만의 시간이 필요하다

JUN 7

물론 누군가는 항상 마르쿠스 아우렐리우스를 필요로 했다. 그의 아내, 열세 명의 자녀 중 한 명, 조신, 긴급한 국가 업무 등. 하지만 마르쿠스 아우렐리우스에게는 매일 몇 분에서 한 시간 정도 — 오전일 때도 있고 오후일 때도 있었다 — 연락이 닿지 않는 때가 있었다. 20세기 미국의 철학자 브랜드 블랜샤드는 마르쿠스가 "한밤중의 어둠" 속에서 혼자 사색하고 글을 쓰며 이룬 업적에 놀란다. 그는 어디에 있든, 지금 어떤 일이 일어나고 있든 상관하지 않고 시간을 내어 홀로 앉아서 생각하고 글을 썼다.

당신도 그렇게 하고 있는가? 당신도 혼자만의 시간을 갖고 있는가?

훌륭한 베스트셀러 《아주 작은 습관의 힘*Atomic Habits*》의 저자 제임스 클리어는 아버지가 된 이후로 매일 오전 "신성한 두 시간"을 따로 내어 글을 쓴다고 밝혔다. 두 시간보다 더 오래 쓸 때도 있었지만 두 시간을 채우지 않는 경우는 결코 없었다. 그 두 시간이 그가 좋은 하루를 보낼지 아니면 낭비하는 하루를 보낼지, 생산적이고 발전적인 하루를 보낼지 아니면 게으름 피우는 하루를 보낼지를 결정했다.

아침, 낮, 밤과 관계없이 몇 분 혹은 몇 시간 동안 따로 갖는 이 "신성한 시간"의 개념은 중요하다. 부모는 혼자만의 신성한 시간을 따로 마련해야 한다. 병원 진료 예약이나 중요한 회의처럼 이 시간도 시간표대로 지키고 시간을 엄수해야 한다. 물론 이 시간만 필요한 것은 아니겠지만 이건 부모에게 필요한 최소한의 시간이다. 그러니 자신을 위해 혼자만의 시간을 내어주자.

나만을 위해 아껴둔 귀한 몇 분 동안 얼마나 많은 것을 성취할 수 있는지 깜짝 놀라게 될 것이다.

지금이 가장 행복할 때다

JUN 8

앤서니 보데인은 비극적인 죽음을 맞이하기 전 한 인터뷰에서 "나에게 TV에 나오는 아빠들처럼 뒷마당에 서있을 때보다 더 행복했던 적은 없었다"라고 말했다. 아빠가 되기 전 그는 여행과 명성, 돈, 맛있는 음식으로 가득 찬 이국적이고 화려한 삶을 살았다. 하지만 한편으로 그의 삶은 중독과 우울증, 상실감으로 가득 차있기도 했다. 그는 평범한 가정을 이룬 후, 뒷마당에 서서 앞치마를 두르고 버거를 굽는 평범한 일상에 특별한 힘이 있다고 말했다. "그렇게 하는 저 자신을 발견할 때면 정말 바보같이 행복해집니다."

얼마 지나지 않아 다른 프로그램을 녹화하기 위해 출장을 떠난 보데인은 그의 목가적인 뒷마당과 매우 멀리 떨어진 곳에서 발견되었다. 그를 괴롭히던 우울증과 중독은 결국 그를 가족으로부터 영영 멀어지게 했다. 이는 우리 모두의 정신을 번쩍 들게 하는 교훈을 준다. 첫째, 당신에게 주어진 현재를 즐겨야 한다. 둘째, 행복해지기 위해서는 그렇게 많은 것이 필요하지 않으며 평범한 순간들이 얼마나 멋질 수 있는지 기억해야 한다. 셋째, 이런 행복이 얼마나 한순간에 사라질 수 있는지 알아야 한다.

만약 당신이 중독으로 힘든 시기를 보내고 있거나 어두운 우울의 구덩이에 빠져있다면, 그것과 싸우는 고통은 매우 클 것이다. 하지만 당신이 사랑하는 사람들과의 소박한 기쁨과 애정으로 이를 극복하면 형언할 수 없는 안락함과 행복을 얻게 될 것이다.

아이들은 체계가 필요하다
(당신도 마찬가지다)

JUN 9

> 예와 의의 기준을 지키기 위해 조금이라도 노력한다면 두 배로 보답받을 것이다.
>
> -순자Xunzi

수면 전문가에게 아이의 수면 훈련에 대해 물어본다면 아이들에게는 체계와 루틴이 필요하다고 대답할 것이다. 교육 전문가에게 아이의 학교 공부에 대해 물어본다면 역시 체계와 루틴이 필요하다고 말할 것이다. 행동 전문가에게 아이의 태도에 대해 도움을 요청한다면 이번에도 체계와 루틴을 이야기할 것이다. 강아지 훈련사에게 물어보아도 역시 체계와 루틴(그리고 운동)의 중요성을 말할 것이다.

문제가 무엇이든 대부분의 해결책은 체계와 루틴이다. 세상은 무서운 곳이다. 많은 것이 새롭고 압도적이다. 하지만 체계와 루틴을 세워주면 아이들이 새롭게 알아내야 할 것이 줄어들고, 걱정할 것이 줄어들기 때문에 긴장을 풀 수 있다. 그 대신 아이들은 세상을 탐색할 수 있고 편안한 마음으로 새로운 것을 받아들일 수 있다. 안전함을 느낄 수 있다.

하지만 당신은 어떠한가? 엄마와 아빠는? 당신도 자신을 위한 체계와 루틴을 가지고 있는가? 아이는 매일 같은 시간에 재우지만 당신은 아이를 재우고 난 후 자유롭게 시간을 보내고 있진 않은가? 아이들의 저녁은 미리 계획하지만 당신은 직장에서의 점심을 어떻게 해결하고 있는가? 아이들에게는 오후에 조용히 놀 시간을 주고 주말에 휴식을 갖게 하지만 당신을 위해서도 그런 규칙적인 시간을 만들고 있는가? 체계와 루틴은 당신이 어떤 사람이든, 어떤 연령이든 꼭 필요하다. 아이들에게도 중요하고 부모에게도 중요하다.

그리고 당신이 자신의 루틴을 지킬 때, 아이들도 그들의 루틴을 지키기 더 쉬워진다.

JUN 10 — 당신은 변화할 수 있다

테드 윌리엄스는 훌륭한 야구 선수였지만 오랫동안 정말 이기적이고 무자비한 사람이었다. 어린 시절 끔찍한 학대를 받았던 그는 남을 사랑하고 배려하는 법을 배우지 못해 힘든 시간을 보내야 했다.

하지만 윌리엄스의 이야기에는 비정한 아버지들에게 영감을 줄 수 있는 희망적인 메시지가 담겨있다. 시간이 흐르며 그가 변화하기 시작했기 때문이다. 한 친구는 그에 대해 이렇게 말했다.

> 옆에서 그가 자신의 아이들과 사랑에 빠지는 모습을 지켜보는 것은 정말 놀라운 일이었다. 아이들이라는 외부 영향력에 굴복하는 것은 그의 기질에 역행하는 것이었다. 사랑이 그를 지배하고 있었다. 그는 자신의 취약함을 느꼈다. 평생 한 번도 느껴본 적 없는 취약함을.

그의 여린 면은 가장 엉뚱하고 개인적인 곳에서 조금씩 드러났다. 윌리엄스가 오랫동안 무관심했던 아이들에 대해 처음으로 기록을 남기기 시작한 곳은 낚시 일기장이었다. 딸은 그가 세상을 떠난 후 유품 더미에서 사인 포스터 한 장을 발견했는데, 거기에는 "나의 아름다운 딸에게. 사랑한다. 아빠가"라고 적혀있었다.

당신도 지금 그런 취약함을 갖고 있다. 그 강력한 힘은 당신에게도 작용하며, 당신이 세상으로부터 자신을 보호하기 위해 만든 딱딱한 갑옷을 벗어 던지게 도와줄 것이다. 부모로서의 경험은 당신을 바꿀 수 있다. 이 경험은 당신을 더 나은 사람으로 만들어줄 것이다. 당신이 얼마나 멀리 왔든, 처음 육아를 시작했을 때 저지른 실수를 만회할 수 있다. 결코 늦은 때란 없다.

아이들과
엉뚱한 시간을 보내자

JUN
11

더글러스 맥아더는 대부분의 군인들처럼 루틴을 지키는 사람이었다. 아들 아서가 태어났을 때도 그는 루틴을 중심으로 가정생활을 꾸렸다. 하지만 많은 부모가 루틴을 통제 수단으로 삼는 것과 달리 맥아더의 모닝 루틴은 기쁨의 순간으로 시작했다. 윌리엄 맨체스터가 책 《아메리칸 시저 American Caesar》에 소개했듯이 그에게는 엉뚱한 재미를 누리기 위한 루틴이 있었다.

오전 일곱 시 반이 되면 장군의 침실 문이 열리고, 아들은 가장 좋아하는 장난감을 꼭 쥐고 터벅터벅 걸어 들어왔다. 맥아더는 곧장 침대에서 일어나 차려 자세를 취했다. 그러곤 아들이 "쿵! 쿵! 쿠쿠쿵 쿵!" 하는 소리에 보조를 맞춰 빠른 걸음으로 방을 행진했다. 침대를 몇 번 돌고 난 후 아이는 맥아더가 오늘의 선물을 준비하는 동안 손으로 자신의 눈을 가렸다. 아버지가 주는 선물은 사탕일 때도 있고, 크레용이나 색칠 공부 책일 때도 있었다. 이 의식은 맥아더가 화장실에서 면도하는 모습을 아들이 지켜보며 둘이 함께 노래를 부르는 것으로 끝난다.

집에서 아이들과 엉뚱하고 재미난 시간을 보내지 못할 정도로 너무 바쁘고 중요한 일을 하는 사람은 없다. 침대에서 일어나 자녀의 행진 명령을 수행하지 않아도 되는 사람은 없다. 어떤 아빠도 면도하는 동안 목청껏 노래를 부르는 것을 망설여선 안 된다. 이런 순간이 인생 최고의 순간이다. 인생에서 이런 순간이 드물다면 당신은 잘못하고 있는 것이다.

일상적이고 정기적으로 이런 순간을 누려야 한다.

JUN 12 우리는 모두 복잡한 존재다

부모는 자녀에게 완벽한 존재이길 바라고 우리가 옳다는 것을 증명하고 싶어 한다. 하지만 우리는 완벽할 수 없는 존재이기 때문에, 아이를 실망시킬 때마다 죄책감이나 무능력함을 느끼게 된다. 우리가 아이에게 부족한 존재라는 생각은 너무 강력해서 우리는 자신의 불완전함을 숨기려 하거나 더 심하게는 위선자처럼 행동하게 된다.

9월 11일에 아버지를 잃은 코미디언 피트 데이비드슨도 자신의 아버지가 완벽과는 거리가 먼 사람이라는 사실을 알고 있었다. 부모님은 결혼 생활을 하는 동안 그리 잘 지내지 못했다(그래서 그들은 별거 중이었고 그 비극적인 사건이 일어나기 며칠 전 이혼했다). 아버지는 피트가 성인이 된 후에도 약물을 하고 여러 차례 문제를 일으켰다. 하지만 세월이 흘러, 쌍둥이 빌딩이 붕괴될 때 사람들을 구하다 세상을 떠난 영웅 같은 아버지에 대해 더 많은 면을 알게 되면서 그는 가슴이 뭉클해졌다.

이런 실패와 결점들은 당시 일곱 살이던 피트에게 친구와 가족이 아버지에 대해 들려준 이야기와는 다른 방식으로 아버지의 인간적인 면을 보여주었다. 피트는 《시커 인 더 헤드 *Sicker in the Head*》에서 저드 애퍼타우에게 이렇게 설명했다. "아버지도 아버지만의 문제가 있었음을 알게 되었어요. 아버지도 다른 사람들처럼 문제를 갖고 있었어요. 하지만 그 모든 문제에도 불구하고 아버지는 도덕성을 잃지 않았고, 그 어떤 것도 아버지가 영웅이 되는 것을 막지 못했다는 것을 깨달았습니다."

완벽한 사람은 없다. 우리는 모두 복잡한 존재다. 우리는 모두 앞으로 나아가는 과정에 있다('과정에 있다'라는 말을 강조하고 싶다). 이 사실을 숨길 필요도 없고, 죄책감을 느낄 필요도 없다. 이것이 우리가 맡은 가장 중요한 일을 훌륭하게 해내는 데 방해가 되거나, 우리를 필요로 하는 순간에서 영웅이 되는 것을 방해하는 것은 아니다.

자녀에게 그 외의 것은 물려주지 않도록 하자

JUN 13

우리는 모두 문제를 갖고 있다. 우리도 알고 있다. 부모로서 우리의 목표는 그 문제를 아이들에게 대물림하지 않는 것이다. 악의 순환 고리를 끊는 것이다. 우리가 맞서 싸우던 악마가 더 쉬운 목표물인 아이들을 찾아가지 않게 하는 것이다.

하지만 그보다 더 중요한 것은 우리의 악마가 새로운 악마들을 초대하지 못하게 하는 것이다. 더 많은 피해를 일으키지 않고 더 많은 문제를 만들어내지 않게 최선을 다해야 한다. 필립 라킨의 시는 이런 경향을 완벽하게 표현하고 있다.

> 그들이 너를 망칠 거야. 너의 엄마, 아빠가.
> 일부러 그러는 건 아니지만 그렇게 될 거야.

불교에서는 번뇌가 대를 이어 전달되는 방식인 윤회*Samsara*에 대해 이야기한다. 왜 그럴까? 왜 괴로움은 한 세대에서 완전히 소멸되지 않는 것일까? 그것은 우리가 번뇌를 해결하기 위한 노력을 하지 않기 때문이다. 때때로 우리가 자신의 괴로움을 인지조차 하지 못하기 때문이다. 인지는 하지만 여전히 노력하지 않을 때도 있는데, 이것은 우리가 스스로 감당하지 못하는 일이라고 생각하기 때문이다.

우리는 불완전한 존재다. 그런 우리가 완벽한 아이들을 키운다는 건 불가능한 일이다. 하지만 그렇다고 해서 현관문을 두드리는 악마에게 속수무책으로 당하고 있을 수만은 없다. 우리는 자신의 문제를 해결하기 위해 노력해야 한다. 아이들에게 나쁜 영향을 주지 않도록 상담을 받으러 갈 수 있다. 건강한 생활을 하려고 노력할 수 있다. 그러면 아이들도 이런 생활이 일반적인 것이라고 생각하며 자랄 것이다. 우리의 분노, 좌절, 고통에서 벗어나도록 노력할 수 있다. 그러면 최소한 아이들은 우리의 짐을 물려받지 않을 것이다.

JUN 14 고개를 들고 다시 한번 시도하자

이제 당신은 완벽할 필요가 없어졌으니 좋은 사람이 될 수 있다.
-존 스타인벡 John Steinbeck

완벽한 모습만 보이는 부모는 없다. 어떤 부모도 그렇지 않을 것이다. 우리는 때로 일을 망친다. 우리는 부족하고 실수를 한다. 이성을 잃고 인내심이 바닥나기도 한다. 우리는 원치 않는 방식으로 일을 해결하기도 한다.

당신이 일을 망쳐버리고 자녀에게 상처를 줬을지도 모른다는 느낌보다 더 기분 나쁜 것이 있을까?

파남 스트리트 Farnam Street라는 인기 블로그의 설립자 셰인 패리시는 이렇게 말했다.

나는 어느 날 밤 감정이 격해지고 지친 상태로 엄마에게 전화를 건 적이 있다. 아이들에게 이성을 잃은 날이었다. 지금은 세상을 떠났지만 그날 엄마가 해준 조언은 아직까지 내 마음속에 남아있다. "오늘 했던 실수를 내려놓는 법을 배우지 못하면 내일은 더 큰 실수를 저지를 거야. 잠을 좀 자고 내일 다시 시작하면 돼." 나는 요즘도 아이들과 힘든 날을 보낼 때면 여전히 엄마의 조언을 떠올린다. 내일 아침 일어나서 다시 시작하면 된다.

당신은 어제로 돌아가서 실수를 되돌릴 수 없다. 아이들 앞에서 당신이 이성을 잃었던 때나 후회되는 말을 했을 때를 지워버릴 수 없다. 당신이 할 수 있는 일은 어제보다 훨씬 더 멋지고 긍정적인 기억을 만들어주는 것뿐이다. 지금 이 한순간이 당신의 전부가 아님을 아이들에게 보여주는 것이다. 더 나아지기 위해 노력할 수 있다.

고개를 들고 앞으로 나아가자. 그리고 내일 다시 시도해 보자.

모든 일을 혼자 할 필요는 없다

JUN 15

아이를 키우면서 성공한 사람들을 보면 그들이 이룬 모든 성취에 감탄하게 된다. 도대체 어떻게 할 수 있었을까? 어떻게 그 모든 일을 해낸 걸까?

이 질문에 대한 답이 있는데, 다행히 그 정답이 '마법'은 아니다. 그들은 도움을 받는다. 베이비시터나 가정교사, 가정부를 둔다. 개인 비서와 개인 트레이너의 도움도 받는다. 이것이 그들이 모든 일을 해내는 비결이다. 만약 당신도 여유만 있다면 그들처럼 효율적이고 평온해 보일 수 있다.

이렇게 설명하는 이유는 당신에게 질투심을 유발하거나 사회의 불평등을 지적하기 위해서가 아니다. 사실 그 반대다. 당신이 그들의 발자취를 따라가도록 하기 위해서다. 물론 그런 직원들을 풀타임으로 모두 고용하는 것은 우리가 감당할 수 있는 범위를 벗어나지만, 분명히 당신이 하는 일 중에서 누군가에게 비용을 지불하고 맡길 수 있는 일이 있을 것이다. 그런데도 당신은 계속 그 일을 하고 있다. 그 이유는 무엇일까? 당신의 아버지가 항상 차의 오일을 직접 교체했기 때문에? 어머니가 항상 식사를 직접 차려주었기 때문에? 아니면 이런저런 집안일을 다른 사람에게 맡기는 것에 죄책감을 느껴서?

성 역할은 잊어버리자. "예전 방식"은 모두 잊어버리자. 그 방식은 부모가 자녀와 함께 보내는 시간이 지금보다 훨씬 적었기 때문에 가능한 일이었다.

당신이 보내는 한 시간의 가치가 얼마나 되는지 계산해 보자. 만약 당신의 일이 줄어든다면 아이들에게 무엇을 해줄 수 있을지 생각해 보자. 모든 일을 외부에 맡기거나 모든 일에 도움을 요청할 필요는 없지만, 그렇다고 모든 일을 혼자 할 필요도 없다.

도움을 요청하자.

JUN 16 말하는 대로 한다

평범한 어느 날, 지미 카터의 아버지는 아들을 따로 불러내어 대화를 나누었다. "지미." 그가 말했다(그는 한 번도 아들을 '지미'라고 부른 적이 없었다). "너에게 중요한 이야기를 하려고 해." "네, 아빠." 지미가 대답했다. "네가 꼭 약속해 줬으면 하는 게 있단다." 아버지가 말했다. "네가 스물한 살이 될 때까지는 절대 담배를 피우지 않았으면 좋겠구나."

1930년대 말은 인구의 약 40퍼센트가 흡연을 하고, "다른 어떤 담배보다 카멜을 피우는 의사들이 더 많아요!"라는 광고가 나오며 어린이들에게도 담배를 판매할 수 있던 시기였다. 카터의 아버지 역시 담배에 푹 빠져있었다. "담배를 피우지 않을게요." 지미가 약속했다. 그러자 아버지는 "그때까지 약속을 잘 지킨다면 금시계를 선물로 주마"라고 달콤한 제안을 했다.

스물한 살, 해군 사관학교에 재학 중이던 지미 카터는 마침내 담배를 입에 대보았다. 하지만 그때는 이미 너무 늦었다. 그는 담배를 시작할 기회를 놓쳤고, 이제 담배의 맛이 좋게 느껴지지 않았다. 그 후로 다시는 담배를 입에 대지 않았다. 비극적으로도 카터의 어머니와 세 명의 형제자매는 아버지의 뒤를 이어 모두 췌장암으로 세상을 떠났다. 이 글을 쓰는 시점에 카터는 아흔여덟 살의 나이로 여전히 살아있다.

일생에 영향을 미치는 중요한 일에 대해서는 카터의 아버지가 그랬던 것처럼 자녀들과 약속을 해야 한다. 이것은 당신이 약속한 대가보다 더욱 큰 평생의 선물을 자녀에게 줄 수 있는 방법이다.

자신과 어울리는 사람들을 찾자

JUN 17

> 오직 당신을 고양시키고 당신의 최선을 끌어내는 사람들과 교제하라.
> —에픽테토스 Epictetus

마이클 셰이본은 여느 아빠들처럼 자신의 아들이 걱정되었다. 셰이본의 아들은 외로워 보였고 또래 친구들이 좋아하는 것들에 관심이 없어 보였다. 그러던 어느 날, 두 사람은 셰이본의 일로 패션업계 행사에 함께 참석하게 되었는데, 그때 아들은 완전히 다른 모습을 보여주었다.

그곳에 모인 창의적이고 예술적인 사람들은 아들이 그간 봐왔던 사람들과는 너무도 달랐다. 아들은 흥분감으로 활기를 띠었고 다른 참석자들도 소년에게 친절히 화답했다.

행사가 끝난 후 셰이본은 전에 없던 자신감과 목적 의식이 생긴 듯한 아들을 바라보았다. "너는 네 사람들을 만났나 보구나. 너와 맞는 사람들을 찾은 거야." 셰이본이 아들에게 말했다. 아들은 고개를 끄덕였다. 셰이본은 뿌듯해하며 "정말 다행이야. 너는 그런 사람들을 일찍 만나게 되었구나"라고 덧붙였다.

우리는 자녀가 "자신의 사람들"을 찾을 수 있게 도와줘야 하지만, 마찬가지로 부모인 우리도 "우리의 사람들"을 만나야 한다. "절뚝거리는 사람과 함께 살면 절뚝거리는 법을 배우게 된다"라는 오래된 속담이 있다. 우리는 가장 많은 시간을 보내는 사람들과 닮아간다. 학교를 같이 다닌 사람들이나 직장에서 만난 사람들, 자녀 친구들의 부모들을 만나는 것으로 만족하지 말자. 현실에 안주하지 말자.

당신과 맞는 당신의 사람들을 찾자. 그들의 지지에서 힘을 얻자. 그들은 당신을 더 나은 사람으로 만들어줄 것이다.

JUN 18 함께 있지 않을 때도 함께하기

역사상 가장 훌륭한 뮤지션 중 한 명인 플리는 오랫동안 마약과 알코올에 빠져있었다. 하지만 마약은 그의 인생을 망치거나 그를 좀비처럼 만들지 않았다. 플리는 마약이 건강에 좋지 않다는 건 알았지만 스스로 복용 습관을 잘 관리할 수 있다고 믿었다. 그는 자녀가 있을 때는 절대 마약을 하지 않았고, 마약에 완전히 중독된 적도 없었으며, 마약 때문에 중요한 기회를 놓친 적도 없었다. 그런데 왜 갑자기 마약을 끊게 되었을까? 그는 코미디언이자 팟캐스터인 마크 마론과의 인터뷰에서 이렇게 밝혔다.

> 딸이 네 살쯤 되던 무렵에 누군가와 아빠가 되는 일에 대해 대화를 나눈 적이 있어요. 저는 딸이 옆에 없을 때에만 마약에 취했기 때문에 "딸과 함께 있을 때는 마약을 하지 않아요"라고 말했어요. 그러자 상대방은 "부모로서 중요한 건 자녀를 위해 곁에 있어주고 소통하는 거예요. 아이와 함께 있지 않을 때도 소통하고 있어야 하죠"라고 하더군요. 부모는 자녀가 필요로 할 때 항상 곁에 있는 상태로 존재해야 한다는 것이었죠. 그 말에 크게 공감했습니다. 저는 제 아이들을 너무 사랑하기 때문에 "그래, 그거야. 아이들 곁에 있어줘야겠어"라고 생각했어요.

존재하는 것, 즉 곁에 있어주는 것이 육아의 핵심이다. 마약이나 중독, 우리 삶에서 해결되지 않은 문제들은 우리가 아이들 곁에 있어주는 시간을 줄이는 요소다. 따라서 우리는 맑은 정신으로 각자만의 악마에게 대처해야 한다. 그들이 집에서 큰 문제를 일으키지 않는 것처럼 느껴지지만 사실은 우리에게서 아이와 함께 보낼 시간을 앗아가고 있기 때문이다. 그들은 아이들이 우리를 필요로 할 때 곁에 있어줄 수 없는 상황으로 우리를 몰아넣는다(아이들은 분명히 우리를 필요로 할 것이다).

자신의 선택으로 인한 단절은 용납할 수 없는 일이다.

고요함을 찾아야 한다

JUN 19

모든 심오한 일과 감정에는 침묵이 선행되고 수반된다.
-허먼 멜빌 Herman Melville

우리가 만든 이 변화, 부모가 되기로 한 이 결정은 모든 것을 송두리째 흔들어 놓았다. 마치 갑자기 강타한 거대한 허리케인에 휩쓸린 것 같다. 집은 엉망이고 일정은 빡빡하다. 잠을 푹 잘 수도 없고 시간은 언제나 부족하다.

차분하고 조용한 어둠조차도 레고를 밟은 당신의 비명으로 깨져버린다. 그럼에도 불구하고 우리의 임무를 잘 해내려면, 부모의 임무를 잘 해내려면 우리는 반드시 고요함을 찾으려고 노력해야 한다. 회복하고 재충전할 수 있는 평온함을 찾기 위해서는 무엇보다 성찰하고 집중하는 시간이 필요하기 때문이다.

이런 고요함을 어디서 찾을 수 있을까? 고요함은 고작 2주라는 짧은 휴가나 정신없이 흘러가는 시간의 찰나에는 없다. 우리는 혼돈 속에서 고요함을 찾아야 한다. 아이들이 울거나 사춘기 자녀들이 다투는 환경에서 이런 고요함은 존재하지 않을 것이라고 생각할 수 있지만 그렇지 않다.

우리가 자신의 내면을 바라본다면 말이다. 집안이 깨어나기 전 이른 아침이나 아이들이 잠든 후 귀한 몇 분의 시간을 최대한 활용한다면 고요함을 찾을 수 있다. 하지만 고요함의 효과를 제대로 누리려면 그 순간에 정말 귀 기울여야 한다. 이런 기회를 휴대폰이나 넷플릭스를 보며 날려선 안 된다. 일기를 쓰는 시간을 가져야 한다. 학교에서 차까지 혹은 차에서 집으로 돌아오는 짧은 거리를 천천히 걸어가는 그 순간을 즐겨야 한다. 고요함을 만끽하자. 이런 순간을 마음속에 저장해 두었다가 언제든 꺼내볼 수 있게 하자.

고요함을 찾자. 많은 것이 고요함에 달려있다.

JUN 20 — 내 안의 아이와 만나기

제2차 세계대전의 어둠이 그를 덮쳤다. 그는 수많은 중요한 고민을 안고 있는 노인이었다. 그는 권력과 성공을 거머쥐었고 산전수전을 다 겪었다. 하지만 1944년, 윈스턴 처칠은 다우닝가 10번지에서 자신의 손자를 위해 장난감 기차를 조립하는 한 젊은 병사를 발견하고는 발길이 떨어지지 않았다.

에릭 라슨이 자신의 책 《폭격기의 달이 뜨면 The Splendid and the Vile》에 묘사한 것처럼 그 병사는 수상에게 경례를 하기 위해 행동을 멈췄다. 처칠은 손사래를 치며 가만히 바라보기만 했다. 병사의 경례가 끝난 후 처칠은 그에게 이 장난감이 작동하는지 물어보았고, 두 사람은 함께 기차가 선로를 돌아가는 모습을 지켜보았다. "엔진이 두 개 있군." 처칠이 말했다. "다른 하나도 선로에 올려보게." 병사는 시키는 대로 했고, 대영제국의 리더이자 히틀러에게 맞서 싸워 조국을 위기에서 구해낸 처칠은 손과 무릎을 바닥에 대고 쭈그려 앉아 활짝 웃으며 말했다. "자, 이제 충돌시켜 보자고!"

자녀(그리고 손주)가 있다는 것의 멋진 점은 자녀 덕분에 우리 안에서 절대 사라지지 않는 동심과 만날 수 있다는 것이다. 아이들은 바닥에 엎드려 기차 두 대를 충돌시키며 놀 기회를 준다. 우리는 레고로 멋진 조형물을 만들 수 있고 핼러윈 의상을 차려입을 수도 있다. 역할극 놀이를 할 수도 있고 어린 시절에 즐겨 듣던 음악도 들을 수 있으며 예전에 좋아했던 영화를 볼 수도 있다.

이것은 단순히 신나는 핑곗거리가 아니라 삶의 중요한 부분이다. 그 기쁨과 즐거움을 잊지 말고, 자녀와 함께 그 즐거움을 느끼는 시간을 가져보자.

당신은 이미 좋은 부모다

JUN 21

> 자녀를 갖는 것의 장점은 당신이 준비가 되었든 그렇지 않든 적극적으로 사랑을 실천하게 된다는 것이다.
>
> －마이클 이안 블랙 Michael Ian Black

당신이 아직 마음의 준비가 되지 않은 순간, 문득 이런 생각이 든다. 이런 생각은 예상하지 못한 순간에 찾아오지만 사라지지 않는다. *나는 좋은 부모일까? 내가 모두 망치고 있는 건 아닐까?*

당신의 부모는 당신을 안심시키려 할 것이다. "모든 부모가 그런 생각을 할 거야." 하지만 그건 사실이 아니다. 사실 이런 생각을 절대 하지 않는 두 종류의 부모가 있다. 자신이 우주의 중심이라는 확신이 너무 강해서 스스로에게 의문을 제기하거나 자신의 잘못을 절대 인정하지 않는 부모들. 그런가 하면 그런 질문을 할 만큼 자녀에게 신경조차 쓰지 않는 부모들도 있다. 이 두 유형은 매우 다르지만 결국 좋은 부모가 아니라는 점에서는 같다.

하지만 당신은 어떠한가? 당신은 항상 '*나는 충분히 잘하고 있는 걸까?*'라고 확인하며 고민한다. 당신이 잘하고 있는지 진심으로 *신경* 쓴다. 당신은 당연히 좋은 부모다. 당신이 아니라 자녀를 먼저 생각하고 있기 때문이다. 그것은 당신이 자각하고 있으며, 언제나 더 나아지기 위해 노력한다는 증거다. 자신이 헌신할 수 있는 최대한을 하지 않는 게 괴롭다는 것은 당신이 긍정적인 결론에 도달하는 데 필요한 모든 증거다.

그러니 오늘 부정적인 생각이나 의심이 든다면 안심하자. 그것은 당신이 아이들을 우선순위에 두고 있다는 뜻이다. 잘 해내고 있다는 의미다.

JUN 22 잠자리에 들자

> 수면은 죽음이라는 자본에 지불해야 하는 이자다. 이자율이 높을수록, 정기적으로 지불할수록 상환 날짜가 연기된다.
>
> -아르투르 쇼펜하우어 Arthur Schopenhauer

당신은 자녀가 잠을 자지 않을 때 컨디션이 엉망이 된다는 것을 안다. 그래서 무슨 일이 있어도 일찍 잠자리에 들게 한다. 만약 아이들을 혼자 내버려두면 밤에 문제를 일으킨다는 걸 안다. 그래서 십 대가 된 자녀에게 통금시간을 엄격히 지키게 한다.

그런데도 당신은 늦게까지 무의미하게 TV를 시청하고 있다. 밤늦게까지 휴대폰을 하느라 늦게 자서 아침에 ― 또다시 ― 피곤해한다. 잠자리에 들 수 있었고, 그래야 한다는 것도 알았지만 당신은 잠자리에 들지 않았다.

그래서 고통받는 사람은 누구일까? 바로 당신의 아이들이다. 잠이 부족한 당신은 쉽게 짜증이 나고 에너지가 없으며 뒤처진 느낌을 받는다. 어쩌면 아이들은 당신을 위선자라고 느낄지도 모른다.

더 나은 부모가 되고 싶다면 일찍 잠자리에 들자. 취침 시간을 정하고 잠을 소중히 여기자. 자신을 돌보자. 그러면 모두에게 도움이 될 것이다.

덕분에 당신은
무적의 존재가 되었다

JUN 23

육아는 운동과 마찬가지로 저항에 맞서 싸우고 고통을 겪으며 성장하는 과정이다. 아이를 기르는 일이 순탄하고 당신에게 많은 것을 요구하지 않는다면 좋겠지만 그렇지가 않다.

우리는 수면 부족에 시달렸고, 걱정했고, 물리거나 발에 걸어차이기도 했다. 누군가는 우리를 함부로 평가하기도 했다. 아이들은 어릴 때는 잠을 안 자서 밤늦게까지 깨어있게 하더니 나중에는 통금시간을 어겨서 밤늦게까지 깨어있게 했다. 아이들은 원하고 필요한 게 생기면서 우리를 탓하고 괴롭히고 비난했다. 끝이 보이지 않는 지뢰밭을 지나는 시련의 장에서 살아남아야 하는 것과 같았다. 하지만 우리는 여기에 있다. 우리는 전에는 상상할 수도 없던 일을 해낼 수 있는 존재가 되어있다.

레오나르도 다빈치는 '인내는 쓰고 열매는 달다'라고 말했다. 육아의 과정에서 우리가 체득한 많은 덕목에 해당하는 말이다. 우리는 인내했고 다시 일어섰고 용감했고 이타적이었으며, 겸손했고 굳건했고 침묵을 지켰다. 그 어느 것도 당시에는 즐겁지 않았다

하지만 그 결과 우리는 더 강해졌다. 그 결과 우리 가족은 살아남았고 성장했다. 아이들이 지금의 모습으로 성장한 건 부모로서 우리가 여기까지 해냈기 때문이다. 육아라는 지뢰밭의 반대편에 비록 트로피는 없지만 그곳에는 행복하고 건강하며 유대감 넘치는 가족이 있다. 그리고 이 상은 그 어떤 것보다 달콤한 열매다.

JUN 24 그냥 다시 일어선다

최근 당신의 모습은 어쩌면 당신이 바라던 좋은 부모의 모습이 아니었을 수도 있다. 휴대폰을 너무 많이 들여다보고 있거나 참지 않고 너무 성급하게 화를 내버렸을 수도 있다. 가족보다 일을 우선순위에 두었을 수도 있고, 당신의 기대에 너무 사로잡혀 있거나 아이들에게 너무 엄격했을 수도 있다.

하지만 그건 모두 과거다. 이미 일어난 일이다. 일어나선 안 되었지만 이미 일어났다. 그런 행동을 되돌리기 위해 할 수 있는 일은 아무것도 없다. 중요한 건 지금부터 어떻게 하느냐이다. 우리에게는 언제든 다시 시작할 수 있는 힘이 있다. 우리는 언제나 우리가 좋은 부모라고 생각하는 기준으로 돌아갈 수 있다.

다이어트와 비슷하다. 몇 개씩 집어 먹다 보면 어느새 오레오 한 봉지를 다 먹어버린다. 이건 이미 일어난 일이다. 하지만 내일은 아직 오지 않았다. 당신에겐 선택권이 있다. 내일은 더 잘할 수 있을까? 당신이 옳다고 생각하는 일을 할 수 있을까? 오레오를 먹기 전 스스로 정한 계획을 다시 지킬 수 있을까?

신세를 한탄하고 있을 시간이 없다. 계속되는 실수를 정당화하고만 있을 수 없다. 우리는 부족하고 실수를 저지른다. 우리는 우리가 생각하는 완벽한 부모가 아니다. 우리는 우리가 스스로 다짐했던, 아이들에게 되어주어야 하는 그런 부모의 모습이 되기 어려울 수 있다. 하지만 우리는 지금 당장 다시 일어설 수 있다. 지금부터는 더 나은 사람이 되기로 마음먹을 수 있다.

자녀에게 할 이야기를
자신에게도 한다

JUN 25

> 하지만 나는 제한을 두지 않고 꿈에 대해 말할 수는 없었다. 나는 "잘 모르겠어. 내가 학교를 마칠 때쯤이면 쉰 살이 될 거야"라고 말했다. 그는 나를 보고 웃으며 말했다. "당신은 어쨌거나 쉰 살이 될 거야."
>
> －에디트 에거 박사Dr. Edith Eger

부모가 자녀에게 절망에 대해 말하는 모습은 상상하기 어렵다. 자녀에게 "미안하지만 너무 늦었어. 너는 실패자야"라고 말하는 부모는 없다. 만약 아이가 또래보다 수학이 뒤처진다면 그저 시간을 들여 노력하면 될 문제라고 말해줄 것이다. 아이가 스스로 야구선수로서 소질이 없다고 생각한다면 얼마나 많은 운동선수들이 뒤늦게 잠재력을 발휘하는지, 자녀가 아직 얼마나 어린지, 내년엔 얼마나 더 강해지고 더 잘할 수 있는지 이야기해 줄 것이다. 생존율이 낮은 암을 진단받더라도 절대 포기하지 말고 싸워서 꼭 이기자고 용기를 북돋워 줄 것이다.

당신은 그냥 하는 말이 아닐 것이다. 진심으로 그렇게 믿을 것이다. 그게 사실이니까. 당신이 결정하지 않는 한 그 어떤 것도 확실하게 정해진 건 없다. 백 퍼센트는 없다.

그런데 왜 자기 자신에게는 정반대의 이야기를 속삭이고 있는가? 왜 꿈이 끝났다는 사실을 받아들이라고, 다 지나간 일이라고 말하고 있는가?

아니다. 아직 늦지 않았다. 당신에게는 아직 시간이 많다. 능력도, 발휘할 잠재력도 넘쳐난다. 그다음에 어떤 이야기가 펼쳐질지는 당신이 결정하는 것이다. 당신에게 달려있다. 하지만 중요한 부분은 바로 이것이다. 바로 당신이 자신을 위해 결정하는 이야기에 따라 자녀가 어떤 종류의 이야기를 믿게 될지도 결정된다는 것이다. 당신의 이야기는 아이들을 현실주의, 낙관주의, 회의주의, 운명주의로 이끄는 여정의 나침반이자 지도다.

당신은 어떤 이야기를 펼칠 것인가?

JUN 26 당신의 결점을 직시해야 한다

우리는 모두 문제나, 짐, 결점 등을 갖고 있다. 우리는 모두 어린 시절에 익힌 안 좋은 습관이 있다. 아이를 갖기로 한다는 것은 그러한 결점을 마주해야 함을 의미한다. 《실패의 선물 The Gift of Failure》의 저자 제시카 레이히는 엄마가 되면서 배운 것이 무엇인지 묻는 질문에 이렇게 대답했다.

> 끝까지 비밀로 하고 묻어둘 수 있다고 생각했던 결점들을 대면하는 법을 배웠다. 갓 태어난 이 아이를 위해 더 나은 사람이 되고 싶었기 때문이다. 뛰어난 성과와 카리스마 있는 모습으로 잘 숨겨왔던 내 결점들이 드러나기 시작했다. 나는 산만하여 눈앞에서 일어나는 일에 집중하지 못했고, 약물 남용에 관심을 두기도 했으며, 이러한 결점에 대해 방어적인 태도를 보이고 그것과 단절하는 성향을 보였다. 만약 내가 아이들을 갖지 않았다면 이런 결점들을 모른 척 묻어둘 수 있었겠지만 부모가 되려면 이 문제를 해결해야만 했다. 아이들에게 건강하고 다정하고 생산적인 인간의 모범을 보여줘야 했기 때문이다.

훌륭한 부모가 되고 싶다면 자신의 못난 면을 해결해야 한다. 아이와 함께 그 위험한 짐을 계속 짊어지고 갈 수 없다. 아이에게 떨어뜨릴 위험이 있기 때문이다. 더 이상 숨기거나 모른 척 미룰 수 없다. 심리상담을 하거나 배우자와 대화를 나누거나 일기를 쓸 수도 있다. 어떤 방법으로든 당신의 결점과 마주해야 한다. 아이가 부모와 같은 집에 살기를 선택한 것이 아니며, 부모 때문에 아이가 괴물과 함께 갇혀버려선 안 되기 때문이다.

스크린 멀미에서 벗어나는 법

JUN 27

인터넷에서 비열한 무언가를 찾고 싶다면, 찾을 수 있을 것이다.
-저드 애퍼타우 Judd Apatow

휴대폰 사용 시간이 너무 길어지면 어떤 일이 일어나는지 설명하는 훌륭한 용어가 문화계에 떠돌고 있다. 어른들의 둠스크롤링 Doomscrolling이나 아이들이 유튜브에서 언박싱 영상을 계속 보는 것 등 휴대폰을 너무 오래 들여다보고 있으면 스크린 멀미에 시달리게 된다.

    갑자기 TV를 끄면 아이들은 비상식적인 반응을 보인다. 비디오 게임에 빠져있을 때는 벽이 무너져도 눈 하나 깜빡하지 않을 것 같은 긴장 증세를 보인다. 방에서 컴퓨터를 너무 오래 하는 청소년 자녀는 현실 세계를 판타지 세상으로 착각한다. 당신은 어떤가? 당신도 아마 이런 증상들을 잘 알고 있을 것이다. 소셜미디어에서 세상의 어두운 이면을 너무 많이 들여다보고 난 후에는 인류가 싫어지고 불평이 늘어난다. 이메일 외에는 어떤 것에도 집중할 수 없다. 상상 속에서 들리는 휴대폰 진동 소리가 당신을 괴롭힌다.

    좋은 소식은 이것이 쉽게 고칠 수 있는 질병이라는 사실이다. '휴대폰 없는 날'을 보내면 된다. 또는 몇 시간 동안 외출을 하고 와서 마음을 다시 다잡고 정신을 리셋할 수도 있다. 나쁜 소식은 당신의 휴대폰 및 이와 관련된 모든 것을 개발한 사람들도 이렇게 쉬운 해결책이 있다는 걸 안다는 사실이다. 그래서 그들은 엄청난 시간과 에너지, 돈을 쏟아 당신이 휴대폰과 떨어지지 못하게 하고 그것에 의존하게 만든다. 당신은 이와 맞서 싸워야 한다.

    기술이 당신을 이용하게 내버려두면 안 된다. 언제나 당신이 기술을 이용하는 사람이 되어야 한다. 그것이 휴대폰과 건강한 관계를 유지하고 스크린 멀미에 시달리지 않는 유일한 방법이다.

JUN 28 | 자기 발전을 위해 노력하는 기쁨

노력하기를 멈춘 아빠를 보는 것은 슬픈 일이다. 그는 살이 찌기 시작했다. 어쩌면 술을 더 마시게 될지도 모른다. 그는 자신의 직업이 마음이 들지 않는다는 사실에 체념한다. 자녀가 학교에서 어떤 점수를 받아오든 신경 쓰지 않는다. 아이들의 행동을 다른 사람의 일로 생각한다.

우리는 그런 아빠를 보며 '나는 절대 저런 아빠가 되고 싶지 않아'라고 생각한다.

좋다. 하지만 그런 아빠가 되지 않기 위해 당신은 어떤 노력을 하는가? 스타트업 세계에서는 회사가 성장하고 있지 않는 것은 곧 죽어가고 있는 것이라고 말한다. 어떤 면에서는 사람에게도 해당하는 말이다. 만약 스스로 적극적으로 발전하지 않는다면 어떤 일이 일어날까? 쇠퇴하게 된다. 그리고 상황은 더 악화된다.

에픽테토스는 날마다 자기 발전을 위해 노력하는 것을 즐거워했다고 한다. 멋진 이야기다. 부모들이 생각해 볼 만한 주제다. 당신은 매일 어떻게 자신을 발전시키고 있는가? 운동을 하는가? 독서를 하는가? 스스로 목표를 설정하는가? 사무실에서뿐만 아니라 집에서도 정해진 스케줄에 맞춰 생활하는가?

자녀는 성장하는 부모에게서 더 좋은 영향을 받을 수 있을 것이다. 더 중요한 점은 자녀가 부모의 모범을 보며 영감을 받는다는 것이다. 아이들에게 노력하는 모습을 보여주자. 부모가 절대 노력을 멈추지 않는다는 것을 보여주면 아이들은 각자만의 방식으로 부모를 따를 것이다.

우리의 삶은 다시 시작되고 있다

JUN 29

수전 스트레이트는 엄마가 이사하는 것을 돕던 중 쓰레기통에 버려진 오래된 그림 한 점을 발견했다. 엄마가 구매하지는 않았다는 걸 직감한 그녀는 엄마에게 그림에 대해 물어보았다. 엄마는 "YMCA에서 그림 수업을 들었어. 그러다가 혼자서도 그림 그리는 법을 알려주는 책을 발견했지"라고 대답했다.

놀라움과 감동을 느낀 두 사람은 그림에 대해 대화를 나누기 시작했다. 그림 그리기는 수전이 몰랐던 엄마의 비밀스러운 취미였을까? 엄마에게 그동안 알지 못했던 창의적인 면이 있었던 걸까? 엄마가 그린 다른 그림이 더 있을까? 하지만 아쉽게도 그림은 딱 한 점밖에 없었다. 엄마는 무미건조하게 말했다. "이 그림을 완성한 후에 너를 가졌어. 그리고 다시는 그림을 그리지 못했지. 내 인생은 그때 끝났어."

가슴 아픈 말이다.

하지만 우리는 그게 어떤 기분인지 잘 알고 있다. 갑자기 집이 장난감과 기저귀로 넘쳐나고 우리의 일정이 카풀이나 축구 연습으로 방해받을 때면 인생은 끝난 것처럼 느껴진다. 적어도 재미와 자유를 누리던 좋은 삶은 끝이라고 느껴진다. 취미활동을 할 시간도 없다. 자아실현은커녕 자기 탐색을 할 에너지도 남아있지 않다.

이렇게 우리는 예상하지 못한 방식으로 세금과 부담을 안게 되었다. 하지만 그렇다고 포기할 수 없다. 부모가 되었다는 것을 핑계로 포기할 수 없다. 오히려 아이들이 지켜보고 있기 때문에 자신을 더 밀어붙여야 한다. 힘든 현실을 초월해야 한다. 우리는 계속 성장해야 한다. 우리 자신이나 우리의 관심사를 포기해선 안 된다.

우리의 삶은 아직 끝나지 않았다. 아직 그 근처에도 가지 않았다. 어떤 면에서 삶은 이제 시작된 것이나 다름없다. 다시 시작된 것이다.

JUN 30 | 다른 부모들을 도울 수 있는 방법

직업인으로서의 당신과 부모로서의 당신이 있다. 이 두 역할을 명확히 구분하고 분리하는 것은 당연한 일이다. 심지어 이러한 구분을 일컫는 말도 있다. 우리는 이를 "바운더리Boundary" 혹은 "일과 삶의 균형"이라고 부른다. 집으로 돌아갈 때는 사무실에 일거리를 두고 오려고 노력하는 것이 좋다.

하지만 우리가 다른 부모나 예비 부모를 도울 수 있는 방법은, 비유적인 말이지만 '아이들을 집에 두고 오지 않는 것'이다. 직장에서 아이들에 대해 이야기하고, 사무실 책상에 아이들의 사진을 놓고, 일과 가정의 균형을 맞추려고 노력한다고 솔직하게 말함으로써 우리는 서로를 도울 수 있다.

너무 오랜 세월 부모들은 침묵 속에서 고군분투해야 했다. 그들은 지나치게 지쳐있었고 번아웃을 겪었다. 우선순위를 두고 씨름했으며, 걱정하고, 상처받고, '도대체 앞으로 어떻게 해야 할지'를 고민했다. 심지어 상사도 그들의 아이들에 대해 똑같은 고민을 하고 있었지만 그들은 서로 내색하지 않고 모든 것을 혼자 감당했다.

이런 연극을 끝낸다면 우리는 서로를 도울 수 있다. 우리는 개방적이고 안전한 환경을 조성함으로써 함께 일하는 다른 부모들을 도울 수 있고, 전보다 편안한 상태에서 두 가지 일을 더 잘 해낼 수 있다.

당신은 자신을 돌봐야 한다. 아이들과 당신을 위해서.
이기적인 일이 아니라 당신에게 꼭 필요한 일이다.

7
월

July

자신의 모습을 발견할 수 있게 도와주기

양육과 발견에 대한 교훈

본성이냐, 양육이냐?

JUL 1

플루타르크는 리쿠르고스가 어떻게 반항적이고 소란스러우며 관대한 스파르타 사회를 절제력 있고 차분하며 용감한 사회로 개혁했는지에 대한 이야기를 들려준다. 리쿠르고스는 한 어미에게 태어난 두 마리의 개를 데리고 와서 한 마리는 집에서 키우고, 다른 한 마리는 야외 사냥터에서 키웠다. 개들이 완전히 적응을 했을 때 그는 두 개를 대중 집회에 데리고 왔다. 그는 집에서 키우는 개에게 사료를 준 다음 사냥터에서 키운 개에게도 사료를 주었다. 그리고 개들을 풀어주기 전 토끼를 한 마리 풀었다. 집에서 기르는 개는 자기 사료로 달려갔지만 사냥터의 개는 토끼에게 달려갔다.

리쿠르고스는 말했다. "모두들 보거라. 이 개들은 같은 혈통으로 태어났지만 그들이 받은 훈련 덕분에 서로 완전히 다른 개로 바뀌었다. 훈련이 천성보다 더 효과적이라는 것을 확인할 수 있지 않느냐?"

환경이 유전을 능가한다는 것을 증명한 후 리쿠르고스는 이렇게 말했다. "우리가 고귀하게 태어나 많은 사람의 존경을 받는다는 것과 헤라클레스의 후손이라는 사실은 어떤 장점도 될 수 없다. 우리가 인류를 통틀어 가장 영광스럽고 고귀한 일을 하고, 평생 좋은 것을 실천하고 배워야만 그런 장점을 누릴 수 있는 것이다."

이것은 모든 부모에게도 해당하는 말이다. 훌륭한 자녀를 키우고 싶다면 우리가 그만한 노력을 해야 한다. 자녀가 갖길 바라는 특성을 키워주고 그러지 않은 특성은 고쳐주어야 한다.

JUL 2 | 있는 그대로의 모습으로 성장하게 도와준다

많은 부모가 자녀를 위해 무엇이든 하려고 하지만, 한 가지 허용하지 않는 것은 자녀가 자기 자신으로 살게 내버려두는 것이다.
-뱅크시 Banksy

브루스 스프링스틴은 자서전에서 일곱 살 때 〈에드 설리번 쇼 The Ed Sullivan Show〉에 출연한 록스타 엘비스 프레슬리를 보았던 때를 회상한다.

> 나는 넋이 나간 채 텔레비전을 보고 있었고 내 마음은 불타올랐다. 나도 두 팔과 두 다리, 두 눈이 있었다. 비록 멋있어 보이진 않았지만 거기까진 다른 게 없었다. 그렇다면 도대체 뭐가 빠진 걸까? 바로 기타였다! 다음 날 나는 엄마를 설득해 프리홀드 사우스가 South Street에 있는 악기점에 방문했다. 돈이 없던 우리는 기타를 대여했다.

부모의 역할은 자녀를 우리의 후계자나 슈퍼스타로 만드는 것이 아니다. 그들이 타고난 재능을 발휘할 수 있도록 돕는 것이다. 아이들에게 다양한 것을 경험하게 해주고 좋아하는 것을 찾게 해준 다음 그 관심을 키울 수 있도록 지원해야 한다. 자녀를 압박하거나 비판해선 안 된다. 아이들을 믿어주고 응원해 주고 자랑스러워해야 한다. 그리고 그들이 되고자 하는 사람이 되는 길에서 넘어지거나 실패할 때 그들을 잡아줄 준비가 되어있어야 한다.

아이들이 이것을
발견할 수 있도록 돕는다

**JUL
3**

재능 있고 성공한 거의 모든 사람은 *자신의* 일이 된 것은 무엇이든 그것을 처음 접했을 때를 기억한다.《마스터리의 법칙 *Mastery*》에서 로버트 그린은 세계에서 가장 주목받는 전문가들이 그들의 "일생의 과업"을 발견한 아름다운 과정과 수많은 사례를 소개한다. 마사 그리에엄이 처음으로 무용 공연을 관람했을 때를 이야기하고, 알베르트 아인슈타인이 다섯 살 때 아버지에게 나침반을 선물받았을 때를 이야기한다.

> 소년은 나침반이 움직일 때마다 방향이 바뀌는 바늘에 곧장 마음을 빼앗겼다. 눈에 보이지 않는 어떤 자력이 바늘을 움직인다는 생각에 감탄을 금치 못했다.

이런 이야기들에는 몇 가지 핵심 요소가 있다. 운, 열린 마음, 호기심, 그리고 무엇보다 아이에게 적극적으로 다양한 것을 접하게 해주는 부모다.

자신이 인생에서 무엇을 하고 싶은지 알아내는 것은 자신이 몫이다. 어떤 부모도 아이가 어떤 일을 해야 할지 결정해선 안 된다. 특히 아이가 어릴 때는 아이의 눈을 뜨게 하고, 뜻밖의 발견을 할 수 있게 하며, 삶이 주는 모든 가능성을 보여주는 것이 부모가 해야 하는 일이다.

세상에 무엇이 있는지 보여주자. 아이들이 자신의 일을 발견할 수 있게 도와주자.

JUL 4 | 당신의 독수리를 묶어두지 않는다

젊은 플로렌스 나이팅게일이 병원에서 처음 봉사활동을 하려 했을 때 상류층이었던 그녀의 부모는 경악했다. 그들은 아이가 조숙한 것만으로도 충분히 힘들었다. 그런데 이제 자기 신분 이하의 일을 하며 자신을 낮추겠다고? 그들은 창피했다. 친구들이 어떻게 생각할까? 사람들이 어떻게 볼까? 단호하고 독립적인 자녀를 둔 많은 부모들처럼 그들도 거부당하는 기분을 느꼈다. 딸의 선택이 자신들의 선택을 비난한다고 생각했다.

그녀의 어머니는 "우리는 야생 백조를 낳은 오리였어요"라고 한탄한 적이 있다. 하지만 한 전기 작가가 그에 대한 완벽한 대답을 내놓았다. "그들이 낳은 건 백조가 아니었다. 자일스 리턴 스트레이치의 에세이에 나오는 유명한 구절처럼 그녀는 독수리였다."

당신은 자녀들을 붙잡아 둘 수 없다. 아이들이 다르다고 화를 내선 안 된다. 성별이나 계급에 대한 케케묵은 관념으로 아이들을 저지할 수 없다. 아이들의 선택은 부모의 선택에 대해 어떤 의도도 담고 있지 않다. 아이들은 개별적인 존재다. 자기만의 삶을 살 자격이 있다. 어떤 방향으로 나아가든 부모의 지지와 격려를 받을 자격이 있다.

그게 바로 우리가 여기 있는 이유다. 이 사실을 잊어선 안 된다.

아이들의 세계를 넓혀주자

JUL
5

아서 애시가 훌륭한 테니스 선수이자 열정적인 민권 운동가가 된 것은 한 가지 질문에서 비롯되었다. 그는 일곱 살 때 버지니아 리치먼드에 있는 한 공원에 앉아서 론 채리티라는 기량이 뛰어난 흑인 테니스 선수가 연습하는 모습을 지켜보았다. 애시의 아버지는 공원 관리자였는데, 아버지가 근무하는 동안 애시는 혼자 공원에서 놀곤 했다. 한 시간 후, 휴식 시간이 되어 론 채리티는 자신을 지켜보던 소년에게 다가갔다. "테니스 치는 법을 배워볼래?" 그가 다정하게 물었다. 단순하고 친근한 이 질문으로 애시의 삶은 완전히 바뀌었다.

"그렇게 자연스럽게 제 인생은 바뀌었어요." 애시는 회상했다. 이런 식으로 얼마나 많은 사람의 인생이 바뀌었을까? 어른이 시간을 내서 아이의 흥미를 알아차리고, 인내심을 갖고 새로운 무언가를 소개하고, 기꺼이 기술을 가르쳐주었기에 가능한 일이다.

물론 우리는 낯선 사람의 친절에만 의존할 수 없다. 자녀를 위해 시간을 내어 새로운 것에 호기심을 갖게 해주는 것은 부모의 역할이나. 아이들이 일시적으로 관심을 보이는 일은 푹 빠질 수 있을 때까지 옆에서 도와주고, 아이들이 에너지를 생산적인 일에 쏟을 수 있게 안내해야 한다. 다양한 것을 접하게 해주고 가르쳐야 한다.

특히 아이들이 두려워서 쉽게 물어보지 못하는 것이나 물어봐야 하는지도 모르는 것들에 대해서는 더 그렇다. 주로 그런 곳에 마법이 존재하기 때문이다.

JUL 6 당신이 해야만 하고 꼭 필요한 일

> 부모와 교육자의 가장 중요한 의무는 아이들에게 그들 안에 존재하는 신성한 시초에 대한 이해를 도와주는 것이다.
>
> -윌리엄 엘러리 채닝 William Ellery Channing

코맥 매카시는 아들을 위해 쓴 소설《로드》에서 "불을 간직하는 것"에 대해 이야기한다. 얼래니스 모리셋은 자신의 두 아이를 위해 작곡한 "어블레이즈Ablaze"라는 아름다운 노래를 발표했다.

"내 딸아, 너의 천진함과 광채. 내 임무는 불타는 듯한 네 눈에 있는 빛이 꺼지지 않게 지키는 거야." 그녀는 노래한다. 그리고 소중하고 온화한 전사라고 부르는 아들에게는 그의 강한 에너지가 사라지지 않게 지켜주겠다고 노래한다.

우리의 임무는 소설《로드》에 적혀있듯이, 근본적으로 선하고 순결하며 순수한 아이들의 모습을 있는 그대로 지켜주는 것이다.

세상이 아무리 어두워져도 아이들이 불꽃을 간직할 수 있게 도와줘야 한다. 아이들의 눈에 이글거리는 빛이 꺼지지 않도록 지켜줘야 한다. 사실 우리는 어느 때보다 지금 꼭 그 일을 해내야 한다. 세상이 너무 어둡기 때문이다. 그게 우리의 임무이자 존재 이유다.

우리가 실패한다면 신이 우리를 도울 것이다.

아이들은 당신이 생각하는 대로 자랄 것이다

JUL 7

홀로코스트 생존자였다가 심리학자이자 작가가 된 에디트 에거 박사에게는 뇌성마비를 갖고 태어난 아들이 있었다. 어느 날 진료를 받으러 간 에거 박사는 전문의에게 자신의 두려움과 걱정을 털어놓았다. 그곳에서 그녀는 그런 종류의 역경을 겪는 부모든 그렇지 않은 부모든 모두와 나눌 가치가 있는 몇 가지 조언을 얻었다.

의사는 이렇게 설명했다. "당신의 아들은 당신이 생각하는 대로 될 겁니다. 존은 다른 아이들이 하는 모든 것을 하게 될 거예요. 다만 거기까지 가는 데 더 오랜 시간이 걸릴 뿐이죠. 너무 세게 밀어붙이면 역효과가 날 수도 있지만, 그렇다고 충분히 세게 밀어붙이지 않는 것도 안 돼요. 아이의 잠재력에 맞는 수준으로 밀어붙여야 합니다."

아이들은 당신이 밀어붙이는 대로 될 것이다. 그 과정이 힘들지 않을 거라고 이야기하는 사람은 아무도 없다. 난독증이나 장애를 갖고 있는 것, 능력이 부족하게 태어나는 것이 공평하다고 이야기하는 사람도 없다. 중요한 것은 우리가 아이들을 (그리고 우리 자신을) 어떻게 밀어붙이는지다. 더 중요한 것은 다정함과 사랑, 인내심을 가지고 밀어붙여야 한다는 사실이다.

우리는 아이들을 위해 모든 것을 해줄 수는 없지만, 아이들을 믿어주고 아이들이 자신을 믿을 수 있게 도와줄 수는 있다. 자신의 잠재력을 발휘할 수 있도록 지지해 줄 수 있다. 우리는 그들이 자신의 능력을 할 수 있는 한 최대로 발휘하는 사람으로 성장시킬 수 있다.

JUL 8 | 자녀의 어떤 면을 육성시킬 것인가?

> 어떤 환경에서 자랐느냐에 따라 세상에서 얼마나 잘 살아갈 수 있는지가 달라진다.
>
> – 맬컴 글래드웰 Malcolm Gladwell

과학적으로 완전히 입증되지는 않았지만 경험에 비추어 볼 때 충분히 사실이라고 믿을 만한 흥미로운 개념이 있다. 우리는 태어날 때부터 혹은 어릴 때부터 우리가 평생 갖게 될 모든 선악을 내면에 갖고 있다는 것이다. 처음부터 우리에게는 모든 장점과 약점이 내재되어 있다. 그렇다면 부모나 교육자, 멘토들에게 질문이 있다. 당신은 그중에서 어떤 장점과 미덕을 육성시킬 것인가? 그리고 어떤 악덕을 곪게 내버려둘 것인가?

마르그리트 유르스나르는 자신의 아름다운 소설 《하드리아누스 황제의 회상록 Memoirs of Hadrian》에서 하드리아누스가 자신이 입양한 손자인 어린 마르쿠스 아우렐리우스에게 마음을 쏟는 장면을 묘사한다. 그는 이렇게 말한다. "스무 살 때의 나는 지금의 나와 비슷했지만 항상 그랬던 건 아니란다. 내 안의 모든 면이 나쁜 건 아니었지만, 좋은 면이나 선한 면이 나쁜 면에 힘을 실어주기도 했지."

우리는 모두 좋은 특성과 나쁜 특성을 갖고 있다. 부모로서 중요한 임무는 자녀가 좋은 면을 키우고 나쁜 면에 도전할 수 있는 힘을 갖도록 돕는 것이다. 우리는 아이들이 자신이 될 수 있도록 도와줘야 한다. 아이들이 한결같을 수 있도록, 한결같이 최고의 모습으로 살 수 있도록 도와야 한다.

자신이 아닌 다른 사람이 되길
바라지 않게 하자

**JUL
9**

피트 부티지지의 선구적인 대통령 선거 캠페인(게이임을 공개적으로 밝힌 후보이자 선두를 달리는 후보)에서 가장 취약했던 순간 중 하나는 그가 자신의 성 정체성에 대해 이야기하던 사우스캐롤라이나주에서였다.

> 어렸을 때 나는 동성애자가 되지 않을 수 있다면 무엇이든 하려 했다. 내가 사람들에 대해 느끼는 방식이 무엇을 의미하는지를 반쯤 깨달았을 때 내 안에서는 전쟁이라고 묘사할 수밖에 없는 무언가가 시작되었다. 그리고 그 전쟁이 내가 바라던 대로 종결되었다면 나는 지금 이 자리에 없을 것이다. 과거 나는 이성애자가 될 수 있는 알약을 보았다면 물 한 모금을 마시기도 전에 이미 삼켜버렸을 것이다. 지금은 생각하기 힘든 일이다. 나를 동성애자로 만드는 부분이 몸 안 어디에 있는지 위치를 정확히 보여준다면 그것을 칼로 도려내고 싶었던 시기가 내 인생에 있었다는 사실을 직면하는 것이 힘들다.

자녀가 몸의 일부를 도려내고 싶다거나 내면에서 전쟁을 치르고 있다는 말을 듣고 싶은 부모는 세상에 없을 것이다. 물론 피트가 느낀 수치심과 의심은 그의 부모님과 무관하고 그가 자란 시대와 문화에서 비롯된 것이지만 말이다.

당신은 아이들이 그들의 일부를 바꾸고 싶어 하는 부분이 단 한 곳도 없도록 만들어주어야 한다. 아이의 모든 면을 사랑한다는 것을 보여줘야 한다. 자녀가 세상에 존재하는 것만으로도 더 나은 세상을 만들 수 있다는 것을 가르치고 증명해야 한다.

JUL 10   자신의 길을 찾도록 도와준다

우리가 아이들을 키울 때 우리는 미래를 돌보고 있다는 사실을 기억해야 한다. 아이들의 교육을 개선함으로써 우리는 인류의 미래와 이 세상의 미래를 개선한다.

-임마누엘 칸트 Immanuel Kant

존 애덤의 아버지는 아들이 대학에 가기만을 바랄 뿐이었다. 하지만 존 애덤은 대학만큼은 가고 싶지 않았다. 그는 학교를 빠지고 낚시와 사냥을 하러 갔다. 그는 선생님들을 좋아하지 않았다. 학교에서 유용한 것을 배우고 있다고 생각하지 않았다. 그는 공부를 더 해야겠다는 생각이 들지 않았다.

그런 이유로 애덤이 농부가 되겠다고 선언하자 아버지는 실제 농부의 일이 어떤지 보여주기 위해 아들을 염습지로 데려가 짚을 베게 하고 진흙탕을 걷게 했다. 다음 날 존은 학교로 돌아갔지만, 얼마나 지나지 않아 다시 힘든 시기를 보냈다. "저는 학교 선생님이 마음에 들지 않아요." 그가 아버지에게 말했다. "선생님은 너무 태만하고 신경질적이어서 그 밑에서는 아무것도 배울 수 없어요." 다음 날, 애덤의 아버지는 아들을 길 아래에 있는 사립학교에 입학시켰다. 그곳에서 조지프 마시라는 선생님을 만난 후 애덤은 180도 변한 모습을 보여주었다. 그는 공부를 하고 책을 읽었다. 그리고 1년도 되지 않아 이 열다섯 살짜리 소년은 "대학 입학에 적합하다"라는 평가를 받았다. 다음 해 가을, 그는 하버드대학에 입학했다.

부모로서 우리는 아이들이 잘 자라서 꽃을 피울 수 있는 환경을 조성해 줘야 한다. 아이들이 그들의 길을 찾도록 도와줘야 한다. 그 환경은 우리가 처음 보낸 학교가 아닐 수도 있다. 여러 번의 시도와 다소간의 실험이 필요할 수도 있다. 분명히 인내심이 필요하다. 하지만 그건 중요하지 않다.

정말 중요한 것은 아이들이 자신이 누구인지 깨닫게 도와주어야 한다는 사실이다.

직접 결정하게 둔다

JUL 11

중학생이었던 윌 페럴이 방과 후 영재 심화학습 프로그램에 참여할 자격을 얻게 되자 그의 어머니는 아들을 프로그램에 등록해 주었다. 윌이 나중에 이 사실을 알게 되었을 때, 그는 어머니에게 자신은 이미 스퀘어댄스 수업에 등록했다고 말했다. 두 수업은 같은 시간에 진행되었기 때문에 윌은 둘 중 하나만 선택할 수 있었다.

부모에게는 어떤 것을 선택할지가 너무나 분명하다. 우리는 어떤 수업이 더 많은 것을 가르치고, 더 진로에 좋을지, 어떤 수업이 "더 멋진지" 안다. 하지만 우리 아이들은 의사 결정에 대해서 아무것도 알지 못한다. 장기적인 결과나 이차적 사고에 대해서도 알지 못한다. 장단점을 비교하는 방법도 모른다. 자신에게 무엇이 최선인지도 알지 못한다. 아이들은 자신이 좋아하는 것, 즐길 수 있는 것, *지금 당장* 원하는 것만 알 뿐이다.

하지만 배우이자 윌 페럴과 SNL에 동료로 출연했던 아나 가스테이어가 말한 것처럼 윌의 어머니는 모든 것을 제쳐두었다. 그녀는 아들을 보고 이렇게 말했다. "네 선택에 달려있어. 네가 결정하렴." 윌은 스퀘어댄스를 선택했다. 가스테이어가 말했다. "저는 그 선택이 윌이 왜 놀라운 윌 페럴인지 설명해 주는 것 같아요." 그녀는 이것이 어떻게 윌 페럴이 역사상 가장 위대한 코미디 배우 중 한 명이 될 수 있었는지 설명한다고 생각했다. 그의 부모는 윌이 원하는 일을 할 수 있도록 *허락해* 주었다. 그들은 "현실적인" 우선순위로 아들이 원하는 것을 가로막지 않았고, 아들이 자신의 마음을 따르도록 했다.

자녀가 창의적이거나 성취감을 느끼는 일에 끌릴 때 부모로서 할 수 있는 최악의 행동은 아이가 그 방향으로 가지 못하게 막는 것이다. 기회가 있을 때마다 반복할 가치가 있는 부모의 역할은 자녀가 자신의 자연스러운 성향을 따르고 방과 후에 무엇을 하고 싶은지 결정할 수 있도록 격려해 주는 것이다.

JUL 12

너무 엄격하거나 성급하게 판단하지 않는다

1921년 봄, 루이스 게릭이라는 젊은 야구 선수가 폴로 그라운드에서 존 맥그로의 입단 테스트를 받게 되었다. 맥그로는 뉴욕 자이언츠의 감독을 맡고 있었고 야구 역사상 가장 뛰어난 실력 평가자 중 한 명이었다.

입단 테스트는 좋았다. 게릭은 활기차고 빨랐다. 그는 비인간적일 정도로 튼튼한 하체를 자랑했는데, 이는 타석에서 보여주는 힘의 원천이었다. 게릭은 1루로 향했다. 하지만 곧바로 그는 받아치기 쉬운 볼을 그의 발 쪽으로 통과시켰다. 전기 작가들에 따르면 입단 테스트는 매우 빨리 끝났다. 맥그로는 확인해야 할 것은 모두 확인했다고 생각했다.

이것은 맥그로의 판단력이 부족했던 순간이라고 할 수 있다. 맥그로는 순식간에 이 아이를 평가하고 판단했다. 하지만 게릭은 어린아이였다. 게릭은 지나치게 수줍음이 많았고 내성적이었으며 경험이 부족했다. 맥그로는 이런 점을 평가에 반영하지 않았고 고려할 마음도 없었기 때문에 야구계에서 가장 뛰어난 재능과 인간성을 가진 선수를 놓치게 되었다.

게릭은 양키스의 1루수로 활약하며 수백 번의 홈런을 치고 월드시리즈에서 여섯 번이나 우승했으며, 50년 넘게 최장 연속 선발 등판 기록을 보유하고 있다. 만약 맥그로가 조금 더 열린 마음으로 인내심을 가졌더라면 어땠을까?

재능 있는 사람들에 관한 한 우리는 이런 실수로부터 배워야 한다. 사람은 암호 같다. 심지어 우리 자녀들도 마찬가지다. 우리는 우리가 생각하는 것만큼 능력을 평가하고 미래를 예측하는 데 능숙하지 않다. 그래서 우리는 너그러운 태도를 가져야 한다. 성급히 결론을 내려서도 안 된다. 우리는 아이들에게 가능성을 열어두어야 한다. 아이들을 비난하는 게 아니라 응원해야 한다.

선택하는 법을 가르친다

JUL 13

당신의 선택이 아름답다면, 당신도 그럴 것이다.

-에픽테토스 Epictetus

어떻게 보면 부모가 아이를 위해 대부분의 결정을 내리는 것은 당연하다. 부모는 많은 것들을 알고 있지만, 아이들은 인생에 대해서도, 날씨에 대해서도, 세상이 어떻게 돌아가는지에 대해서도 잘 모른다.

하지만 부모가 계속 자녀 대신 결정을 해주게 되면, 아이들은 삶을 살아가는 데 매우 중요한 기술인 의사 결정 능력을 키울 수 없게 된다. 많은 청소년이 어느 대학에 진학해야 할지, 어떤 전공을 선택할지 결정하는 것을 힘들어하는 이유가 무엇일까? 대부분의 청소년에게는 그것이 평생 처음 제대로 내려보는 결정이기 때문이다.

그렇기 때문에 부모는 자녀를 위해 모든 것을 선택하지 않으려고 적극적으로 노력해야 한다. 아이들에게 공원에 가고 싶은지 아니면 마당에서 공놀이를 하고 싶은지 물어보자. 아이들에게 어떤 영화를 보고 싶은지도 물어보자. 저녁은 무엇을 먹고 싶은지, 오늘 밤에는 샤워를 하고 싶은지 목욕을 하고 싶은지 물어보자. 야구를 배우고 싶은지, 농구팀에 들어가고 싶은지 물어보자. 잔디 깎는 일이 싫다면 어떤 집안일을 하고 싶은가? 오늘은 반바지를 입고 싶은가 아니면 긴바지를 입고 싶은가? 가서 입고 싶은 옷을 직접 고르라고 제안하자.

아이들에게 선택하는 법을 가르치자. 권한을 쥐여주자. 결정하는 법을 알려주고 잘못 선택했을 때도 자신의 선택에서 배우는 법을 알려주자. 부모가 더 많이 아는 것은 중요하지 않다. 중요한 건 아이들이 배울 수 있도록 하는 것이다.

인생은 한 사람이 내리는 결정의 총합이다. 아이들이 스스로 최선의 삶을 살 수 있도록 좋은 결정을 내리는 법을 가르쳐주자.

JUL 14 | 때에 따라 변화할 줄 알아야 한다

과학자 제니퍼 다우드나의 아버지는 영문학 교수였다. 그는 딸을 낳고 나서야 그가 학생들에게 과제로 내준 책들의 거의 모든 저자가 남성이라는 사실을 깨달았다. 딸을 낳고 나니 이게 얼마나 부당한 일인지, 학생들이 얼마나 귀한 관점과 영감을 얻을 기회를 박탈당했는지 깨닫게 되었다. 월터 아이작슨이 제니퍼 다우드나에 대해 쓴 놀라운 전기에 따르면, 그녀의 아버지는 조용히 강의 계획서에 도리스 레싱, 앤 타일러, 조앤 디디온의 작품을 추가했다. 그리고 딸에게 영감을 줄 만한 책들을 가져다주기 시작했다.

여느 좋은 아빠가 그러하듯 그는 바뀌었다. 정치적 올바름 때문이 아니라 진정한 공감에서 비롯된 것이었다. 그래서 어떤 결과를 얻었을까? 용기나 남자다움을 잃었을까? 검열이 승리했을까? 아니다. 그의 선택은 세상을 더 나아지게 만들었다. 그의 학생들은 더 나아졌고 그는 딸과 소통하는 능력이 좋아졌다. 그리고 몇십 년 후, 그가 실천한 변화 덕분에 세상도 더 나은 곳이 되었다(당신의 가족이 접종한 코로나19 mRNA 백신에 대해 다우드나와 그녀의 아버지에게 감사의 마음을 갖자).

시간에 얽매이지 말자. 마음을 닫지 말자. 마음을 열고 그에 맞게 변화하자.

항상 자녀의 관심사를 염두에 둔다

JUL 15

> 모든 사람 안에는 우리 안에 있는 것과 같은 영혼이 살고 있다는 것을 기억해야 한다.
>
> -아르투르 쇼펜하우어 Arthur Schopenhauer

적어도 취향에 있어서는 부모와 자녀 사이에 항상 간극이 존재할 것이다. 이는 당연한 일이다. 당신의 취향은 수년간의 경험에 의해 형성된 것이고, 자녀의 취향은 새로운 것을 발견하는 기쁨에 영향을 받고 있다. 아이들이 좋아하는 것을 당신이 왜 좋아하겠는가? 당신이 훨씬 더 많은 것을 알고 있는데 말이다.

그래도 자녀와 소통하고 좋은 관계를 유지하고 싶다면 그들의 관심사가 무엇인지 항상 주의 깊게 살펴야 한다. 당신의 역할은 그들이 좋아하는 것이 무엇인지 알아내어 계속 탐구할 수 있도록 돕는 것이기 때문이다.

아이들이 이 영화를 좋아하는가? 그럼 이런 영화도 좋아할지 모른다. 이 책을 좋아하는가? 그럼 아이의 생일에 그 작가의 다른 책을 선물해 보자. 아이들이 공룡을 좋아하는가? 이번 주말에는 함께 박물관에 가보자. 박물관 로비에 있는 거대한 브라키오사우루스 앞에서 사진을 한 장 남기는 건 어떨까? 잠들기 전 아이들과 함께 공룡 영상을 보는 것은?

아이들의 관심사가 당신의 관심사가 될 때 아이들과 함께 소통하고 탐구할 수 있는 기회가 생긴다. 운전대는 아이들에게 맡기고 당신은 연료만 제공하면 된다.

JUL 16

독창적인 것이 좋다

> "C" 학점을 받는 학생들이 세상을 움직인다.
> -헤리 트루먼 Harry Truman

우리는 세상이 똑똑한 아이들을 원한다고 생각한다. 그래서 아이들의 성적을 확인하고, 과외선생님을 고용하고, SAT 시험 준비를 도와준다. 심지어 우리는 아이들에게 "넌 정말 똑똑하구나!"라고 칭찬한다.

하지만 이것이 정말 자녀의 성공을 위한 준비일까? 수필가이자 사업가, 벤처투자가인 폴 그레이엄은 부모가 자녀를 좋은 대학에 보내 똑똑한 사람들이 선호하는 좋은 일자리를 얻으려는 전쟁을 벌이는 것에 대해 경고한다. 그레이엄은 아인슈타인이 똑똑해서 특별했던 것이 아니라 독창적인 *생각*을 했기 때문에 특별했던 것이라고 말한다.

우리가 가장 존경하는 사람들을 생각해 보자. 이것은 그들에게도 해당되는 특징이다. 우리는 그들이 똑똑해서가 아니라 세상을 바라보는 남다른 시각을 가지고 있기 때문에 존경한다. 그들은 독특했고, 이 독특함(주로 지성과 결합된)을 토대로 위대한 일을 해냈다. 우리가 자녀를 길들이려는 것을 멈추고 성장하는 과정을 지켜보고 도와주어야 하는 이유다.

독창적이고 고유한 존재가 되도록 용기를 북돋워 주자. 탐험하고 새로운 것을 찾도록 격려하자. 세상에는 똑똑한 사람들이 넘쳐나지만 그들은 대부분 견딜 수 없이 지루하고 인상적이지 않다. 우리에게 필요한 것은 참신한 사고를 하는 창의적인 사람들이다. 세상에는 독창적인 사람들이 필요하다.

부모의 일은 자녀에게
가능성을 보여주는 것이다

JUL 17

성공한 부모를 둔 아이들이 대부분 불성실하고 게으르다는 것은 오랜 세월에 걸쳐 입증된 사실이다. 하지만 이런 선입견을 뒤엎는 사례도 적지 않다. 수많은 프로 운동선수의 자녀들이 프로 운동선수로 진출했다. 존 퀸시 애덤스와 조지 W. 부시도 아버지를 따라 백악관에 입성했다. 예술계에서 성공한 자녀를 둔 부모 작가와 예술가들도 많이 있다.

어떻게 이런 일이 가능했을까? 당연히 타고난 재능에는 부족함이 없다. 능력을 발휘하기 좋은 환경이 제공되기도 했다. 이 아이들은 재능을 타고났을 뿐만 아니라 환경이라는 큰 혜택도 받았다. 하지만 모든 부모가 생각해 봐야 할 다른 한 가지 힘도 작용한다. 이런 아이들은 대부분의 사람들이 상상하기도 힘들 정도로 열정적이고 현실적으로 커리어를 쌓는 부모의 모습을 지켜보는 특권을 누렸다는 것이다. 그들이 받은 진정한 선물은 꿈을 좇는 것이 실제로 *가능하다는* 것을 두 눈으로 직접 목격했다는 것이다. 그들은 부모의 성공이 마법이 아니라 열심히 노력한 결과라는 것을 깨닫게 되었다.

많은 부모는 의식적으로 혹은 우연중에 아이들에게 작게 생각하고, 현실적으로 바라보며, 확률을 고려하라고 말하며 시간을 보낸다. 하지만 프로 운동선수나 국가 원수, 수상 경력이 있는 작가와 한집에 살다 보면 그보다 강력한 메시지를 받게 된다. *이건 해낼 수 있는 일이다! 단지 더 큰 노력과 헌신, 자신감이 필요할 뿐이다.*

당신이 어떤 일을 하든지, 자녀에게 이런 강력한 메시지를 전달하는 것이 당신의 진짜 임무다. 가능한 것이 무엇인지 보여주는 것. 그 "일"이 무엇이든 도전할 수 있게 등을 밀어주는 것이다.

JUL 18 자녀에게 주지 말아야 할 것

인생의 행복을 가로막는 가장 큰 장애물은 우리가 아주 일찍부터 경험한 수치심이다.

수치심은 죄책감의 사악한 쌍둥이다. 죄책감이 자신이 저지른 일에 대해 나쁜 감정을 느끼는 것이라면, 수치심은 자신이 통제할 수 없는 *자신*에 대해 나쁜 감정을 느끼는 것이다. 정상적인 생물학적 충동을 느끼는 것, 감정이 조절되지 않는 것, 독특한 예술적 취향을 갖고 있는 것, 사회적 눈치가 부족한 것, 입이 짧거나 지나치게 모험심이 강한 것 등. 우리 자신의 모습에서 수치심을 느낄 수 있는 것에는 거의 제한이 없다.

수치심의 비극적인 점은 이 감정이 자연적으로 발생하는 것이 아니라는 데 있다. 천진난만한 아이가 열중해서 음식을 갖고 놀거나 공주나 공룡이 된 것처럼 행동하는 모습에서는 조금의 수치심도 찾아볼 수 없다. 이런 행동에 대해 수치심을 느껴야 한다고 배우지 않았기 때문이다.

수치심은 대물림되는 것이다. 주로 부모가 하는 신랄한 비판, 불필요한 판단, 무분별한 선택의 결과로 대물림된다. 자녀가 수치심을 물려받지 않게 하는 것은 당신의 몫이다.

공룡인 척하고, 당신이 좋아하지 않는 음악에 몸을 흔들고, 당신은 절대 시도해 보지 않은 것을 시도하는 등 자녀가 원하는 모습 그대로 편하게 지낼 수 있도록 하는 것은 당신에게 달려있다.

자녀를 있는 그대로 수용하자. 그들이 그들을 온전히 자신답게 만드는 것들을 수용할 수 있도록. 그것은 부끄러워할 일이 아니다.

최선을 다하도록 격려한다

JUL 19

자녀가 그저 재밌게 놀기를 바라는 부모들이 있다. 그리고 자녀가 승자가 되도록 강요하는 부모들도 있다. 한쪽은 경쟁은 중요하지 않다고 믿고, 다른 한쪽은 경쟁만이 중요하다고 믿는다. 하지만 양쪽이 모두 놓치고 있는 세 번째 옵션이 있는데, 미묘한 차이는 있지만 어느 쪽보다 훨씬 더 나은 옵션이다.

위대한 존 우든 — 대학 농구 역사상 가장 많은 승리를 거둔 감독 중 한 명 — 이 아버지에게 배운 것은 다음과 같다.

> 나의 아버지가 농구와 인생에 대해 해준 조언은 이렇다. "조니, 다른 사람보다 더 잘하려고 노력하지 말고 네가 할 수 있는 최선을 다하려는 노력을 멈추지 말아야 한다. 그건 네가 통제할 수 있어. 다른 사람보다 더 잘하겠다는 건 네가 통제할 수 없는 부분이란다." 아버지의 조언은 단순했다. 내가 통제할 수 있는 일은 열심히, 아주 열심히 하되, 나머지 부분은 크게 걱정하지 않는 것이다.

아이가 축구 경기나 토론 대회에 나갈 때, 아이의 반 등수나 운동 기록 단축을 이야기할 때, 그 결과를 다른 사람들과 비교하는 것이 자신의 잠재력과 비교하는 것보다 훨씬 덜 중요하다는 사실을 알려주어야 한다. 모든 일에 최선을 다하는 사람은 1등을 하는 것에만 집착하거나 지는 것이 두려워서 시도조차 하지 않는 사람보다 인생에서 훨씬 더 멀리 나아갈 수 있다(그리고 더 행복한 인생을 산다).

그러니 아이들에게 그들이 할 수 있는 한 최선을 다하라고 말해주자. 자신의 잠재력이나 자신의 성장 과정과 비교해야 한다고 알려주자. 그것은 보통 승리로 이어질 뿐만 아니라 승자들이 하는 것이기도 하다.

JUL 20 아이들이 찾을 수 있게 도와준다

어린 콰메 온와키는 브롱크스에 있는 아파트에서 어머니와 함께 요리를 하고 있었다. 그런데 어디선가 낯선 냄새가 집으로 흘러들어 왔다. 그는 자서전에서 당시의 상황을 "카레의 진하고 향기로운 냄새가 너무 강해서 우리 두 사람은 하던 일을 멈추고 고개를 들었다"라고 썼다. 하지만 그가 기억하는 것은 사실 그 냄새가 아니라 다음에 어머니가 한 행동이었다.

"어디서 나는 냄새인지 가서 찾아보자!" 어머니는 흥분한 목소리로 말했고 그들은 아파트의 각 층 복도를 뛰어다니며 어느 집에서 냄새가 나는지 찾기 시작했다. 3층에 도착하자마자 그들은 냄새에 가까워졌음을 알았다. 어머니는 주저하지 않고 문을 두드렸다. "안녕하세요? 제 이름은 주엘이에요. 여긴 제 아들 콰메고요. 저희는 6층에 사는데 만들고 계신 요리 냄새를 맡게 되어서요." 어머니는 자신 있게 말했다.

3층의 여성은 어안이 벙벙한 얼굴이었다. 그녀의 얼굴에는 두려움이 스쳤다. 혹시 우리 집에 항의하러 온 것일까? 불쾌한 말을 하려고? 하지만 그것은 어머니의 스타일이 아니었다. "냄새가 너무 좋아요. 어떻게 말해야 할지 모르겠지만, 우리도 맛을 좀 볼 수 있을까요?" 그녀가 말했다.

콰메는 어떻게 스물네 번째 생일을 맞이하기도 전에 케이터링 회사를 창업하고, 요리학교를 졸업하고, 뉴욕 미슐랭 레스토랑 퍼 세Per Se에서 근무한 데다가 미국에서 가장 화제가 되는 레스토랑 중 하나를 열 수 있었을까? 이 모든 것은 어머니가 보여준 이웃과의 교류 방식에서 시작되었다. 그 순간 어머니는 아들에게 호기심과 자신감, 적극성, 열정, 이웃과의 친밀한 관계 등 정말 훌륭한 면을 많이 보여주었다.

이것은 우리가 우리의 방식으로 아이들에게 반드시 가르쳐야 하는 것들이다. 우선 우리의 직감을 따라가는 것부터 시작할 수 있다.

자녀를 바꾸려고 하지 않는다

JUL 21

> 나와 내 아내의 모든 일은 우리 아이들이 어떤 사람인지, 무엇을 좋아하고 싫어하는지를 알아내고, 삶의 과정에서 자신이 누군지 찾을 수 있도록 도와주는 것이다.
>
> —드웨인 웨이드 Dwyane Wade

브랜던 볼웨어는 목사의 아들이다. 그는 변호사이자 독실한 기독교 신자이며 남편이자 네 명의 자녀를 둔 아버지다. 2021년 그는 미주리주 하원에서 트랜스젠더 딸과의 관계에서 겪고 있는 어려움에 대해 감동적인 증언을 했다. 의원들에게 그는 그간 두려움과 사랑, 보호하려는 마음으로 아이가 여자 옷을 입거나 여자 팀에서 뛰지 못하도록 오랫동안 노력했다고 말했다. 그러던 어느 날 딸이 그에게 이웃집에 놀러 가도 되는지 물었다. 그는 이제 저녁 식사 시간이라고 말했다. 그러자 딸이 "그럼 남자아이 옷을 입고 가면 친구들이랑 놀 수 있어요?"라고 물었다. 딸의 말을 듣고 문득 깨달았다. 그는 아이에게 정체성대로 살지 않을 때 무언가를 보상해 준다고 가르치고 있었다.

"아이들이 그들만의 어린 시절을 보낼 수 있게 해주세요. 아이들이 있는 그대로의 모습으로 살게 해주세요." 볼웨어는 간청한다.

당신은 예술적 재능이 있지만 아이는 그렇지 않을 수도 있다. 어쩌면 당신은 운동을 잘하지만 아이는 그렇지 않을 수도 있다. 당신은 신앙심이 없지만 자녀는 신앙심을 갖고 있을 수도 있다. 당신은 진보적이지만 아이는 그렇지 않을 수도 있다. 그게 무엇이든 자녀들을 있는 그대로 받아들이자. 아이들이 다양한 시도를 하며 스스로를 발견할 수 있게 하자. 그들만의 어린 시절을 누릴 수 있게 하자.

물론 이러한 탐험으로 얻은 결과가 마음에 들지 않을 수도 있다. 아이들은 당신이 갖고 있는 가장 확고한 믿음에 어긋나는 행동을 할지도 모른다. 하지만 그건 당신의 문제일 뿐이다.

JUL 22

아이들은 자신이 무엇을 원하는지 모른다

부모가 자녀에게 무언가를 하라고 강요하기는 너무 쉽다. 부모는 아이들보다 더 크고, 경제권도 쥐고 있다. 부모는 자녀에게 최선이라고 생각하는 일을 하게 할 수 있는 법적, 도덕적 권한을 갖고 있다. 하지만 자녀와의 많은 대화 없이 그 힘을 휘두르게 되면, 그것은 자녀에게 너는 아무런 힘도, 통제력도 없으며, 네 바람은 이 세상에서 중요하지 않다고 가르치는 것과 같다.

또한 이것은 부모 스스로에게도 나쁜 습관을 들이는 것이다. 이런 권한이 언제까지나 부모에게 있지는 않다. 자녀가 원하는 것을 무시하거나 등한시하는 태도를 보이는 것을 습관화해선 안 된다. 언젠가 자녀는 자신의 대학 전공을 바꾸길 원할 것이고, 다른 도시로 이사하길 원할 것이며, 부모가 동의하지 않아도 생활패턴을 바꾸려 할 것이기 때문이다. 가족의 오래된 전통을 바꾸고 싶어 할 수도 있다. 그런데 부모가 더 잘 알고, 부모가 결정권자라는 사고방식에 익숙해져 있으면 나중에 이런 상황이 닥쳤을 때 감당하기 힘들어진다. 특히 자녀가 더 이상 부모의 말을 들을 필요가 없는 시기가 오면 더 심해진다. 하지만 이것보다 더 큰 문제는 자녀와의 관계가 부모의 자기중심적 태도로 인해 회복되지 않을 수도 있다는 것이다.

자녀는 자신이 원하는 게 무엇인지 항상 알 수 없다. 하지만 그것은 자녀뿐만 아니라 모두가 마찬가지다. 그러니 자녀에게 독재자가 아닌 책임자가 되고, 모든 것을 다 아는 체하는 사람이 아닌 대체로 잘 아는 사람이 되어야 한다. 부모라는 직책이 주는 무게감을 이용하는 대신, 당신의 경험이 주는 중력을 이용해 자녀가 가야 할 방향으로 부드럽게 이끄는 방법을 배워야 한다.

쉽지 않겠지만 이게 바로 부모의 삶이다.

당신은 얼마나 자주 '안 돼'라고 말하는가?

JUL 23

스스로를 엄격한 부모라고 생각하지 않는다고 해도 우리 아이들이 '안 돼No'라는 말을 얼마나 자주 듣는지 생각해 보자. "안 돼, 그만해." "안 돼, 오늘 밤에는 나갈 수 없어." "안 돼, 거기서 내려와." "안 돼, 지금 집으로 가야 해." "안 돼, 그건 못 사줘." "안 돼, 그렇게 하는 게 아니야."

이렇게 말하는 이유는 단 하나, 우리가 자녀를 걱정하기 때문이다. 이렇게 하는 것은 아이들을 안전하게 보호할 수 있지만, 아이들 입장에서는 부모에게 늘 같은 말만 들어야 한다는 단점이 있다. 안 돼, 안 돼, 안 돼.

딸 마거릿의 아버지인 해리 트루먼은 이에 대해 재치 있는 말을 남겼다. "자녀들에게 조언을 해주는 가장 좋은 방법은 자녀가 원하는 것이 무엇인지 알아내고 그것을 하라고 조언하는 것이다."

요점은 어떤 일을 하라고 지시받고 싶어 하는 사람은 아무도 없다는 것이다. 부모의 일은 부모가 자녀에게 하길 원하는 모든 일을 하게 만드는 것이 아니라, 자녀가 원하는 일을 하도록 도와주는 것이다(물론 안전하고 합리적인 범위 내에서).

이것은 결국 그들의 삶이다. '예스Yes'라고 말하는 법을 배우자. 자녀가 할 일에 대해 조언하는 법을 배우자. 어차피 자녀가 할 일을 막지 못한다면, 최소한 그 일에 대해 준비를 할 수 있게 하자. 방해만 하는 부모가 아니라 도와주는 부모가 되자.

JUL 24 아이들의 숨은 의도 이해하기

> 우리에게 귀가 두 개고 입이 하나뿐인 이유는 더 많이 듣고 더 적게 말하기 위해서다.
>
> -제논 Zeno

심리학자이자 일과 삶의 통합과 리더십에 관한 선도적인 연구자인 스튜어트 프리드먼은 《리드하는 부모 Parents Who Lead》를 출간하고 얼마 지나지 않아 이번 책을 집필하는 과정에서 어떤 새로운 발견이나 통찰을 얻었냐는 질문을 받았다. "가장 마음에 들었던 것은 자녀에게 진정으로 필요한 것이 무엇인지 경청하는 법을 배움으로써 부모가 얼마나 많은 것을 얻을 수 있는지에 대한 내용이었다." 이와 관련해 프리드먼 박사는 다음과 같이 썼다.

아들에게 호기심과 배움의 가치를 일깨워 주고 싶었던 한 아버지는 아들에게 무엇을 배우고 싶은지 물었다. 아들은 기쁜 목소리로 "진공청소기 쓰는 법을 배우고 싶어요"라고 답했다. 아들은 도움이 되고 싶어 했고, 스스로 기여하고 목적을 갖고 싶어 했다. 헌신과 연민으로 주의를 기울이기 전까지 우리는 아이의 내면에 어떤 생각이 있는지 알지 못한다.

그 작은 친구는 항상 당신에게 무언가를 말하려고 한다. 물론 항상 분명하게 전달되는 것은 아니다. "나는 도움이 되는 법을 배우고 싶어요"가 "청소기 쓰는 법을 배우고 싶어요"라고 나오기도 한다. "나는 좋은 친구가 되고 싶어요"가 "나를 보비네 집까지 좀 데려다줄 수 있어요?"라고 나올 때도 있다. "나는 작가가 되고 싶어요"가 당신과 같이 스포츠 경기를 보고 싶어 하지 않는 난처한 모습으로 표현될 때도 있다.

그래도 아이들은 부모에게 항상 무언가를 말하려고 한다. 당신이 정말로 귀를 기울여야 들을 수 있을 것이다.

부모와 자녀는 다른 존재다

JUL 25

팀 하더웨이 주니어는 NBA 명예의 전당에 오른 선수의 아들이다. 그렇게 뛰어난 실력의 경기를 보여준 누군가의 아들로 자란다는 것은, 같은 종목의 스포츠에서 성공하려는 팀 주니어에게 매우 힘든 일이었다.

경기를 마치고 집으로 돌아오는 차 안에서 아버지 팀 하더웨이는 팀이 한 실수와 실패한 슛 동작을 강조했다. "너는 충분히 뛰어난 수준의 기량을 발휘하지 않고 있어." "더 잘해야 해. 안 그러면 영원히 농구 경기에 출전하지 못하게 할 거야." 그는 말했다. 만약에 아들이 TV에서 농구경기를 보고 싶지 않다고 하면 아버지는 고개를 저으며 "너는 경기를 진짜 좋아하는 게 아니야"라고 말하곤 했다.

아버지는 아들을 사랑했기 때문에 이런 압력을 가했다고 말한다. "내가 경기를 했던 것처럼 아들도 그렇게 하길 바랐고, 내가 경기에 진지하게 임했던 것처럼 아들도 그러길 바랐다. 내가 경기를 이해하는 것처럼 아들도 그러길 바랐다."

물론 팀 하더웨이 주니어는 훌륭한 농구선수가 되었기 때문에 어떤 면에서는 아버지의 압력이 "효과가 있었다"고 할 수 있다. 하지만 그가 성공한 것은 단지 아버지가 모진 말을 했기 때문일까? 아니면 그가 196센티미터의 키, 200센티미터의 윙스팬을 자랑하고 대학 때 존 베일라인 감독의 팀에서 뛰었기 때문일까? 그가 지금보다 성공하지 않았다면 두 사람의 관계는 어떻게 되었을까?

앞에서 말했듯이, 우리의 일은 아이들이 자신의 타고난 모습대로 자랄 수 있게 돕는 것이다. 자녀가 우리처럼 크도록 돕는 것이 아니다. 당신의 뜻을 계승하고, 당신이 뛰었던 스포츠를 하고, 당신이 입었던 등 번호를 받는 것은 그들의 의무가 아니다.

JUL 26 당신은 자녀에게 무슨 일을 하도록 시키는가?

아리스토텔레스의 말을 각색하여 역사학자 월 듀랜트가 남긴 명언이 있다.

　우리는 우리가 반복적으로 하는 것 그 자체이다. 그러므로 탁월함은 행위가 아니라 습관이다.

　그렇다면 부모로서 생각해 봐야 할 진짜 질문은 '우리는 아이들에게 무슨 일을 하도록 시키고 있는가?'이다.
　탁월함은 우리가 추구하는 목적지가 아니다. 그것은 우리가 추구하는 과정이다. 매일매일. 대단한 일뿐만 아니라 사소한 일에서도 말이다. 탁월함은 이런 종류의 일을 행동을 통해 습관으로 만들 때 생기는 결과다. 그리고 아이들이 이것을 이해할 수 있게 돕는 것이 부모의 일이다. 자신이 어떤 사람인지는 우리가 날마다 어떤 일을 하는지, 오늘 어떤 일을 하는지에 의해 결정된다는 것을 깨닫도록 도와주어야 한다.
　우리는 우리가 반복적으로 하는 것 그 자체이다.

왜? 왜? 왜?

JUL 27

> **나는 질문할 수 없는 답변보다는 답변할 수 없는 질문이 낫다고 생각한다.**
> -리처드 파인만 Richard Feynman

부모로서 이것보다 더 많이 듣는 말은 없을 것이다. *왜요? 왜 안 되는데요? 왜 할 수 없는 건데요? 왜 해야만 하나요? 왜 그렇게 되는 거예요? 왜요? 왜요? 왜요? 도대체 왜요?*

물론 성가시긴 하지만 절대 아이들에게 질문을 하지 못하게 해선 안 된다. 사실 우리가 당연하게 여기는 것 중 많은 것이 자의적이고 근거가 충분하지 않다. 그것은 아마도 우리가 어렸을 때 질문하고 탐구하려는 충동이 억압되었기 때문일 것이다. 우리는 세상에 존재하는 많은 규칙과 제한이 논리와 이성, 도덕에 근거하지 않는다는 사실을 배우지 못했다.

우리는 "왜요?"라고 물으면 "그냥"이라는 대답을 들었다. 그걸로 끝이었다. 고정관념에 의문을 제기하거나 현재 상황에 이의를 제기하고, 왜 그렇게 되었는지에 대해 *배우는* 것이 권장되지 않았다. 지혜와 진실에 접근하는 것이 제한되어 있었기 때문에 결국 우리가 성장하는 데도 한계가 있었다.

이런 전통을 이어가지 말자. 우리가 책임지고 있는 이 세대를 최고의 인재로 키우기 위해 새로운 변화를 시도해 보자. 우리는 아이들이 세상을 더 나은 곳으로 만들고, 세상을 개선하길 바란다. 우리는 아이들이 우리보다 더 나은 사람이 되길 바란다.

만약 아이들이 현실에 안주하고, 신념이 없고, 자신의 현실에 대해 간단한 질문을 던지고 그에 따른 답을 요구할 능력이 없다고 생각한다면 변화는 일어날 수 없다.

"왜?"는 훌륭한 질문이다. 아이들이 이 사실을 알게 도와주자.

그리고 아이들이 그 질문에 답할 수 있게 도와주자.

JUL 28 아이들에게 여유를 주자

자칫 잘못하면 아이들의 삶이 꽉 차버린다.

축구 훈련, 학교, 첼로 레슨, 집안일. 부모는 아이들이 하루 종일 화면 앞에서 시간을 낭비하거나 뒤처지지 않길 바란다. 스스로 무언가를 해내길 바란다.

하지만 주의해야 한다. 무려 2,000년 전에도 플루타르크는 부모들에게 아이들의 삶을 지나치게 계획하지 말라고 경고했다. 그는 다음과 같이 썼다. "아이들에게는 계속되는 과업 사이에서 숨 쉴 여유가 주어져야 한다. 우리는 삶이 열중하는 시간과 휴식하는 시간으로 나뉘어 있다는 사실을 명심해야 한다."

지치고 피곤할 때 일의 성과를 낼 수 있는가? 달력이 스케줄로 꽉 찼을 때 행복함을 느끼는가? 여기저기 돌아다니느라 피곤하지는 않은가? 아이들은 어떨지 상상해 보자. 심지어 아이들은 스트레스가 무엇인지, 번아웃이 무엇인지 제대로 이해하지도 못한다. 아이들을 스트레스와 번아웃으로부터 보호하는 것은 부모의 일이다.

아이들에게 여유를 주자. 휴식할 기회를 주자. 그것이 당신의 일이다.

아이들의 원초적 성향을 방해하지 않는다

JUL 29

아이들에게 당신이 가장 좋아하는 영화를 보여주고 싶다. 당신이 가장 좋아하는 밴드도 소개하고 싶고, 당신이 어릴 때 좋아했던 모든 장소를 데려가고 싶다. 당신이 가장 좋아하는 스포츠도 함께 하고 싶다.

이것은 특별하고 멋진 일이다. 당신의 입맛이나 취향, 시야뿐만 아니라 당신의 일부분을 공유하는 것이기 때문이다. 이런 것들은 당신의 정체성을 형성했고, 당신이 어떻게 지금의 모습이 되었는지 보여준다. 하지만 아이들과 공유할 때는 신중해야 한다.

우리는 아이들에게 "너는 의사가 되어야 해"라고 특정 진로를 노골적으로 강요해선 안 된다. 마찬가지로 작가인 로버트 그린은 부모들이 덜 노골적인 형태의 어떤 압력도 가하지 않게 주의해야 한다고 말했다. 예를 들면, 당신이 관심 있는 분야에 자녀가 관심을 갖도록 유도하고, 이 활동에 참여하거나 저 스포츠를 하길 강요하며, 예술이나 창업이 "위험"하다거나 창업가들은 "미쳤다"라고 말하는 것이 여기에 해당된다. 로버트는 이렇게 말했다.

> 부모는 내려놓아야 한다. 자녀가 꽃을 피우도록 내버려두어야 한다. 자녀를 가장 자연스러운 형태로 성장시키고 싶은 식물처럼 생각해야 한다. 자녀가 원하는 방향으로 나아가도록 놓아줄 필요가 있다. 자녀가 무언가에 대한 기질을 드러내면 그 방향으로 가도록 격려해야 한다. 그 기질이 자녀의 내면에서 매우 강력한 무언가를 드러내는 것이기 때문이다. 이것은 내가 원초적 성향이라고 부르는 것이다. 자녀의 원초적 성향을 어떤 방식으로든 방해해선 안 된다. 그것이 부모가 할 수 있는 가장 중요한 일이다.

당신의 기대를 버리자. 자녀가 있는 그대로의 모습이 되도록 격려하자. 당신의 관심사를 아이에게 강요하지 말자. 아이들의 타고난 원초적 성향에 주의를 기울이고 그 성향이 꽃을 피울 수 있게 도와주자.

JUL 30 통제할 수 있는 것에 집중하라

우리는 자녀의 키를 선택할 수 없으며, 자녀 역시 자신의 키를 선택할 수 없다. 아이의 키가 클지 작을지, 반사 신경이 빠를지 느릴지, 근육이 강할지 약할지, 순발력이 뛰어날지 부족할지는 아이들이 통제할 수 있는 영역이 아니다. 아이들은 코치가 자신을 예뻐할지 눈엣가시로 생각할지 선택할 수 없다. 그들은 교실이나 라커룸에서 일어나는 대부분의 일을 통제할 수 없다. 셰릴 스트레이드는 《작고 아름다운 것들 Tiny Beautiful Things》에 "당신은 당신이 받아야 한다고 생각했던 카드에 대한 권리가 없다"라고 썼다.

그러면 우리는 아이들에게 무엇에 집중하라고 이야기해야 할까? 아이들이 항상 통제할 수 있는 것은 무엇일까?

아이들은 이런 상황에 어떻게 대응할지, 어떻게 이 과정을 즐기며 잠재력을 발휘할 수 있을지, 얼마나 최선을 다할지, 얼마나 열심히 노력할지를 통제할 수 있다.

따라서 연습이나 경기, 중요한 시험이 끝난 후에 부모가 하는 질문과 아이들을 평가하는 기준도 이를 반영해야 한다. "너희 팀이 이겼니?" 혹은 "시험에 통과했어?"가 아니라 "즐거운 시간을 보냈어?" "최선을 다했니?" "준비 과정에서 무엇을 더 잘할 수 있었다고 생각해?"라고 묻는 것이다.

우리는 우리에게 주어진 패를 통제할 수 없다. 우리의 생물학적 조건과 세상에서의 위치(지리적으로 혹은 사회경제적으로)는 우리가 결정할 수 없다. 하지만 그 패를 어떻게 쓸지는 아이들(혹은 가족들)이 결정할 수 있다. 이것으로 무엇을 할지는 우리가 결정한다. 얼마나 최선을 다할지도 우리가 결정한다. 어떤 사람이 될지는 우리가 결정한다.

아이들에게 이 사실을 가르쳐주자.

부름에 응답할 수 있도록 자녀를 준비시킨다

JUL 31

윈스턴 처칠은 이렇게 말했다. "우리에게는 자신의 재능에 꼭 들어맞는 매우 특별한 일을 할 기회와 순간이 일생에 한 번은 찾아온다. 만약 그 순간이 찾아왔는데, 준비가 되지 않았거나 자격이 부족해서 그 기회를 놓친다면 얼마나 비극적인가."

더 정확히 말하면, 인생에는 이런 순간이 많이 찾아온다. 봉사하고, 위험을 감수하고, 남들이 도망칠 때 위험을 향해 달려가고, 사람들이 불가능하다고 말하는 일을 해내는 과정에서 찾아온다.

아이들은 그들이 계획하고 있는 일에 불안함을 느낄 것이다. 꿈을 버려야 한다는 압박도 받게 될 것이다. 두려움이 엄습할 것이다. 아이들이 두려움 때문에 부름에 응하지 않으면 어떡할까? 아이들이 준비되지 않았을 때 기회의 순간이 찾아오면 어떡할까? 최고의 순간이 그들을 지나쳐 가버리면 어떡할까?

상상만으로도 얼마나 큰 비극인가. 부모는 아이들에게 그런 일이 일어나지 않도록 해야 한다. 우리는 아이들이 이 세상에 태어나서 해야 할 일을 하고, 자신이 되고자 하는 사람이 되는 데 한 발 더 가까워지도록 도와주어야 한다. 부름의 순간과 특별한 기회가 찾아오는 순간에 대비할 수 있게 격려해 줘야 한다. 언젠가 그 기회가 반드시 온다는 사실은 분명하기 때문이다.

아이들은 그 부름에 응답할 준비가 되어있는가?

8
월

August

항상 팬이 되어주기

자녀에게 줄 수 있는 가장 큰 선물

자녀에게 줄 수 있는 선물

AUG 1

짐 발바노는 고등학교를 졸업하기도 전에 아버지에게 앞으로 평생 하고 싶은 일을 결정했다고 말했다. 그는 단순히 대학 농구팀의 감독이 되려는 것이 아니었다. "아빠, 저는 전국 챔피언십에서 우승할 거예요."

짐이 아버지에게 자신의 꿈에 대해 이야기하고 며칠이 지난 후, 아버지는 그를 침실로 불렀다. 아버지는 구석에 있는 트렁크를 가리키며 "저 가방 보이지?"라고 물었다. "네. 무슨 일이에요?" 짐은 혼란스러운 얼굴로 대답했다. 아버지는 "난 짐을 다 쌌어"라고 말했다. "네가 전국 챔피언십에서 우승할 때 나도 거기 함께 있을 거야. 내 짐은 이미 다 쌌어."

짐은 훗날 전설적인 ESPY 연설에서 이렇게 말했다. "아버지는 한 사람이 줄 수 있는 가장 큰 선물을 주셨습니다. 바로 *저를 믿어주신 거죠.*"

당신은 자녀에게 이 선물을 준 적이 있는가? 부모의 임무는 아이들이 큰 꿈을 꾸게 하고, 꿈을 좇도록 격려하고, 한 사람에게 줄 수 있는 가장 큰 선물인 믿음을 주는 것이다. 부모가 자녀를 믿어주지 않으면 누가 믿어주겠는가?

AUG 2 — 그냥 팬이 되어준다

자녀가 이상한 일에 빠져있을 수도 있다. 자녀가 속한 헤비메탈 밴드의 실력이 형편없거나 자녀의 래퍼로서의 실력이 거의 귀에 거슬릴 정도일지도 모른다. 자녀가 좋아하는 프로그램이 너무 마음에 안 들거나 자녀의 꿈이 거의 실현 불가능해 보일지도 모른다. 반대로 자녀의 실력이 실제로 뛰어나고 프로가 되는 데 필요한 자질을 갖추고 있을 수도 있다. 적절한 격려와 지원만 있으면 정말 특별한 사람이 될 수도 있고, 당신은 자녀가 게으름을 피우지 않고 중요한 기회들을 놓치지 않도록 도와주기만 하면 될 수도 있다.

하지만 그게 정말 부모의 가장 중요한 임무일까? 부모의 가장 첫 번째 의무는 자녀의 팬이 되는 것이다. 그냥 팬이 되는 것이다. 자녀가 재능을 갖고 있든 아니든, 기회가 있든 없든 그냥 아이의 팬이 되어주는 것이다.

그들은 가정에 트레이너나 교관이 필요한 게 아니다. 그들은 냉엄한 현실을 말해줄 사람이 필요한 게 아니다. 심지어 멋진 리그에 들어가기 위해 당신의 돈이 반드시 필요한 것도 아니다. 당신은 선생님들을 질책할 필요도 없다. 집착할 필요도 없다.

자녀에게 필요한 것은 팬이다. 아이들에게는 자신을 지지해 주고, 사랑해 주며, 응원해 주는 누군가가 필요하다. 그들은 스토커나 폭군 같은 사람이 아니라 건강한 관계를 맺고 있는 팬이 필요하다.

그냥 자녀의 팬이 되어주자. 그렇게 복잡한 일이 아니다.

무엇에 집중할 것인가?

AUG 3

당신은 세상의 모든 부정적인 것을 볼 수도 있고, 하늘에 있는 먹구름에 집중할 수도 있다. 아니면 먹구름 사이에 비치는 햇빛 같은 밝은 면을 볼 수도 있다. '컵에 물이 반이나 있거나 반밖에 없다'라는 표현이 있다. 당신은 아이들에게 어떤 세계관을 가르칠 것인가?

집안을 비관적인 분위기로 가득 채울 것인가? 아니면 자녀에게 희망을 품고, 변화할 수 있는 자기 능력을 믿으며, 삶이 주는 장애물 속에서 기회를 찾으라고 가르칠 것인가?

작가 알렉스 헤일리는 작가로서 그의 일을 "좋은 것을 찾아 그것을 칭찬하는 것"이라고 말한 적이 있다. 그것은 부모의 역할에도 해당되는 말이다. 언제나 아이의 나쁜 행동을 벌주는 것보다 좋은 행동을 보상하는 것이 더 큰 성공을 거둔다. 우리가 자녀에게서 보길 원하는 면을 찾고 거기에 초점을 맞추는 것이 갈등을 찾고 비판하는 것보다 훨씬 더 멀리 나아가게 해준다. 이 원칙은 세상에 대한 우리의 묘사와 인식에도 적용된다. 우리가 벗어날 수 없는 모든 악과 부당한 일을 끊임없이 한탄하기보다 우리가 보고 싶은 것을 이야기하는 편이 모두를 위해 더 낫다.

우리에게는 선택권이 있다. 영감을 주거나 환상을 깨뜨리거나. 힘을 실어주거나 힘을 빼앗거나. 어느 쪽을 선택하겠는가?

AUG 4

자녀를 과소평가하는 사람이 되지 말자

> 그릿Grit에 도움이 되는 양육 방식은 대부분의 다른 일에도 도움이 되는 양육 방식이다. 매우, 매우 까다롭게 요구하되 매우, 매우 적극적으로 지원하는 것이다.
>
> -앤절라 더크워스Angela Duckworth

에드 스택은 훌륭한 아이였다. 그는 조용하고 성실하게 가족이 운영하는 스포츠 용품점에서 일했다. 그는 충분한 돈을 모았고 가업을 물려받아 성장시켰다. 그에게는 자신이 처음 오픈한 대형 할인점에 대한 일화가 있다.

가족들은 이전에 기껏해야 2,000평방피트 크기의 상점을 운영했다. 그가 새로 연 상점은 최대 2만 평방피트 규모였다. 이 매장은 사업에 큰 변화를 일으켰고 매출도 급증했다.

나이키의 담당자는 이 회사의 창립자였던 에드의 아버지와 대화하던 중, 상점을 크게 성장시킨 아들이 자랑스럽지 않냐고 물어보았다. 당시 함께 있었던 에드는 아버지의 대답을 기억한다. "칭찬에 인색했던 아버지는 그를 바라보며 '당신 말이 맞아요. 좋은 영업 실적을 거뒀어요. 첫 달에 예상했던 것보다 25퍼센트 높은 실적을 거뒀죠. 그러니 생각만큼 똑똑하지는 않아요'라고 말했어요."

인정받고 싶었던 사람에게 이런 말을 들어본 적이 없는 사람이 있을까? 마음에 없이 빈정대는 듯한 칭찬 말이다. 이것은 자녀의 콧대를 꺾어놓고, 결점을 찾으며, 자녀의 불안을 이용하는 방식이다. 얼마나 말도 안 되는 소리인가! 에드의 아버지는 자신의 사랑을 보여줄 기회를 잡는 대신에 자신의 연약한 자아가 이를 방해하게 내버려두었다.

좋은 부모가 되기 위한 최소한의 조건은 *자녀의 기를 꺾지 않는 것*이다. 잘못된 점을 찾지 말고 잘한 점을 찾아서 칭찬해 주자! 아이들의 기운을 꺾지 말고 기운을 북돋워 주자. 그것이 아이들이 가장 바라는 것이다.

더 나은 형태의 동기부여가 있다

AUG 5

스포츠, 정치, 사업, 심지어 예술에 이르기까지 가장 야심 차고, 가장 열심히 일하며, 가장 큰 위험을 감수하는 사람들 일부에게는 하나의 비슷한 특징이 있다. 그들은 여성이든 남성이든 모두 무언가를 열망하고, 무언가를 증명하려 한다는 것이다. 그들은 아버지의 인정이나 가족들의 사랑을 받고, 의심하는 사람들 앞에 보란 듯이 증명하며, 트라우마에서 최대한 멀리 벗어나려 노력한다.

하지만 이것을 진정한 생산적인 연료라고 보기는 어렵다. 부모로서도 마찬가지일 것이다. 세상에는 고통이나 학대를 수반하지 않는 다양한 형태의 연료가 존재하기 때문이다. 타이거 우즈에게는 아버지의 지나친 관심과 방임이 골프 선수로 성공하기 위한 기반이었다. 그게 타이거 우즈에게 도움이 되었는가? 물론이다. 하지만 타이거가 얼마나 재능이 뛰어나고 똑똑하며 성실한지를 생각하면 전쟁포로 같은 고문을 받지 않고도 큰 성공을 거둘 수 있었을 거라고 생각하지는 않는가?

힘들고 어려운 일을 시키는 것은 자녀의 성공에 도움이 될 수 있다. 당신은 이런 일들로 자녀의 성공에 도움을 주었을지도 모른다. 고함, 직설적인 말, 끝없는 운동, 정서적 조작 등. 이런 방법은 효과가 있지만, 감정적으로 큰 대가를 치르게 된다. 반면에 격려나 진심 어린 지지는 똑같이 효과가 있으면서 자녀와의 관계를 더 가깝게 해줄 뿐만 아니라 두 사람을 모두 더 나은 사람으로 만들어주는 추가적인 이점이 있다.

옳은 형태의 동기부여를 선택하자. 가장 가혹한 방식은 피하자.

AUG 6 — 무심코 나오는 부정적인 말을 피한다

> 하늘이 그대들에게 맡긴 이 순진하고 무력한 피조물, 선하게 키워야 하는 이 피조물의 미래를 행복이나 불행으로 이끄는 것은 그대들의 손에 달려 있다.
>
> －메리 울스턴크래프트 쉘리 Mary Wollstonecraft Shelley

주의를 기울이지 않으면 무심코, 무의식적으로 부정적인 말을 하기 쉽다. 네 방은 왜 이렇게 더러워? 오늘 왜 이렇게 기분이 안 좋니? 얘, 그만해! 이건 손대지 마. 안 돼, 지금은 TV를 볼 수 없어. 네 방은 왜 깨끗하지 않아? 안 돼, 그건 먹으면 안 돼. 이 시험에서 받은 성적은 실망스럽구나. 그건 현실적이지 않은 것 같다. 다른 일을 시도해 봐야 하지 않을까? 난 그런 것 같지 않아. 넌 내가 뭐라고 대답할지 알잖아. 대답은 '노No'야.

이것은 당신이 나쁜 부모가 아니라 좋은 부모이기 때문에 일어나는 일이다. 당신은 규칙을 만들고 그 규칙을 따르게 한다. 당신은 기대치를 설정하고 아이들이 그 기대치를 충족하도록 밀어붙인다. 당신은 무엇이 최선인지 안다. 당신은 아이들을 안전하게 지키고 싶으며 가정도 잘 꾸려나가야 한다.

하지만 주의하지 않으면 자녀와의 모든 상호작용이 부정적으로 이뤄질 수 있다. 아이들의 관점에서는 부모와의 대화가 끝없는 실망의 연속처럼 느껴질 수 있기 때문이다. 그러다 보면 당신은 자신도 모르는 사이 아이들에게 좌절감을 주는 목소리가 되어있을 수 있다.

그것이 당신의 모습인가? 아이들과 그런 관계를 맺고 싶은가? 그렇지 않다면 주의를 기울여야 한다. 말을 조심하자. '예스Yes'와 '노No'를 각각 몇 번씩 이야기하는지 세어보자. 무엇에 집중할지 의도적으로 생각해 보자. 사소한 것은 흘러가게 두고, 긍정적으로 생각하자.

자녀와 노는 것이 전부다

AUG 7

남북전쟁이 일어나기 전 몇 년은 율리시스 S. 그랜트에게 힘든 시기였다. 그는 가족을 위한 삶을 살기 위해 고군분투하고 있었다. 그에게는 한 번의 실패한 경력, 좌절과 실망의 끝없는 고단함, 연이은 고난에 대한 슬픔이 있었다.

이런 그의 삶에도 한숨을 돌릴 수 있는 때가 있었다. 그에게는 매일 퇴근 후 현관문을 열면 그와 싸움을 하기 위해 기다리는 아들 제시가 있었다. 제시는 아빠를 이길 수 있다고 자랑하곤 했다. 그랜트는 진지한 표정으로 이 작은 소년을 바라보며 "제시, 난 정말 싸우고 싶지 않아. 하지만 네 덩치의 남자가 이런 식으로 괴롭히는 건 참을 수 없어"라고 도발에 대답했다. 그러면 제시는 아빠를 넘어뜨릴 때까지 몸을 던졌다. 바닥에 쓰러진 그랜트는 쓰러진 사람을 이렇게 공격하는 건 정당하지 않다고 외치며 자비를 구했다.

불과 몇 년 후, 그랜트의 불독 같은 고집과 강인함은 미국을 깜짝 놀라게 했고 나아가 그는 나라를 구했다. 잔혹한 전투를 거듭하며 남부연합군의 허를 찌른 것은 바로 그랜트였다. 하지만 그를 가장 잘 아는 사람들은 그가 얼마나 부드러운 사람인지 알고 있었다. 그가 무엇보다도 가족을 사랑했다는 사실을 말이다.

당신이 어떤 일을 하든지, 얼마나 절망적인 상황이든지 상관없이 자녀와 함께 노는 것은 멋진 일이다. 자녀가 어릴 때 함께 놀아주자. 자녀가 나이가 많아지거나 당신이 나이가 많아져도 그들과 함께 놀자. 그들과 즐거운 시간을 보내자. 함께 동심으로 돌아가자. 놀고, 놀고, 또 놀자.

AUG 8 | 당신의 진심을 숨기지 말고 표현하라

아이는 부모의 인정을 받기 위해 노력하고 또 노력하지만 그런 때는 결코 오지 않을 것 같다고 느낀다. 그 과정에서 고통과 원망, 혼란을 느낀다. 고통스럽고 억울한 긴 시간을 보내고 나서야 깨닫는다. 아이는 지금까지 간절히 바라던 부모의 인정을 받고 있었다. 단지 모르고 있었을 뿐이다.

이것은 테드 윌리엄스의 딸 클라우디아 윌리엄스의 이야기다. 그녀는 만족시키는 게 불가능했던 아버지가 남긴 쪽지를 유품 더미 속에서 발견했다.

쪽지에는 "나의 아름다운 딸에게"라고 적혀있었다.

훌륭한 출판인인 소니 메타의 이야기도 있다. 메타의 사망 기사에 로저 코언은 이렇게 썼다.

외교관이었던 메타의 아버지가 비엔나에서 돌아가셨을 때 메타는 아버지의 책상에서 아들에 관한 모든 기사를 모아둔 폴더를 발견했다. 아들에게 한 번도 칭찬을 해준 적이 없던 아버지의 자부심이 고스란히 드러났다.

가슴 아픈 이야기다. 그들은 왜 살아있을 때 자녀에게 자랑스러운 마음을 표현하지 않았을까? 그 세대의 특징이었을까? 그들은 그렇게 하는 게 아이들을 더 나은 사람, 더 강인한 사람으로 키우는 데 도움이 된다고 생각했을까? 왜 그들은 짐 발바노의 아버지처럼 자녀의 팬이 되어주지 않았을까?

우리는 이 질문들의 답을 영원히 알 수 없다. 단지 우리는 자녀들에게 더 이상 같은 실수를 저지를 수 없을 뿐이다. 우리는 기다려선 안 된다. 우리의 감정을 종이 더미 안에 숨기거나 책상 서랍에 감춰선 안 된다. 아이들에게 지금 이야기해 주고 지금 보여줘야 한다. 우리가 너를 응원하고 있다고. 우리가 너를 사랑한다고. 우리는 너를 믿고 있다고. 우리는 너를 자랑스러워한다고. 왜냐하면 우리는 정말 그렇기 때문이다. 그리고 아이들은 너무 늦기 전에 부모의 마음을 알 자격이 있다.

우리는 잔디를 키우는 게 아니다

AUG 9

1984년, 야구 명예의 전당 헌액식 연설에서 하먼 킬러브루는 아버지, 형과 함께 앞마당에서 놀던 시절에 대한 이야기를 들려주었다. 저녁 식사 시간이라고 알려주러 나온 어머니는 잔디를 짓밟고 있는 아이들을 꾸짖었다. 그러자 아버지가 말했다. "우리는 잔디를 키우는 게 아니라 남자애들을 키우고 있는 거야."

부모로서의 성공은 뒷좌석에 티끌 하나 없는 깨끗한 자동차를 소유하는 것으로 정의되지 않는다. 절대 깨져선 안 되는 섬세한 장식품들이 완벽하게 놓인 집으로도 정의할 수 없다. 아이의 방은 아이가 논 흔적이 있어야 한다. 집은 사람의 온기가 느껴져야 한다. 거실 여기저기에 아이들의 지문이 묻어 있어도 괜찮다.

말대꾸를 하지 않는 아이를 키우는 것이 당신의 일인가? 조심스럽게 발끝으로 걷거나 얌전하고 조심스러운 아이를 키우는 것이 정말 당신의 일인가? 아니면 자기만의 의견과 꿈을 자신감 있게 표현하며 그것을 실현할 수 있는 능력을 가진 아이를 키우는 것이 당신의 일인가?

마당은 아이들이 뛰어놀기 위해 있는 곳이다. 자전거는 차고에 깨끗한 상태로 보관하기 위한 것이 아닌 아이들이 타고 놀기 위해 만들어진 것이다. 마룻바닥은 긁히고 음식물로 더러워지기도 할 것이다. 거실에는 지저분한 물건이 쌓일 것이다. 소음도 발생할 것이다.

그래도 좋다. 우리는 티끌 하나 없이 고요한 집을 유지하려는 게 아니다. 우리는 건강하고 정서적으로 안정되며 행복한 어린이들을 키우는 중이다.

AUG 10

함께 슬라임을 가지고 놀자

오랫동안 지니 개피건의 집에는 슬라임을 언제, 어디서, 어떻게 만들 수 있는지에 대한 규칙이 있었다. 어쩌면 당신의 자녀는 이제 슬라임을 갖고 놀기엔 너무 커버렸을 수도 있지만, 지니의 딜레마는 충분히 이해할 수 있을 것이다. 아이들이 슬라임을 갖고 노는 것을 아무리 즐거워해도 나중에 치우는 것은 골치 아프다. 게다가 결국 누구의 손에 수세미와 키친타월이 들려있겠는가?

하지만 어느 순간, 코미디언 짐 개피건의 아내이자 다섯 명의 자녀를 둔 엄마인 지니 개피건은 이 규칙을 없애고 싶어졌다. 생명을 위협하는 뇌종양과 싸우고 난 후였다. "저는 한 번도 아이들한테 '슬라임을 어떻게 만드는지 나도 가르쳐줄래?'라고 물어본 적이 없다는 걸 깨달았어요. 전 한 번도 아이들과 함께 슬라임을 만져본 적이 없었죠. 슬라임을 *제재*하는 데만 집중한 거예요."

놀이 후 뒤처리를 하고 싶지 않다는 이유로 아이들의 관심사를 금지시키기엔 인생은 너무 짧다. 생각해 보자. 우리는 물건과 관련한 부정적인 규칙을 얼마나 많이 정해놓았는가? 소파에서 음식물 먹지 않기. 카펫에서 신발 신지 않기. 놀이방 밖으로 장난감 가지고 나가지 않기. 이런 규칙들은 부모의 삶을 수월하게 만들기 위해 고안되었지만, 의도치 않은 부작용으로 아이들의 삶을 덜 재미있게 만들고 있다.

동시에 우리는 *자신을 위한* 긍정적인 규칙도 *많이 만들지 않았다*. 흥미를 갖는 것에 대한 규칙을 만들어보는 건 어떤가? 함께 놀고 즐거운 시간을 보내는 것에 대한 규칙은? 아이들의 흥미를 억제하기보다 장려하는 규칙을 만들어보는 것도 좋다.

슬라임을 금지하기보다 아이들과 함께 슬라임을 갖고 놀아보자.

자녀에게 어떤 목소리를 들려주고 있는가?

AUG 11

우리는 항상 머릿속에서 나오는 내면의 목소리를 듣는다. 평생 그래왔다. 당신에게 무엇이 옳은지, 무엇을 해야 할지 알려주는 바로 그 목소리다. 이 목소리는 때로 고약한 목소리를 내기도 한다. 당신은 충분하지 않다고, 모두가 당신을 꿰뚫어 보고 있다고, 당신은 절대 기대에 미치지 못할 것이라고 속삭인다.

수많은 운동선수와 엘리트 리더를 연구한 행동 심리학자 짐 로허 박사는 이 내면의 목소리가 성공을 만드는 중요한 열쇠라고 강조한다. 그는 한 인터뷰에서 "아무에게도 들리지 않는 그 목소리의 톤과 내용이 정말 중요하다는 것을 발견했습니다. 우리에게 있어 인생의 궁극적인 코치는 바로 그 내면의 목소리라는 것을 깨달았죠"라고 말했다.

이 목소리는 어디서 나오는 것일까? 이 목소리는 애초에 어떻게 형성되는 것일까? 대부분의 경우 부모가 만들어준다. 로허는 내면의 목소리에 대해 "빠르면 5세부터 형성되기 시작하는데, 기능적이든 역기능적이든 당신의 삶에 있어 권위자의 위치에 있는 사람으로부터 형성된다"라고 설명했다.

이 이야기를 듣는 부모는 모두 정신이 번쩍 들 것이다. 우리는 평생 아이들의 머릿속에 남아있을 목소리에 대한 책임이 있는 것이다. 그 내면의 목소리가 현명하고 인내심 있는 조상의 목소리가 될지, 아니면 잔인하고 통제 불가능한 유령의 목소리가 될지는 부모의 손에 달려있다. 부모는 그 목소리가 양심적이고 친절한 목소리가 될지, 의심 많고 불안한 목소리가 될지를 결정한다. *우리가 아이들에게 무엇을 말하고, 무엇을 보여주느냐에 따라 결정된다.*

매일, 모든 순간.

AUG 12 — 내 아이가 행복해하는가

아이들을 착하게 만드는 가장 좋은 방법은 아이들을 행복하게 만드는 것이다.

–오스카 와일드 Oscar Wilde

작가인 리치 코언은 하키를 좋아한다. 그는 아이들이 하키를 잘하는 모습을 보는 것을 좋아한다. 다른 부모들과 마찬가지로 그는 아이들이 경기 시간을 보장받지 못하거나 경기 중에 존중받지 못하는 등 곤란이나 어려움을 겪는 것을 싫어한다.

그는 책 《피 위 Pee Wees》에서 아들의 감독과 나눈 대화를 들려준다. 리치는 아들이 마땅히 받아야 할 출전 시간을 얻지 못했다고 생각했고, 감독에게 이의를 제기하러 갔다. 하지만 감독은 리치와 긴 대화를 할 만큼 여유가 없었다. "하나만 물어보죠. 마이카가 행복해하나요?" 감독이 물었다. "네." 리치가 대답했다. "마이카가 여기서 즐거운 시간을 보내나요?" "네." 리치는 인정할 수밖에 없었다. 그러자 감독은 모든 부모가 꼭 기억해야 할 질문을 던졌다. "그럼 도대체 뭐가 문제입니까?"

만약 아이들이 즐거워하고, 행복해하고, 무언가를 배우고, 팀원들과 유대관계를 잘 쌓고 있다면 다른 것은 중요하지 않다. 부모의 의무는 아이를 성공에 최적화된 사람으로 만드는 게 아니다. 현재에 집중하는 방법, 좋아하는 것을 찾는 방법, 선한 사람이 되는 방법, 삶이 던져주는 상황에 대응하는 방법을 가르치는 것이다. 그게 전부다.

그 외의 문제는? 우리가 신경 쓸 필요가 없다.

당신이 줄 수 있는 영향에 주의하자

AUG 13

조지 6세는 자신의 딸들을 "나의 자랑거리와 기쁨"이라고 불렀다. 더 정확히 말하면, 엘리자베스 공주는 "자랑거리"였고 마거릿 공주는 "기쁨"이었다. 두 사람은 시간이 지나서야 그 별명에 담긴 슬픈 의미를 깨달았다. 한 명은 그가 자랑스러워하는 딸이고 다른 한 명은 함께 즐거운 시간을 보내는 딸이기 때문에, 엘리자베스 공주와는 행복함을 덜 느끼고 마거릿 공주에게는 자부심을 덜 느낀다는 뜻이었다. 이것이 그저 농담 섞인 발언이었다면, 그 말에 진실이 없었다면, 만약 그의 행동이 이를 뒷받침하지 않았다면 좋았을 것이다.

우리는 "수월한 아이"와 "까다로운 아이", "가장 예뻐하는 아이"와 "특별한 아이" "걱정인 아이" 등에 대해 쉽게 농담한다. 일상적인 대화에서 자녀에 대해 무심코 던진 말이 얼마나 많을지 상상할 수도 없다.

우리는 그렇게 던지는 말들의 영향력을 생각해 봐야 한다. 왜냐하면 아이들은 언제나 우리의 말을 듣고 있고, 귀를 기울이고 있기 때문이다. 아이들은 항상 자기 자신과 이 세상에서 자신의 위치를 이해하려고 애쓴다. 아이들이 어렸을 때 우리가 한 말들은 나중에 그들이 컸을 때 다시 떠오를 것이고, 그 말은 좋든 나쁘든 아이들의 인생 이야기에 영향을 미칠 것이기 때문이다.

AUG 14 | 자녀의 미래와 부모의 미래를 같이 생각하지 않는다

조앤 디디온은 스탠퍼드대학교에 합격하지 못했다. 그녀는 절망했다. 그녀의 아버지는 딸을 한번 바라보더니 어깨를 으쓱할 뿐이었다. 어떤 사람은 아버지가 딸의 마음을 공감해 주지 않아서 그녀가 더 고통스러워하거나 좌절했을 것이라고 생각할 수도 있다. 하지만 시간이 지나면서 디디온은 아버지가 그때 보여준 반응이 옳았음을 이해하게 되었다.

디디온은 1968년 대학 시절에 쓴 에세이에서 "부모들이 자녀의 장래에 대해 이야기하는 것을 들을 때마다 나는 어깨를 한 번 으쓱하던 아버지에게 감사하는 마음이 든다"라고 썼다. 그러고는 이렇게 덧붙였다. "내가 우려하는 것은 부모들이 자녀의 장래를 자신의 장래와 결부해서 생각하고, 아이에게 부모의 더 큰 영광을 위해 성공하길 요구한다는 점이다."

아버지는 그의 정체성을 딸이 어느 대학에 합격하는지에 두지 않았기 때문에 어깨를 으쓱일 수 있었다. 딸이 얼마나 *그녀의* 정체성을 대학교 합격 여부에 두었는지 조금 더 이해해 주었다면 좋았겠지만, 어쩌면 그게 바로 핵심일지도 모른다. 그는 딸에게 대학 입학보다 훨씬 덜 피상적인 것에 따라 인생의 성공과 실패가 결정된다는 사실을 보여주고 싶었던 것이다.

우리는 아이들을 격려한다. 아이들이 성공하도록 돕고 싶다. 하지만 아이들의 영광을 우리의 것과 혼동해선 안 된다. 아이들이 부모를 감동시켜야 한다거나 자랑스럽게 만들어야 한다고 생각하거나, 실망시킬까 봐 걱정하게 해선 안 된다. 또한 아이들이 어떤 학교를 가는지(혹은 가지 않는지)는 그들이 부모에게 어떤 존재인지, 혹은 그들이 인생에서 어떤 일을 할 수 있는지에 어떤 영향도 미치지 않음을 가르쳐주어야 한다.

세상에서 가장 쉬운 일이어야 한다

AUG 15

육아는 너무 어렵다. 아이들을 안전하게 지켜야 하고, 밥도 먹여야 하고, 가장 좋은 학교에 보내야 하며, 그 학교에서 좋은 성적도 받게 해야 한다. 이뿐만 아니라 각종 고지서를 해결하기 위해 돈도 벌어야 하고, 아무도 대신 처리해주지 않는 나만의 문제도 해결하면서 머피의 법칙이 존재하는 세상을 헤쳐나가야 한다.

그런 의미에서 육아는 불가능한 기대치를 가진 불가능한 임무다. 하지만 다른 측면에서 보면 부모가 되는 것은 사실 세상에서 가장 쉬운 일이다. 아이들이 무엇을 필요로 하는가? 부모에게 진정으로 요구하는 건 무엇인가? 아이들은 부모가 사랑해 주길, 있는 그대로 받아들여 주길, 지지하고 용기를 북돋워 주길, 응원해 주길, 자신의 가장 열렬한 팬이 되어주길 바랄 뿐이다.

그 어떤 것도 — 말 그대로 죽음이 아니면 그 어떤 것도 — 당신이 그렇게 하는 것을 막을 수 없다. 아니, 솔직히 아이들을 믿는 게 그렇게 힘든 일인가? 용기를 북돋워 주는 게 그렇게 어려운 일인가? 무슨 일이 일어나든지, 다른 사람이 뭐라고 말하든지 상관없이 자녀에게 선함과 잠재력이 있다는 사실을 상기시켜 주는 것이 그렇게 어려운가?

죽음도 당신이 그렇게 하는 것을 막을 수 없다. 당신이 지금부터 아이들에게 필요한 것을 기쁘게, 규칙적으로, 진심을 담아 해준다면 그것은 자녀가 살아있는 동안 머릿속에 내면의 목소리로 계속 남을 것이기 때문이다.

AUG 16 — 아이들의 원동력은 당신이다

당신은 무함마드 알리가 자신을 믿어줄 누군가를 필요로 하지 않았던 사람이라고 생각할 수도 있지만, 그것은 당신이 그의 성장 후 모습만 보았기 때문이다. 당신은 자신감 넘치는 복싱선수이자 뛰어난 자기 홍보가, 기술의 대가, 두려움을 모르는 전사의 모습만 보았을 것이다.

하지만 그에게도 다른 아이들처럼 겁 많던 어린 시절이 있었다. 그는 인종차별이 있던 시절, 켄터키주 루이빌에 있는 센트럴고등학교에서 힘든 시기를 보낸 캐시어스 클레이라는 흑인 소년이었다. 일과 삶에 지친 그의 부모는 아들에게 기대하는 것이 거의 없었고, 세상에 기대하는 것은 더욱 없었다.

하지만 캐시어스 클레이를 믿어준 한 사람이 있었는데, 그 믿음은 모든 것을 바꿔놓기에 충분했다.

"여러분, 캐시어스 클레이를 소개합니다! 차세대 세계 헤비급 챔피언으로 이 소년은 곧 어마어마한 돈을 벌게 될 거예요!" 학교 교장선생님인 애트우드 윌슨은 그를 보며 외쳤다. 몇 명의 선생님들이 공부가 아닌 운동을 우선순위에 둔 캐시어스를 낙제시키려 할 때도 교장선생님만큼은 이 어린 소년에 대한 믿음을 보여주었다. "제가 캐시어스 클레이가 졸업하지 못한 학교의 교장이 될 거라고 생각하세요?" 그가 말했다. "캐시어스는 내 학교에서 낙제하지 않을 거예요. 내가 그를 가르쳤다고 말할 겁니다."

무함마드 알리는 경기에서 왜 그렇게 열심히 싸웠을까? 바로 누군가가 그를 위해 싸워주었기 때문이다. 모든 아이에게는 이런 사람이 필요하다. 자신을 믿어주는 누군가.

당신의 자녀에게는 이런 사람이 있는가? 당신의 자녀를 가장 먼저, 가장 큰 목소리로, 가장 결연하게 응원해 줄 사람이 있는가? 그 사람은 바로 당신이다.

아이들에게 충분히 줘야 하는 것

> 선수들에게 좋은 말을 건네서 나쁠 건 없다.
>
> -빌 러셀Bill Russell

엘리자베스 2세 여왕의 직업은 어딘가 이상한 면이 있었다. 그녀의 일상 업무는 무엇이었는가? 말하기 어렵다. 그녀가 *하지 않은* 일들을 이야기하는 것이 더 쉽다. 그녀는 한 번도 법을 통과시킨 적이 없고, 지도자를 선출한 적도 없으며, 자신의 의견을 표명하지도 않았다.

하지만 엘리자베스 2세 여왕은 많은 상을 수여했다. 그녀는 재위 70년 동안 말 그대로 수십만 개의 상을 수여했다. 그녀는 이렇게 말했다.

> 사람들은 때때로 칭찬받을 필요가 있다. 그렇지 않으면 매우 삭막한 세상이 될 것이다.

맞는 말이다.

아이들보다 칭찬이 더 필요한 사람은 없다. 그리고 아이들은 다른 사람이 아니라 부모에게 가장 칭찬받고 싶어 한다. 오늘 잠시 시간을 내어 아이들에게 특별한 점을 알려주자. 아이들에게 칭찬의 말을 건네주자.

AUG 18 당신이 장난감이다

노는 법을 아는 것은 행복한 재능이다.
–랠프 월도 에머슨 Ralph Waldo Emerson

당신은 아들이 기차놀이를 하고 싶다고 하면 선반에서 기차 선로를 꺼내준다. 딸이 퍼즐놀이를 하고 싶다고 하면 퍼즐 조각을 펼치기 시작한다. 그런데 모든 부모가 이해할 수 없는 어떤 이유로, 아이들이 하고 싶다고 하는 것을 꺼내주는 순간 아이들은 흥미를 잃는다. 혹은 규칙대로 놀지 않거나 다른 것을 요구하거나 갑자기 다른 방으로 가고 싶어 한다.

격분한 목소리로 '그럼 무슨 장난감을 원해?!'라고 소리친다면 요점을 놓치고 있거나 최소한 오해하고 있는 것이다. 아이들에게는 당신이 장난감이기 때문이다. 아이들이 원하는 것은 당신과 함께 노는 것이다. 아이들은 인형을 갖고 놀고 싶은 게 아니라 당신이라는 인형과 놀고 싶은 것이다.

이를 이해하면 자녀의 나이와 상관없이 모든 것이 더 수월해진다. 십 대 자녀가 반항하는 이유는 무엇인가? 부분적으로는 당신을 화나게 하기 위해서다. 중학생 자녀는 왜 모든 것을 아는 척하는가? 당신이 어떻게 반응하는지 보기 위해서다. 왜 유아기 자녀는 물을 달라고 했다가 주스로 마음이 바뀌었다고 말했다가 사실 다른 주스였다고 말했다가 왜 이제 와서 화장실이 가고 싶다고 하는가? 재미있기 때문이다. 이것은 하나의 게임이다. 이 낯설고 통제 불가능한 세상에서 자신이 갖고 있는 약간의 권력을 가지고 노는 것이다. 그들을 지배하는 어른에게 힘을 휘둘러 보는 것이다.

그러니 안심하자. 그냥 즐기자. 어떤 일이 일어나고 있는지 이해하자. 이것은 퍼즐에 관한 것이 아니다. 아무것도 아니다. 그저 당신이 장난감이라는 사실만 기억하자.

부모는 자녀의
든든한 편이 되어야 한다

AUG 19

아치볼드 사우스비 경이 국회에서 랜돌프 처칠의 전쟁 기록에 의문을 제기한 것은 개인적인 의도가 있어서가 아니었다. 사실 그 직후, 아치볼드는 윈스턴 처칠과 악수를 시도하며 그저 정치적인 이유였음을 설명하려 했다.

하지만 처칠 부자에게는 그런 것이 존재하지 않았다.

윈스턴 처칠은 차갑게 말했다. "내게 말 걸지 마시오. 당신은 내 아들을 겁쟁이라고 불렀고, 당신은 내 적이 되었소."

윈스턴 처칠은 완벽하지 않은 아들의 든든한 편이 되어주며 그를 옹호했다. 우리도 그래야 한다.

윈스턴 처칠의 아버지는 아들을 지지해 주거나 믿어주지 않았다. 더 나은 아버지가 되기로 결심한 윈스턴은 같은 실수를 저지르지 않았다. 그는 아들의 편이 되어주었다. 랜돌프를 위해 싸웠고, 언제나 아버지에게 의지할 수 있다는 것을 알려주었다.

우리도 똑같이 해야 한다. 아이들은 살면서 실수를 하겠지만, 그럼에도 우리가 그들을 절대 실패자로 여기지 않을 것임을 알아야 한다. 아이들은 부모가 언제나 그들의 편이고, 그들을 위해 싸울 것이고, 누구도 그들을 부당하게 학대하거나 공격하게 내버려두지 않을 것임을 알아야 한다.

AUG 20

꿈을 응원해 준다

부모가 자녀를 믿지 못해서가 아니다. 세상이 얼마나 힘든 곳인지 알기 때문이다. 가능성이 얼마나 낮은지도 알고 있다. 그리고 무엇보다 부모는 자녀에게 해가 되거나 실망감을 안겨주고 싶어 하지 않는다. 그래서 자녀가 학교를 중퇴하려 하거나 뮤지션이 되려고 하거나 직장을 그만두고 창업하려는 것을 막으려고 한다. 단지 걱정이 돼서 그렇다.

앞에서 이야기한 역사상 가장 위대한 코미디 배우 중 한 명인 윌 페럴도 이런 식으로 부모에게 도전장을 내밀었다. *네가 스케치 코미디언이 되겠다고? 뭐?!?* 뮤지션이었던 그의 아버지조차도 아들이 불확실하고 안정적이지 않은 커리어를 시작하겠다는 것에 의구심을 품었다. 하지만 다행히도 윌에게 조언을 하기 전에 아버지는 자신을 돌아보았다. 로이 리 페럴은 자연스럽고 당연한 걱정을 뒤로 제쳐두고 아들에게 지지와 믿음을 보여주었다. "난 너에게 재능이 있다고 생각하지만 아주 많은 운도 필요할 거야. 혹시 성공하지 못한다고 해도 걱정할 것 없어. 다른 일을 시도하면 되니까 말이야."

로이 리는 자신의 경험을 바탕으로, 많은 사람이 꿈꾸는 직업 분야에서 성공하는 것이 얼마나 힘들고 가능성이 희박한지 이야기하고 있었다. *너는 재능이 있고 난 너를 믿지만, 여기서 성공하는 것은 정말 힘들 거야. 만약 잘 풀리지 않는다면 그건 업계의 불명예일 뿐이지 너라는 사람에게 불명예가 아니라는 사실을 명심해야 해.*

이것은 자녀에게 줄 수 있는 놀라운 선물이다. 도전할 수 있는 권한과 실패할 권한을 함께 주는 것이다. 그들이 어느 쪽을 선택하든, 어떤 길을 가든, 어떤 높이까지 도달하든, 어떤 점수를 얻든 부모는 자녀를 지지할 것이라는 신호다.

아이들의 어린 시절을 존중하자

AUG 21

유소년 하키의 렌즈로 본 육아에 관한 리치 코언의 책에는 또 다른 멋진 장면이 나온다. 리치는 극도로 불공정한 과정으로 팀에 들어가지 못한 아들을 위로한다. 리치는 아들이 화를 내거나 최소한 어떤 일이 일어난 상황인지 정도는 알고 있을 거라 예상했다. 그는 이렇게 썼다. "아들은 괴로워하긴 했지만 엄청나게 충격을 받거나 화를 내진 않았다. 그 모습에 내가 화가 났다. 왜 내가 아들보다 더 신경을 썼던 것일까?"

좋은 질문이다. 왜 당신이 자녀들보다 더 신경 쓰는가? 왜 아이들은 상처받지 않았는데 그것이 상처받을 만한 일이었다고 말하며 많은 시간을 쏟는가? 왜 아이들이 모든 것을 당신처럼 심각하게 받아들여야 하는가?

아이들이 나이가 들면 이것들 중 일부는 그들의 문제가 될 것이다. 하지만 지금은?

그저 아이들이 어린 시절을 보낼 수 있게 놔두자. 그들은 어리다. 그들은 당신과 다르게 이해하고 다르게 느낀다. "어른"들의 방식이 더 낫다거나 더 옳다고 단정 짓지 말자. 아이들의 순수함에는 지혜가 있다. 아이들의 순수함에 경의를 표하자. 그럴 수 없다면 적어도 순수함을 망치지 않을 만큼은 아이들을 존중해 주자.

AUG 22 지키기 힘든 균형

부모는 아이들을 지지해 주는 것과 아이들을 몰아붙이는 것 사이에서 균형을 찾아야 한다.

마치 아이들이 공원에서 그네 타는 법을 처음 배울 때와 마찬가지다. 초반에는 아이가 그네의 흔들리는 동작에 익숙해질 때까지 최대한 지지해 주는 것이 중요하다. 그런 다음 약간 더 세게 밀어주기 시작한다. 하지만 너무 일찍 세게 밀면 그네가 바닥으로 떨어질 때 앞쪽으로 날아가거나 뒤쪽으로 넘어갈 수 있다. 그러한 연습으로 아이들은 그네가 움직이는 흐름에 익숙해지고, 체인을 자신감 있게 잡게 되며, 더 세게 밀면 그네가 어떻게 움직일지 예측할 줄 알게 된다. 그리고 마침내 그 순간이 오면, 아이는 스스로 바닥에 발을 굴러 최대한 높이 — 아이가 무서워하지 않고 올라갈 수 있을 것이라고 예측한 높이보다 더 높이 — 올라가기 시작한다.

자녀를 올바르게 키우려면 바로 그러한 변화가 일어나는 균형점을 찾고 유지해야 한다. 현재에 머무르는 것만으로 삶이 개선되는 사람은 아무도 없다.

델 컴퓨터의 창립자인 마이클 델은 이 개념과 관련하여 "기뻐하되 절대 만족하지 않는다"라는 회사 모토를 갖고 있다. 어쩌면 이것이 우리가 아이들에게 가르칠 수 있는 야망과 발전, 자기 계발에 관한 사고방식일지도 모른다. 또한 우리의 육아에도 적용해 볼 수 있는 방식이기도 하다. 훌륭한 감독들은 팀이 패배할 때보다 팀이 승리할 때 더 엄격하게 대한다는 사실을 기억하자. 그들은 기뻐하되 절대 만족하지 않는다. 그들은 팀이 가진 진정한 잠재력을 알고 이것을 실현하도록 도와주고 싶어 하기 때문이다. 당신이 자녀를 키울 때도 마찬가지다.

자녀에게는
설교가 필요한 게 아니다

AUG 23

> 제자들이 기억을 못 하거나 책을 읽을 때 눈빛이 흔들리면 제자들을 무참히 비난하는 스승과 제자들의 볼이 붉어질 정도로 훈계로 교정하고 가르치는 스승 중 어떤 스승이 더 덕망 있는가? 잔혹한 호민관이나 백부장을 보여주면 군사들을 탈주하게 만드는 사람이 누군지 알려주겠다.
>
> ─세네카 Seneca

존 스타인벡이 《에덴의 동쪽 *East of Eden*》을 집필할 당시, 아들 톰은 학교생활에 진지한 태도를 보이지 않았다. 그는 반항을 일삼았다. 스타인벡의 아내는 아들에게 이 문제로 설교를 해야 한다고 생각했다. 당시, 서로 매우 다르고 제멋대로인 두 아들에 관한 글을 쓰고 있던 스타인벡은 그것이 옳지 않음을 알았다. "톰에게는 설교 이상의 것이 필요하다." 그는 일기에 기록했다. "그에게는 끝없는 인내와 규율이 필요하다."

이것은 당신의 아이뿐만 아니라 우리 모두에게 필요한 것이다. 무한한 인내와 규율. 단호함이 있는 다정함. 설교를 듣고 싶어 하는 사람은 아무도 없다. 잔소리를 듣고 싶어 하는 사람도 없다. 우리에게 필요한 것은 이해와 책임감이다.

당신이 어릴 때 겪은 문제들을 떠올려보자. 당신이 반항하고, 학교 공부를 진지하게 받아들이지 않고, 말썽을 일으켰을 때 혼나는 것이 도움이 되었는가? 당신이 정말 원했던 것 — 당신에게 필요했던 것 — 은 누군가가 당신이 왜 이런 행동을 하는지 알아봐 주는 것이었다. 당신은 자신을 옳은 길로 인도해 주고 만약 그 길에서 벗어났을 때 어떤 결과가 초래되는지 깨닫게 도와줄 사람이 필요했다.

인내와 규율. 그것이 바로 당신에게 필요한 것이었다. 그러니 당신에게 필요했던 것을 자녀에게 주자. 아이들은 그럴 자격이 있다.

AUG 24 누군가, 무언가가 될 아이들

E. H. 해리먼은 뛰어난 사업가이자 놀랍도록 좋은 아버지였다. 그는 탐욕스러운 사업가로 유명했지만 가정에서는 자상했고 아이들과 잘 놀아주었다. 그는 인내심이 많았고 자녀들에게 좋은 가치관을 심어주었다.

그는 아들의 교장선생님에게 아들의 학교생활이 어떤지 묻는 편지를 보낸 적이 있다. 교장선생님이 보낸 답장에는 어린 애버렐이 "공부를 잘하고" 있으며 "꾸준히 성장"하고 있다고 적혀있었다. 힘은 얻은 그는 아들에게 영어 과목에서 성적을 "더 끌어올릴 수 있는지" 묻는 편지를 썼다. "나는 네가 다른 과목들도 더 잘할 수 있다는 걸 알아. 네가 이렇게 발전하고 있는 것은 고무적인 일이고 나는 네가 계속 성장해서 분명히 누군가, 무언가가 될 것이라고 확신한단다."

완벽한 문장이다. 그는 아들에게 만점을 받아와야 한다고 말하지 않았다. 아들이 기대에 못 미친다거나 쓸모없는 사람이라고 말하지 않았다. 성공은 반드시 다른 누군가보다 더 뛰어나야 한다고도 말하지 않았다. 짐 발바노의 아버지처럼, 해리먼은 아들이 무엇을 할 수 있는지, 아들과 같은 잠재력을 가진 사람에게 기대되는 것이 무엇인지 — 누군가, 무언가가 되는 것 — 알고 있었다.

자녀가 반드시 경제적으로 성공하거나 최고의 권력자나 유명인이 될 필요는 없다. 하지만 우리는 그들이 스스로 성공하길 바란다. 작은 교회의 존경받는 교인이 되든, 입법부의 수장이 되든 누군가가 되기를 바란다. 그리고 우리는 자녀가 무슨 일이든 이루길 기대한다. 인생은 선물이기 때문이다.

그 선물을 낭비하고 최소한의 일만 한다? 그것은 자녀와 우리 모두에게 실패다. 그러니 우리의 노력과 자녀에 대한 기대를 높여보자.

세상이 어떤 말을 하더라도

AUG 25

젊은 소설가였던 수전 스트레이트는 그녀의 멘토인 제임스 볼드윈에게 "계속 글을 써야 해. 그게 제일 중요해"라는 말을 들었다. 앞에서 이야기했듯, 아이를 낳는 순간 창작 활동이 끝난다고 믿었던 수전의 어머니로부터 들은 말과는 얼마나 다른 의미인지 상상해 보자.

우리가 스스로 물어봐야 할 질문은 바로 이것이다. 우리는 어떤 길을 선택하고 있는가? 우리는 아이들에게 자신만의 잠재력을 계속해서 발휘해야 한다고, *그것이 필수적이라고* 말하고 있는가? 아니면 우리의 행동으로 (혹은 행동을 하지 않음으로써) 그 반대를 이야기하고 있는가? 우리는 자신의 꿈을 죽이는 사람이 되어가고 있는가? 아니면 적극적으로 꿈을 키우는 사람이 되어가고 있는가?

우리가 꼭 생각해 봐야 할 중요한 질문이다.

자기 자신을 포기해서 좋은 것은 아무것도 없다. 물론 현실을 직시하고 다른 진로를 선택해야 할 수는 있지만, 그것은 그만두는 것과는 다르다. 당신이 좋아하는 일로 돈을 버는 것은 그 일을 더 잘하게 되거나, 당신의 잠재력을 극대화하는 것만큼 중요하지 않다.

부모가 자녀를 응원하고 자녀의 팬이 되는 것은 너무 중요하다. 우리는 아이들을 격려하고, 계속 나아가라고 말해줘야 한다. 앞으로 나아가면 더 많은 것이, 더 좋은 것이 기다리고 있다고 알려줘야 한다. 세상은 여기저기 정지 표지판을 세우고, 장애물을 세우고, 가슴 아픈 일을 겪게 할 것이다. 우리가 거기에 더할 필요는 없다. *그 반대의 일을 해야 한다. 아이들을 믿어줘야 한다.*

AUG 26

안부를 묻는 것은 당신의 일이다

드라마 〈사인펠드 Seinfeld〉에서 조지의 부모인 프랭크와 에스텔 코스탄자만큼 시청자의 눈길을 사로잡는 인물은 없다. 그리고 당연하게도 그들만큼 조지를 불행하게 만드는 사람도 없다. 프랭크와 에스텔은 엉뚱하고 터무니없는 부모다.

한 에피소드에서 조지는 매주 부모님에게 전화를 걸어야 했는데, 이 일이 너무 부담스러워서 항상 전화하기 전에 이야기할 내용을 생각해 놓아야 할 정도였다. 물론 반전은 조지의 부모도 매주 하는 통화를 두려워한다는 것이다. "일요일마다 받아야 하는 전화라니"라고 하면서 그들은 마침내 불평하고 만다.

현실적으로 이것은 정확히 거꾸로다. 왜 조지가 연락을 해서 안부를 묻는가? 그건 부모가 해야 할 일이다.

당신의 아이는 이 삶을 선택하지 않았다. 당신이 한 것이다. 그게 무슨 의미일까? 아이가 컸을 때 "넌 왜 연락이 없니?"라고 잔소리하지 않아야 한다는 뜻이다. 그건 당신의 일이다.

그렇긴 해도 아이들이 당신에게 전화를 걸고 안부를 물으며 근황을 공유하는 관계를 원한다면, 아이들이 훨씬, 훨씬 어릴 때부터 시작해야 한다. 어느 날 갑자기 아이들이 당신에게 마음을 열고 속마음을 털어놓길 기대해선 안 된다. 아이들은 어떤 속마음을 털어놓아야 하는지, 혹은 *자기가 힘들어하고 있는지*조차 잘 알지 못하기 때문에 당신이 아이들의 안부를 물어야 한다. 아이들은 아직 경험이나 관점이 부족하다.

이런 문제에 있어서는 "그냥 곁에 있는 것"만으로는 충분하지 않다. 먼저 손을 내밀어야 한다. 당신이 조심스럽게 캐물어야 한다. 아이들이 자신의 감정을 깨달을 수 있게 도와주어야 한다. 그저 곁에 있는 것 이상으로 적극적이어야 한다.

다른 사람들도
같은 노력을 하고 있다

AUG 27

당신의 동료나 상사, 혹은 당신을 위해 일하는 사람들도 직장 밖의 삶이 있다. 당신처럼 그들도 누군가의 어머니이자 아버지이고, 누군가의 딸이자 아들이다. 당신처럼 인간관계가 있고 자녀가 있으며, 모든 삶의 균형을 맞추기 위해 애쓰고 있다. 당신처럼 그들도 가족을 우선순위에 두고 자녀의 팬이 되기 위해 노력하고 있다.

전설적인 NBA 감독인 그레그 포퍼비치는 엄격한 상사이지만, 함께 일하는 사람들을 도우려고 최선을 다하는 사람이다. 그의 전 어시스턴트 코치였던 마이크 브라운은 자신이 가족과 별거 중이던 시절의 이야기를 들려준다. 그의 두 아들은 콜로라도에서 엄마와 함께 살다가 일주일 동안 샌안토니오로 그를 만나러 왔었다. 브라운은 원정 경기를 떠나기 위해 팀 비행기를 타기 전 공항에서 아들들과 작별 인사를 하려 했다. 두 아들은 아빠와 시간을 더 보내고 싶다고 울었다. 브라운은 포퍼비치 감독에게 전화를 걸어 문제가 생겼는데, 팀 비행기 출발 시간을 몇 분만 늦춰줄 수 있는지 물어보았다. 포퍼비치 감독은 브라운에게 아이들과 함께 시간을 보내라고 말했다. "아니요, 아니요, 아니요." 브라운이 말했다. "아이들은 괜찮을 거예요."

"만약 비행기에서 자네가 보이면 바로 해고야." 포퍼비치 감독이 말했다. "그건 말도 안 돼요! 저는 가야 해요." 브라운이 말했다. "내가 비행기에서 자네를 본다면 해고할 거라는 것만 기억해." 딸깍. 포퍼비치는 전화를 끊었다. 브라운은 비행기를 놓쳤고 두 아들과 3일을 함께 더 보냈다.

당신을 위해 이런 행동을 해주는 사람이 있다면 어떤 기분일지 상상할 수 있는가? 아마 모를 것이다. 하지만 당신이 누군가를 위해 이런 행동을 해준다면 조금 더 현실적으로 느낄 수 있을지도 모른다.

AUG 28 아이들을 이용하지 않는다

소셜미디어는 우리 마음의 가장 취약한 부분 중 하나인 보고, 듣고, 인정받고 싶은 욕구를 악용한다. 뛰어난 프로그래머들은 어떻게 좋아요Likes와 댓글, 팔로워 수가 이런 중독적인 충동을 보상하는지 알고 있다. 그들은 우리의 가장 큰 취약점을 하나의 게임으로 바꾸었다.

이것이 바로 부모가 걱정해야 할 부분이다. 불안함을 느끼거나 인정받고 싶을 때 자녀의 사진을 더 올리고 싶은 충동을 억제해야 한다. 스스로 물어보자. 이게 정말 아이가 원하는 것인가? 이게 정말 건강하고 적절한 행동인가? 아니면 쉽게 관심을 받고 자신감을 얻기 위해 아이들의 귀여움을 이용하는 것인가?

아이의 팬이 된다는 것은 식사 자리나 소셜미디어에서 아이를 자랑하거나 사람들에게 깊은 인상을 남기려는 것이 아니다. 자녀가 어떤 대학에 다니는지, 생일에 얼마나 귀엽게 옷을 입었는지 자랑하는 것이 아니다.

우리의 임무는 아이들을 보살피는 것이지 이용하는 것이 아니다. 자녀, 그리고 그들과 함께한 소중한 경험을 탐욕스러운 욕망의 먹잇감으로 만들지 말자.

너그러움을 잃지 않도록
가르쳐야 한다

AUG 29

승패에 대처하는 방식은 그 사람의 인성에 대해 많은 것을 보여준다. 아이에게 이것을 일찍 가르칠수록 승리와 패배가 가득한 바깥세상에 더 잘 대비할 수 있다.

세네카는 자신의 수필인 《화에 대하여》에서 자녀가 어려운 상황이거나 지는 상황에서도 너그러움을 잃지 않는 사람이 되도록 가르치기 위한 몇 가지 조언을 제시한다. 그는 다음과 같이 썼다.

> 동료들과 경쟁을 벌일 때 아이가 못마땅해하거나 벌컥 화를 내지 않게 해야 한다. 투쟁하는 사람들과 우호적인 관계를 유지하도록 하여 투쟁 자체에서 적대자를 해치지 않고 이기는 법을 배우게 해야 한다. 싸움에서 이기거나 칭찬할 만한 일을 했을 때는 아이가 승리를 즐길 수 있게 허용하되 기쁨에 도취되지 않도록 해야 한다. 기쁨은 의기양양함으로 이어지고, 의기양양함은 허풍과 과도한 자만심으로 이어지기 때문이다.

이것은 중요한 가르침이다. 우리는 아이들이 이기고자 하는 의지를 갖길 바라지만, 의지가 너무 강해서 그 의지에 사로잡히는 것은 원치 않는다. 아이들이 이길 때 기분이 좋길 바라지만 그 기분에 너무 의존하거나 중독되어서, 불가피하게 졌을 때 무너지지 않길 바란다. 성공이 그들의 에고를 키우거나 그들의 결점이 불안감이나 자기혐오로 이어지지 않길 바란다.

모든 일이 그렇듯 균형이 중요하다. 그리고 무엇보다도 아이들이 서로를 존중하고 책임감을 가지며 결과보다 과정을 즐기는 것이 중요하다.

AUG 30 — 성공하기 위해 필요한 것

몇 년 전, 작가인 맬컴 글래드웰은 객관적으로 재능 있고 엘리트 선수들로 가득한 NBA에서도 한 선수가 성공하기 위해서는 때때로 팀이나 감독(혹은 심리 훈련 전문가)이 바뀌어야 하는 경우가 있다는 사실이 얼마나 놀라운지 지적한 바 있다. 선수들은 두세 군데의 팀을 전전하며 실망스러운 시즌을 보내다가 주변 환경이 맞아떨어지고 그들에게 필요한 지원을 받을 때 어느 날 갑자기 엄청난 활약을 펼친다.

수백만 달러의 연봉을 받는 운동선수들도 자기 능력을 발휘하기 위해 이런 지지가 필요한데, 우리는 어떻게 아이들을 그저 아무 교실에 넣어놓고 그곳에서 성공하길 *기대할* 수 있는가? 어른들은 너무 쉽게 아이들을 — 심지어 우리의 자녀도 — 수학을 못하는 아이라거나 그저 그런 학생이라거나 집중력이 떨어지는 학생으로 낙인찍어 버린다. 너무 빠르게!

하지만 환경이 전부다. 주변 사람들도 중요하고, 타이밍도 중요하다. 우리는 인내심을 가져야 하고, 융통성도 발휘해야 한다. 멈추지 않고 아이들을 응원하고 믿어줘야 한다. 우리는 스포츠팀이 선수를 대하는 방식을 본받아야 한다. 우리가 매우 귀중한 자산을 쥐고 있다는 것을 기억하고, 일이 바로 잘 풀리지 않아도 절망하지 말아야 한다. 일이 잘 풀리지 않을 때 오히려 그들은 더 많은 투자를 한다. 그들은 선수를 탓하지 않는다. 그들은 시스템을 탓하고 그것을 바꾸려고 한다. 그리고 팬들은 계속 열광적으로 응원한다.

우리 아이들은 어떤 농구선수보다도 더 귀하다. 그리고 자녀의 교육은 경기를 잘하는 것보다 훨씬 더 중요하다.

팬이 되는 것은 쉽지 않다

AUG 31

여성은 책을 쓰는 작가가 되기는커녕 직업조차 갖지 못하던 시대였다. 일을 하는 여성은 존경받지 못했다. 그런데도 제인 오스틴의 아버지는 딸의 글을 출판사에 보내고 있었다. 클레어 토말린의 책 《제인 오스틴 *Jane Austen*》에 따르면, 그는 잘 알려진 출판사 카델에 "나는 이런 작품이 존경할 만한 출판사의 이름으로 첫선을 보이는 것이 어떤 결과를 가져오는지 잘 알고 있기에 이 작품을 보냅니다"라고 써서 편지를 보냈다.

자녀의 팬이 되어준다는 것은 가끔 축구 경기를 응원해 주는 것만이 아니다. 아이에게 특별하다고 말해주는 것만이 아니다. 당신이 먼저 나서서 아이들을 위해 위험을 감수하고 기꺼이 관습에 저항하는 것이다. 아이들에게도 하고자 하는 일에 있어 필요하다고 느끼면 관습에 저항할 수 있도록 격려하는 것이다.

당신은 자녀를 안정적이고, 자신감 있고, 유능하며, 성공할 수 있는 아이로 키우기 위해 평생을 노력해 왔다. 이러한 노력이 결실을 맺기 시작하면 진정한 도전이 함께 싹틀 것이다. 아이들이 자신의 안전지대의 경계선을 넓혀 가면서 당신도 안전지대에서 벗어나게 될 수도 있다. 하지만 그건 좋은 일이다. 그것이 바로 우리가 바라는 것이다.

우리는 아이들을 믿어야 한다. 그들의 팬이 되어야 한다. 아이들을 위해 기꺼이 위험을 감수해야 한다. 우리가 아이들을 믿지 않는다면 누가 믿어주겠는가? 진정한 팬이 되어주자. 쉽지 않은 일이지만, 훌륭한 부모들이 어떻게 항상 쉬운 길만 택할 수 있겠는가?

9
월

September

책 읽는 아이로 키우기

학습과 호기심에 관한 교훈

모두에게 공평한 것

SEP
1

모든 사람이 자녀에게 부를 물려줄 수 있는 것은 아니다. 대단한 인맥이나 우수한 유전자도 마찬가지다. 그렇다면 많은 아이들은 늘 불리한 입장에 있거나 인생을 힘들게 살아야 하는 걸까? 그렇지 않다. 모든 사람이 공평하게 언제든 활용할 수 있는 훌륭한 도구가 있기 때문이다.

프린스턴 농구팀의 유명한 감독 피트 캐릴은 어린 선수들에게 이렇게 이야기했다.

나의 아버지는 스페인 카스티야에 있는 레온 지방 출신으로, 베들레헴 철강 회사 노천에서 39년간 근무하셨어. 아버지는 매일 출근하기 전, 우리 남매에게 똑똑한 사람이 되는 게 얼마나 중요한지 강조하셨단다. "이 세상에서는 크고 강한 자가 항상 작고 약한 자의 것을 빼앗지만, 똑똑한 자는 강한 자의 것을 빼앗는단다"라고 말씀하셨지.

두뇌를 활용하라는 것은 아버지가 전하는 소박한 지혜다. 이것은 누구나 사용할 수 있고, 언제나 무료로 사용할 수 있는 약자들의 비밀 무기다.

SEP 2 — 이야기의 힘

> 사람들은 내가 꽤 많은 이야기를 한다고 말한다. 나도 그렇게 생각한다. 하지만 나는 오랜 경험을 바탕으로, 평범한 사람들은 다른 어떤 방법보다 훌륭하고 재미있는 실례에서 더 쉽게 영향받는다는 것을 알게 되었다.
>
> -에이브러햄 링컨 Abraham Lincoln

성경을 보면 알 수 있듯이 예수는 그가 하고 싶은 말을 직접적으로 한 적이 거의 없다. 그 대신 비유와 이야기, 작은 일화를 전하며 생각하게 만드는 것을 선호했다. 그는 종들과 달란트에 대한 이야기를 들려주었고, 탕자, 착한 사마리아인, 겨자씨, 잃어버린 양에 관한 이야기를 들려주었다. 이것은 요점을 전달하고 사람들의 마음을 사로잡는 데 꽤 효과적인 방법이다.

아이들도 마찬가지다. 이야기로 배운다. 킨키나투스의 이야기든, 당신의 어린 시절 이야기든 말이다. 우리는 사람들이 취약했던 순간이나 힘들게 얻은 경험을 들으며 배운다. 우리는 사람들이 요점을 말해줄 때를 좋아하지 않고, 사람들이 우리에게 보여줄 때를 좋아한다.

그러니 아이들에게 모든 답을 알려주겠다는 생각을 버리고, 아이들 스스로 답을 찾을 수 있는 이야기를 생각해 보자. 그것이 가장 좋은 교육 방법이다.

자녀를 관념의 세계로 안내하자

SEP 3

> 우리의 첫 번째 임무이자 첫 번째 책임은 아이들에게 배움의 감각과 배움을 사랑하는 마음을 심어주는 것이다.
>
> -버락 오바마Barack Obama

해병대 대장이자 전 미국 국방부 장관이었던 짐 매티스는 워싱턴주 풀먼에서 보낸 목가적인 어린 시절에 대해 이야기했다. 그곳에서 그는 야외에서 시간을 보내고, 탐험하고, 말썽도 피우며 참으로 미국적인 어린 시절을 보냈다. 매티스는 자녀에게 책을 읽게 할 뿐만 아니라 책에 질문하고 책과 상호작용하도록 장려한 부모님과 살던, 책으로 가득 찬 집에 대한 애정을 표현했다. 그는 이렇게 회상했다. "부모님은 우리를 훌륭한 관념의 세계로 안내해 주셨다. 그곳은 두려운 곳이 아니라 즐길 수 있는 공간이었다."

정말 대단한 말이다! 우리가 자녀와 함께 지향해야 할 목표다.

자녀가 열린 마음을 갖고, 호기심을 품으며, 기꺼이 탐구할 수 있도록 가르쳐야 한다. 당신의 임무는 자녀가 사실에 근거한 의견을 제시하는 법, 스스로 결정하는 법, 불편한 주제를 편하게 다루는 법을 가르치는 것이다. 생각은 우리의 친구다. 생각하는 법을 일찍, 자주 가르친다면 관념은 아이들의 친구가 될 것이고 아이들도 이런 관념을 유용하게 활용할 수 있을 것이다.

세상은 훌륭한 관념이 가득한 곳이다. 두려움과 무지를 제외하면 두려워할 것이 없다.

SEP 4

가능하면 일찍 가르친다

배우는 것은 단순히 무언가를 허용하는 것이다. 저항력이 약한 사람들은 빨리 설득당하는 것이 자연스러운 일이다.
-플루타르크Plutarch

너무 이른 것처럼 보여도 아이들에게 중요한 것은 일찍 가르쳐야 한다. 조금 있다가 가르치려고 하다 보면 부모와 싸울 수 있는 시기가 오기 때문이다. 그때가 되면 아이들에게는 아직 알지 못하는 인생의 어려움을 헤쳐나가기 위해 필요한 가르침을 거부할 수 있는 말과 의지가 생긴다.

아이들이 아직 어리고 외부의 영향을 쉽게 받을 때 가르쳐야 한다. 아이들이 거부감을 느껴도 밀어붙여야 한다. 물론 아이들은 비디오 게임을 더 좋아하고 빈둥거리는 것을 더 좋아할 것이다. 하지만 지금이 적기다. 아이들이 온 힘을 다해 우리와 싸울 수 있기 전, 시멘트가 완전히 굳어버리기 전에 가르쳐야 한다.

저녁을 먹으며 해야 하는 일

SEP 5

> 자신의 생각을 얼음 위에 올려둘 수 없는 사람은 열기 가득한 분쟁에 뛰어들어선 안 된다.
>
> -프리드리히 니체 Friedrich Nietzsche

어떤 가족은 저녁을 먹으며 TV를 시청한다. 어떤 가족은 각자 따로 밥을 먹고, 어떤 가족은 하루 일과에 대해 한가롭게 수다를 떤다. 하지만 아그네스 캘러드의 집은 다르다. 그녀와 자녀들은 토론을 한다.

캘러드는 철학자이기 때문에 주로 철학적인 주제로 토론을 벌인다. 만약 샴쌍둥이가 범죄를 저질렀다면 두 사람 모두 처벌을 받아야 할까? 한 사람은 완전히 무죄일 수 있을까? 때로는 우스꽝스러운 주제로 토론을 벌일 때도 있다. 당시 일곱 살이었던 아들은 이상적인 장갑은 무엇인지에 대해 토론하자고 제안했다.

물론 중요한 것은 토론의 내용이 아니라 토론이라는 행위 그 자체다. 가족이 함께하는 활동이라는 사실이 중요하다. 그리고 대부분의 훌륭한 육아 전략과 마찬가지로 이것은 강제적이거나 형식적인 활동이 아니었다. 의무나 집안일도 아니었다. 이 토론은 원래 그녀와 남편이 나누던 대화에 아이들이 함께 참여하고 싶어 하면서 점차 그 형태가 진화한 것이었다. 규칙은 상황마다 즉석에서 정해졌고, 시간이 지나며 자연스럽게 캘러드 가족의 전통으로 자리 잡았다. 이 전통은 가족의 행동과 지적 생활에 큰 영향을 미쳤다.

당신의 저녁 식사 시간에도 이런 전통이 있는가? 없다면 그것에 대해 이야기해 보면 어떨까? 그 전통을 토론으로 시작해도 좋을 것이다.

SEP 6 자녀들이 책을 읽게 하는 법

> 책을 읽는 사람은 죽기 전에 천 번의 삶을 산다. 책을 읽지 않는 사람은 한 번의 삶밖에 살지 못한다.
> ―조지 R. R. 마틴 George R.R. Martin

마르가리타 엥글은 자신의 고전 시 〈툴라 ["책은 문 모양이다"] *Tula ["Books are door-shaped"]*〉에서 책을 "문 모양의 입구"라고 묘사했는데, 이는 아름답고 적절한 표현이다. 그녀는 책이 우리를 바다와 세기를 가로질러 이동하게 해주며 외로움을 덜 느끼게 해준다고 썼다. 스티븐 킹은 책을 "가지고 다닐 수 있는 유일무이한 마법"이라고 표현했다.

우리는 아이들에게 이 마법의 문을 열어주고 싶고, 아이들이 이 문을 통과하길 바란다. 우리는 아이들이 책을 읽길 바란다.

TV를 오래 보거나 아이패드를 가지고 놀거나 휴대폰으로 끝없이 문자를 주고받는 것보다 무엇이든 읽는 게 더 낫다. 하지만 우리는 아이들이 책을 집어들 수 있게 충분히 동기를 부여하고 있을까? 우리는 좋은 모범이 되고 있는가?

아이들은 당신이 책 읽는 모습을 얼마나 자주 목격하는가? 아이들은 당신이 손에 책을 쥐고 있는 모습을 얼마나 자주 볼 수 있는가? 아이들이 책을 읽길 바라지만, 당신은 얼마나 자주 아이들에게 책을 읽어주는가? 책이 중요하고 재미있다고 말하지만 그 증거는 어디 있는가?

아이들이 더 많은 책을 읽길 바란다면, 이 마법의 문을 통과하길 바란다면 책 읽는 사람의 모습을 보여주자. 아이들과 책에 대해 이야기하자. 책을 당신의 집과 생활의 중심이 되도록 만들자.

위대한 인물의 삶이
우리에게 일깨워 주는 것

SEP 7

우리는 왜 자녀들에게 이야기를 들려주는가? 우리는 왜 자녀들에게 역사에 대해 알려주는가? 마틴 루서 킹, 조지 워싱턴, 포르키아 카토, 킨키나투스, 플로렌스 나이팅게일, 예수, 마르쿠스 아우렐리우스에 대해 가르쳐주는 이유는? 그것이 중요하기 때문이다.

롱펠로가 쓴 시처럼 말이다.

> 모든 위인들의 삶은 우리에게 일깨워 주네
> 우리가 숭고한 삶을 살 수 있다는 것을.
> 또한 떠나면서 시간의 모래 위에
> 발자국을 남겨놓을 수 있다는 것을.

우리는 자녀에게 '*변화를 이뤄낼 수 있고, 세상을 바꿀 수 있다*'는 가장 중요하고 절실한 교훈을 가르치려고 한다.

우리는 자녀에게 영감을 주기 위해 이야기를 들려준다. 자기 전에 책을 읽어주는 것은 단순히 아이들을 빨리 잠들게 하려는 것이 아니다. 역사 수업을 하는 이유는 오래전 죽은 백인들이 저지른 악행을 비난하기 위해서가 아니다. 우리는 아이들이 알길 바란다. 사람들은 영향력을 발휘할 수 있고, 멋진 삶을 살 수 있으며, 시간이라는 모래 위에 발자국을 남길 수 있다는 사실을.

영웅이나 왕조시대의 부유층뿐만 아니라 당신의 *자녀*도 할 수 있다. 그리고 자녀들이 이를 깨닫게 도와주면서 *당신도* 당신만의 영향력을 발휘하고 있다.

SEP 8

당신은 자녀에게 어떤 장난감을 갖다주는가?

> 아이는 하루 종일 선생님의 말씀을 듣는 것보다 작은 막대기를 조각하는 찰나의 순간에 더 많은 것을 배운다.
> -시몬 로드리게스 Simón Rodríguez

오빌 라이트와 윌버 라이트는 오하이오에서 자전거 판매원으로 일했다. 그들은 엔지니어가 아니었다. 대학에 진학하지도 않았고 기술 교육을 받은 적도 없었다. 한편 일류 대학 출신의 엔지니어들로 구성된 팀도 같은 문제를 연구하는 중이었다. 그들은 미국 육군성에서 연구비를 지원받았다.

라이트 형제는 어떻게 그 엄청난 자금력을 이겨내고 우리가 알고 있는 발명가이자 선구자가 될 수 있었을까?

데이비드 매컬로는 《라이트 형제 The Write Brothers》에 이렇게 썼다. "장난감에서 시작되었다. 장난감의 가치를 굳게 믿었던 아버지가 집으로 가져온 작은 헬리콥터가 시작이었다. 프로펠러가 두 개 달린 작은 막대기에 고무줄을 감아놓은 단순한 장난감에 불과했고, 아마 50센트 정도였을 것이다."

장난감 하나가 아이의 삶을 바꿀 수 있다고 생각하지 않겠지만, 실제론 가능한 일이다. 시몬 볼리바르가 오래전에 이야기했듯이, 아이는 스승에게 배우는 것만큼이나 막대기에서도 배울 수 있다. 장난감은 단지 가지고 놀기 위한 무언가가 아니다. 장난감에서 한 세상을 발견할 수도 있고, 책임감을 느낄 수도 있다. 장난감은 분해했다가 조립하는 물건이자 인생의 실험실이다.

우리는 아이들에게 관념의 세계를 소개하느라 많은 시간을 할애한다. 그중 몇 시간 정도는 멋진 장난감을 집으로 가져오는 데 써보면 어떨까? 교육적 가치가 있는 장난감. 아이들에게 다른 문화를 가르쳐주는 장난감. 아이들에게 비행이나 과학, 수학, 역사, 기술에 흥미를 갖게 해줄 장난감. 그 자체로 아이디어를 담는 그릇이 되는 장난감.

재미있는 장난감을 탐구하면서 어떤 아이디어가 나올지 누가 알겠는가?

주의력을 키워준다

SEP 9

> 주의를 기울여라. 주의를 기울이는 것은 중요하다. 바깥에 존재하는 것들을 최대한 많이 눈여겨보는 것이 중요하다.
>
> −수전 손태그 Susan Sontag

전직 외교관이자 국방장관인 로버트 로벳은 어렸을 때 아버지와 비슷한 경로로 각자 회사와 학교에 오갔다. 두 사람이 간격을 두고 약간 다른 시간에 출발했기 때문에 로벳과 아버지는 재미있는 게임을 할 수 있었다.

전기 작가인 월터 아이작슨과 에반 토머스에 따르면, 저녁을 먹은 후 로벳의 아버지는 아들에게 학교 가는 길에 무엇을 보았는지 물어보았다. "'마차를 끌고 있는 말은 총 몇 마리였을까?' 그는 미드타운 건설 프로젝트에 대해서도 물어보았다. '수레에 대들보가 몇 개나 있었을까?' '말들은 어떻게 수레에 묶여있었을까?'" 어린 로버트가 답을 맞히면 아버지는 상금을 주었고, 아들이 답을 맞히지 못하면 상금을 빼앗아 가기도 했다.

이것은 단순히 아버지와 아들이 함께하는 우스꽝스러운 놀이 그 이상이었다. 아버지가 아들에게 가르쳐준 것은 주의를 기울이는 기술이었다. 로버트는 주의를 기울이고, 세부 사항을 기억하고, 주변 환경을 당연하게 여기지 않으며, 현재에 집중하는 법을 배우고 있었다. 이것은 그가 국무부 외교관으로 승진할 때 큰 도움이 된 기술이었다.

물론 이것과 같은 게임을 할 필요는 없다. 자녀가 주의를 기울일 수 있도록 영감을 주고 보상을 주는 당신만의 방법을 찾을 수 있다. 아이들이 답을 맞힐 때 약간의 상금과 칭찬으로 보상하는 것은 당장에는 좋지만, 당신이 아이들에게 주는 진짜 선물의 가치에 비하면 아무것도 아니다. 그 선물의 가치는 평생 남을 것이다.

SEP 10

뿌듯해하는 아이들의 아름다운 얼굴

1980년대 초에 나온 오래된 레고 광고가 있다. 빨간 머리를 양 갈래로 땋은 소녀가 자신이 만든 레고를 들고 있다. 무엇을 만든 것일까? 솔직히 말해서 무엇인지 알기 힘들다. 그냥 레고 블록을 무작위로 쌓아 올린 것이다. 레고 남자 중 한 명의 머리에는 나무가 올라가 있다. 말할 필요도 없이 어떤 설계자도 이 프로젝트를 승인하지 않을 것이다. 하지만 이 귀여운 꼬마의 미소는 모든 것을 말해준다.

"이런 모습을 본 적 있나요?"라는 광고 문구가 적혀있다. "아이가 만든 것뿐만 아니라 아이가 얼마나 뿌듯해하는지 보세요. 아이들이 혼자서 무언가를 조립할 때마다 볼 수 있는 얼굴이죠. 그들이 무엇을 만들었든 레고 유니버설 빌딩 세트는 아이들이 매우, 매우 특별한 것을 발견하도록 도와줄 것입니다. 바로 그들 자신이죠."

부모로서 — 어른으로서 — 개입하여 아이에게 다음 단계가 무엇인지 알려주는 것은 너무 쉬울 수 있다. 나무는 사람의 머리에 올라가는 게 아니야! 거기에 창문이 있는 건 말이 안 돼! 그럼 저 사람들은 어디서 자? 개랑 고양이는 친구가 아니야! 우주에는 공기가 없어! 부모는 도와주거나 가르치고 있다고 생각한다. 하지만 그 순간 우리가 정말로 하고 있는 것은 아이들의 창조력과 상상력을 짓밟고 있는 것이다. 또한 광고에 나오는 어린 소녀처럼 뿌듯해하는 아름다운 표정 — 혼자서 무언가를 처음부터 끝까지 해냈을 때 나오는 표정이다 — 을 아이들에게서 빼앗고 있는지도 모른다. 이런 과정에서 아이가 자신을 발견하는 것까지도 말이다.

놀이 시간은 놀기 위한 시간이다. 우스꽝스러워야 하고, 재미있어야 한다. 규칙은 없다. 아이들이 원하지 않는 한 어떤 것도 중요하지 않다. 그러니 아이들에게 자유를 주자. 아이들을 격려해 주자. 그냥 바라보자. 아이들이 아름다워지도록 내버려두자.

아이들을 똑똑하게 만드는 법

SEP 11

나는 특별한 재능은 없고 열정적으로 호기심이 많을 뿐이다.
-알베르트 아인슈타인 Albert Einstein

에반 토머스의 훌륭한 책 《퍼스트 First》에는 샌드라 데이 오코너에 대한 이야기가 나온다. "워싱턴에 17년마다 한 번씩 폭발하는 휴면 매미 떼가 등장했을 때, 오코너는 신발 상자에 커다란 죽은 매미들을 담아 애리조나에 사는 손주들에게 보내주었다."

그녀의 직원은 당황했다. 오코너는 이렇게 설명했다. "나에게 중요한 건 내 아이들과 손주들이 호기심을 갖는 거야. 궁금한 게 없다는 건 똑똑하지 않다는 뜻이거든."

우리는 아이들이 어떤 뇌를 갖고 태어날지 통제할 수 없다. 아이들이 어떤 대학에 들어갈지도 통제할 수 없다. 수학을 잘하는 아이일까, 아니면 예술에 소질이 있는 아이일까? 우뇌형일까, 좌뇌형일까? 모두 우리가 통제할 수 있는 영역이 아니다. 하지만 우리는 아이들이 많은 것들에 호기심을 느끼도록 이끌어줄 수 있다. 우리는 온갖 흥미로운 것들을 찾아서 아이들에게 보여줌으로써 이 본능이 성격의 특성으로 자리 잡을 때까지 키워줄 수 있다. 그리고 우리가 호기심을 갖는 것을 공유하면서 아이들의 호기심에 연료를 부어줄 수 있다.

우리는 아이를 특정한 분야의 천재로 만들 수는 없다. 하지만 호기심을 갖는 법을 보여줌으로써 똑똑하게 만들 수는 있다.

SEP 12

투자할 만한 가치가 있는 것

> 나는 돈이 조금 있을 때 책을 산다. 그리고 돈이 조금이라도 남으면 음식과 옷을 산다.
>
> -에라스무스 Erasmus

당신은 가족을 위해 열심히 일한다. 돈을 벌기가 얼마나 힘든지 알기에 그 돈을 쉽게 쓸 수 없다. 특히 투자에 관심이 있다면, 지금 지출하는 모든 돈은 미래의 수익에 대한 대가로 돌아온다는 것을 알 것이다.

하지만 이것이 투자의 유일한 방식은 아니다. 마르쿠스 아우렐리우스는 증조부로부터 "공립학교를 피하고, 좋은 개인 교사를 고용하며, 그에 따른 비용은 잘 쓴 돈으로 받아들이는 것"을 배웠다고 썼다.

마르쿠스가 말한 것은 자녀의 교육에 투자하는 것이다. 부모가 교육하고자 하는 것은 모두 다르겠지만 그게 무엇이든 말이다. 스페인어를 가르치는 과외선생님이나 개인 피아노 선생님을 고용할 수도 있고, 시내에 있는 박물관의 연간 회원이 될 수도 있다. 가깝지만 덜 엄격한 학교 대신에 멀리 떨어져 있는 마그넷 스쿨을 다닐 수도 있고, 과외수업을 받을 수도 있다. 어머니나 아버지가 일을 덜 하고 자녀의 홈스쿨링을 맡을 수도 있다.

이 중 어떤 것도 비용이 저렴하지 않다. 하지만 이것을 지출이라고 생각하지 말고 투자로 생각하자. 이것은 당신에게 가장 중요한 투자다. 자녀의 지식, 교육, 미래에 투자하는 것이다. 이것은 자녀를 더 나은 사람으로 만들어준다. 그만한 가치가 있다.

뇌가 갖고 있는 잠재력의 비밀

SEP 13

미래의 국무장관이 될 딘 애치슨은 로스쿨에 진학한 후에야 비로소 인간으로서 자신의 잠재력을 완전히 발휘할 수 있었다. 그곳에서 그는 교수들의 도움으로 "엄청난 발견"을 하게 되었다고 밝혔다.

> 생각의 힘을 발견했다. 나는 뇌라는 강력한 메커니즘에 대해 알게 되었을 뿐만 아니라 세상에는 무한한 양의 자료가 뇌에 들어가기를 기다리고 있다는 사실도 알게 되었다.

이 발견으로 애치슨은 당대 최고의 법률가가 되었을 뿐만 아니라 미국의 국무장관까지 되었다. 하지만 이것은 조금 슬픈 이야기이기도 하다. 그는 그로튼 스쿨, 예일대학교를 다녔다. 그의 부모님도 똑똑했다. 하지만 어찌 된 일인지 그가 하버드 로스쿨에 다닌 20대 중반이 될 때까지 아무도 그에게 *생각의 힘*을 깨닫게 해주지 못했다! 믿을 수 없는 일이다.

아이들에게 관념의 세계를 알려주어야 했던 것과 마찬가지로 우리는 아이들이 놀라운 생각의 힘을 발견할 수 있게 도와주어야 한다. 양쪽 귀 사이에 있는 3파운드짜리 연조직에 갇혀있는 인간의 무한한 잠재력을 발견하도록 도와주어야 한다. 아이들에게 얼마나 강력한 메커니즘이 주어졌는지 보여주고 그것을 사용하는 방법을 가르쳐야 한다.

아이들의 뇌가 갖고 있는 잠재력은 가능한 한 빨리 발휘되어야 한다.

SEP 14 — 비판적으로 읽기

> "그저 요점을 파악하는 것"에 만족하지 말고 주의 깊게 읽어야 한다.
> -마르쿠스 아우렐리우스 Marcus Aurelius

문맹이 많은 세상이 좋은 사회는 아니지만, 사람들이 모든 것을 생각 없이 읽고 그대로 받아들이는 세상도 그다지 좋은 사회는 아니다. 아이들이 책을 읽게 가르치는 것은 좋지만, *비판적으로 읽게 가르치는 것이 더 중요하다.*

아이들은 작가가 틀릴 수 있음을 알아야 한다. 작가에게 의문을 제기할 수 있어야 한다. 책은 일방적인 대화가 아니다. 독자와 작가 사이 그리고 과거와 현재 사이에 이뤄지는 대화다. 아이들에게 메모하는 법, 동의하지 않는 법, 책에서 본 것에 의문을 제기하는 법, 손에 쥐고 있는 페이지에서 시작해 책과 대화하는 법을 보여주자.

아이들은 어떤 책도 완벽하지 않음을 알아야 한다. 어떤 학교나 시스템도 모든 해답을 가지고 있지 않다. 서로 반대되는 의견을 가진 사상가들이 쓴 책들을 읽는 방법을 보여주자. 책 한 권을 함께 읽은 다음 다른 관점을 제시하는 책을 읽어보자. 토론의 중요성, 유사점과 차이점을 살펴보는 법에 대해 이야기해 보자. 그냥 독자가 아니라 *폭넓고 비판적인 독자이자 질문자, 비평가, 사상가가 되도록 가르치자.*

자녀의 호기심을 지켜주자

SEP 15

프랑스의 유명한 사진작가 앙리 카르티에 브레송은 선생님들에게 골칫거리 학생이었다. 학교에서 배우는 내용에 지루함을 느끼던 그는 수업에 집중하지 못했다. 앙리는 학교 수업과는 상관없는 책이나 그의 나이에 맞지 않는 책을 읽다가 선생님에게 자주 걸렸다.

초등학교 6학년이 되던 어느 날, 그는 프랑스의 아름다운 두 시인인 말라르메와 랭보의 시를 읽다가 교장선생님에게 들켰다. 처음에 교장선생님은 더 이상 참을 수 없다는 듯 말했다. "너는 공부에 방해되는 일을 해선 안 돼." 그는 격식을 차리지 않는 '너tu'라는 단어를 쓰면서 호통쳤다. 앙리가 이런 식으로 적발될 때마다 그에게는 처벌이 뒤따랐다. 하지만 교장선생님의 목소리는 차츰 부드러워졌다. "교장실에 와서 책을 읽으렴." 앙리는 남은 학창 시절 내내 교장실을 자주 찾아갔고, 어른스럽고 호기심 많은 독서광으로 성장할 수 있었다.

앙리가 역사상 가장 위대한 사진작가 중 한 명이 될 수 있었던 토대를 만든 것은 바로 이 대화 — 교장선생님의 보호와 그의 호기심 — 이었다.

부모로서, 교육자로서 우리의 임무는 아이들을 통제하는 것이 아니다. 우리가 불편하다거나 힘들다거나 우리에게 지장을 준다는 이유로 아이들의 자주성을 억눌러선 안 된다. 우리는 아이들을 격려하고 아이들을 위한 공간을 만들어야 한다.

아이들이 책을 읽고 싶어 한다면? 읽게 내버려두자! 아이들이 평범한 길을 벗어나려 하거나 건너뛰려 한다면? 아이들을 응원해 주자! 아이들이 방금 자신만의 길을 찾은 것인지 누가 알겠는가?

SEP 16 | 제때를 놓치지 않는 게 중요하다

> 호메로스, 셰익스피어, 괴테, 발자크, 톨스토이 등 연령이나 인생의 단계에 상관없이 어느 누구에게나 쉽게 다가가는 작가들이 있고, 특정한 순간이 될 때까지 그 의미가 제대로 드러나지 않는 작가들도 있다.
>
> −슈테판 츠바이크 Stefan Zweig

누군가는 《엔더스 게임 Ender's Game》을 열한 살에 이해할 수도 있고 어떤 이는 열일곱 살이 되어서야 이해할 수도 있다. 누군가는 《위대한 개츠비 The Great Gatsby》의 메시지를 고등학생 때 이해할 수도 있고, 누군가는 성인이 되어 북클럽에서 함께 읽어야만 이해할 수도 있다. 시를 빨리 접하는 사람들도 있고 그렇지 않은 사람들도 있다. 어떤 아이는 당신만큼이나 《어린 왕자 The Little Prince》와 《샬롯의 거미줄 Chalotte's Web》을 마음에 들어 할 수도 있고, 어쩌면 오늘 밤은 그냥 때가 아닐 수도 있다.

슈테판 츠바이크는 스무 살 때 처음 미셸 드 몽테뉴의 《수상록 Essays》을 집어 들었지만, 그 책을 어떻게 읽어야 할지 감이 오지 않았다. 그러다가 두 차례의 세계대전과 강제 추방을 겪은 후 생의 마지막 해에 몽테뉴의 책을 다시 읽게 되었다. 이번에는 읽는 즉시 그의 마음에 와닿았다. 그 영향력은 엄청났다. 시기가 딱 맞았기 때문이다.

우리의 목표는 아이들을 독서가로 기르는 것임을 잊지 말자. 하지만 정원을 가꿀 때처럼 어떤 식물이 뿌리를 내리는 데는 알맞은 때와 계절이 있기에, 그때가 오기 전까지 당신은 인내심을 가지고 기다려야 한다.

책에 접근할 기회를 부여한다

SEP 17

> 시어도어 루스벨트의 이야기는 위인들에 대한 책을 읽고 그들처럼 되고 싶다고 결심한 어린 소년의 이야기다.
>
> -헤르만 해기돈 Hermann Hagedorn

시어도어 루스벨트는 분명히 특권층 집안 출신이었다. 그는 부유했고 사회 엘리트였으며 맨해튼에 대저택을 갖고 있었다. 하지만 도리스 컨스 굿윈이 썼듯이, 루스벨트가 누린 가장 큰 장점은 사실 꽤 단순한 것이었다.

어린 루스벨트만큼 폭넓게 읽고, 많은 책에 접근할 수 있던 아이는 거의 없었다. 집에 있는 방대한 서재에서 책을 고르거나 특정한 책에 대한 관심만 표현하면 눈앞에 마법처럼 책이 나타났다. 가족 휴가를 보내던 중 그는 자신이 동생들과 함께 소설 50권을 탐독한 일을 자랑스럽게 말했다. 시어도어의 아버지는 저녁 식사 후에 자녀들에게 책을 읽어주었다. 무엇보다도 그는 이야기와 우화, 격언으로 의무와 윤리, 도덕성을 알려주려 했다.

자녀에게 유명한 가문이나 하버드대학에 기여 입학할 기회, 신탁 자금을 남겨주면 좋겠지만 그것은 어려운 일이다. 당신이 할 수 있는 일은 ─ 그리고 반드시 해야 하는 일은 ─ 도서관을 자주 방문하게 해주는 것이다. 무제한으로 책을 볼 수 있는 기회를 주는 것이다. 루스벨트 가문처럼 부유한 유산이나 명성, 고귀한 혈통이 없더라도 독서에 대한 사랑이 풍부한 가정에서 아이들을 키울 수는 있다.

자녀에게 가르쳐야 할 가장 중요한 두 가지 기술

SEP 18

제럴드 포드가 대통령이 되기까지의 과정을 되돌아보며 가장 후회하는 것 중 하나는 그가 대학에 다닐 때 수강한 학업 과정이다. 그는 회고록에 과거로 돌아갈 수 있다면 작문 수업과 공적 말하기 Public Speaking 수업을 꼭 들을 것이라고 쓸 정도였다. 글을 잘 쓰고 청중 앞에서 자신감 있고 명료하게 말하는 것은 리더로서 그가 삶의 모든 측면에서 사용한 두 가지 주요 기술이었지만 대부분의 학생들처럼 가장 적은 교육을 받은 기술이기도 했다.

포드가 대학을 다녔던 때(1935년 졸업반이었다)로부터 많은 것이 변했지만 이것만은 크게 변한 게 없다. 효과적인 커뮤니케이션보다 더 중요한 것은 없다.

아이들은 체육 시간에 필수적으로 춤을 배우지만, 공개 연설과 토론 수업은 선택적인 과외 활동이다. 얼마나 말도 안 되는 일인가? 마치 커뮤니케이션 능력을 객관식 시험으로 확인할 수 있는 것처럼 아이들은 표준화된 시험으로 평가받는다. 사실 표준화된 시험의 지문과 질문은 잘못된 글쓰기와 효과적이지 못한 커뮤니케이션의 전형일 때가 많다.

만약 학교가 나서지 않는다면 부모들이 해야 한다. 아이들에게 이 중요한 기술들을 가르치는 것은 우리의 몫이다. 아이들이 자신의 의견을 글과 말로 표현할 수 있게 가르쳐야 한다. 청중 앞에서 연설할 기회를 주어야 하며, 아이들이 편하게 나설 수 있도록 자신감을 심어주어야 한다.

미래에 어떤 일이 일어나든 커뮤니케이션은 가장 중요한 핵심이 될 것이다. 아이들을 대비시키는 것이 부모의 역할이다.

자녀와 함께
문제를 자세히 들여다보자

**SEP
19**

> 젊은이들이 직접 살아보는 실험을 해보는 것보다 더 좋은 방법으로 삶을 배울 수 있을까? 나는 이것이 수학만큼 그들의 마음을 수양할 수 있게 할 것이라 생각한다.
> – 헨리 데이비드 소로 Henry David Thoreau

헨리 데이비드 소로는 훌륭한 작가가 되기 전에 선생님으로 일했다. 그가 가르쳤던 학교는 강 가까이에 있었고, 아이들은 물에서 들리는 흥미로운 소리에 끝없이 매료되었다.

"그 소리가 개구리가 만들어내는 소리인지에 대한 논쟁이 있었어요." 한 학생이 그때를 회상하며 말했다. "그러자 소로 선생님은 아주 작은 개구리 세 마리를 잡아주었는데, 그중 두 마리가 시끄러운 소리를 냈어요. 학교로 데리고 오는 동안 한 마리는 그의 모자에서 울었죠."

멋지지 않은가? 그는 뻔한 대답으로 아이들의 질문을 묵살하지 않았다. 궁금증을 따라가 보는 것이 얼마나 중요한지 보여주었다. 소로는 이처럼 학생들이 궁금해하는 것을 직접 확인하게 해주었다. 예를 들면, 그는 학생들에게 작은 땅을 준 다음에 측량하는 방법, 식물을 키우는 방법, 땅에서 어떤 일이 일어나는지 관찰하는 방법을 가르쳐주었다.

우리가 바쁜 건 사실이다. 아이들보다 이것저것 많이 알고 있는 것도 사실이다. 하지만 우리가 아는 것을 그냥 말로 전달해서는 안 된다. 아이들에게 보여줘야 한다. 소매를 걷어붙이고 밖으로 나갈 준비를 하고 아이들이 궁금해하는 문제를 함께 파헤쳐 보아야 한다.

SEP 20   자녀에게 흔치 않은 이점을 누리게 하자

유명한 첫 비행이 있고 30년이 더 지났을 때, 한 기자가 오빌과 윌버 라이트 형제에게 어떻게 첫 비행을 성공시켰는지 물어보았다. "돈도 없고, 영향력도 없고, 다른 특별한 이점도 없는" 두 형제가 어떻게 모든 이점을 갖고 있는 전문가들도 할 수 없던 일을 해냈을까?

오빌이 기자의 말을 정정했다. "우리에게 아무 특별한 이점이 없었다는 건 사실이 아니에요. 우리는 어린 시절에 흔치 않은 이점을 누렸어요. 그것이 없었다면 우리는 어떤 것도 이뤄내지 못했을 거예요." 그들의 흔치 않은 이점은 무엇이었을까? "우리는 지적 호기심을 항상 격려하는 가정에서 자랐습니다. 만약 아버지가 이익에 대한 욕심 없이 지적 호기심을 추구하도록 격려하는 분이 아니었다면 비행에 관한 우리의 호기심은 결실을 맺기 전에 일찍이 꺾였을 거예요."

우리도 그렇게 해야 한다. 아이들의 호기심이 무엇이든 그것을 키워줘야 한다. 아이들에게 이득이 될지 안 될지 생각하지 말고 그들의 호기심을 격려해야 한다.

특별한 사람이나 전문가가 아니어도 얼마든지 아이들에게 이런 흔치 않은 이점을 누리게 해줄 수 있다.

'왜'를 궁금해하는 아이로 키운다

SEP 21

F. 스콧 피츠제럴드의 단편 소설 〈헤드 앤 숄더 *Head and Shoulders*〉에서 어린 영재 호러스는 이렇게 말한다.

> 나는 "왜"를 궁금해하는 아이였다. 나는 바퀴가 굴러가는 것을 보고 싶었다. 나의 아버지는 프린스턴대학교의 젊은 경제학 교수였다. 아버지는 내가 물어보는 모든 질문에 최선을 다해 대답해 주셨다.

"'왜'를 궁금해하는 아이"라니, 얼마나 멋진 표현인가! 우리가 키우려는 아이가 바로 그런 아이 아닌가? 무언가를 깊이 파고들 줄 아는 아이. 무언가를 액면 그대로 받아들이는 것에 만족하지 않는 아이. 단순한 설명에 만족하지 않는 아이.

이런 면이 성가실 수 있을까? 물론이다. 심지어 아이들이 이 때문에 곤경에 처할 수도 있다. 하지만 호기심은 현실에 안주하는 것보다 낫고, 성가신 것은 무지한 것보다 낫다.

물론 너무 피곤해서 아이들의 질문에 대답할 수 없을 때가 있을 것이다. 아이들의 질문이 부적절하다고 느낄 때도 있을 것이다. 하지만 그런 순간이 오면 반드시 잠시 숨을 고르고 아이들에게 이 습관의 씨앗을 심어주어야 함을 기억하자. 그리고 그 습관이 사라지지 않도록 최선을 다해 물을 주자.

질문은 많을수록 좋다. 당신과 자녀를 위해서뿐만 아니라 아이들이 사는 이 세상을 위해서도 말이다.

SEP 22 책을 사랑하게 만드는 방법

책을 사랑하는 로버트 그린이 말했던 것처럼, 아이들이 책을 사랑하게 만드는 방법은 책이 아이에게 어떤 이익이 되는지 알려주는 것이다. 책으로 얻을 수 있는 게 무엇인지 보여주자. 책을 읽자마자 얻을 수 있는 확실한 이점이 무엇인지 보여주자. 더 좋은 방법은 *자녀에게 큰 도움이 될 만한 책을 찾아주는 것이다.*

조 바이든 대통령은 어렸을 적에 웅변가 데모스테네스와 그의 언어 장애에 대한 책을 읽고 자신의 말 더듬는 습관을 극복하는 데 도움을 받았다고 말한 적이 있다. 어린 시절에 이런 경험이 있는 사람은 평생 책을 읽는 사람으로 성장하지 않을까? 아이들을 즐겁게 해줄 책들을 찾아보자. 아이들이 짝사랑하는 상대가 그들을 좋아하게 도와줄 책들을 찾고, 선생님들을 화나게 할 책들도 찾아보자. 새로운 기술을 배우거나 문제를 해결하거나 외로움을 극복하게 해줄 책들도 찾아보자.

투자수익률에 집중하자. 책이 바로 투자이기 때문이다. 몇 달러를 지불하고 몇 시간을 투자하면 당신은 무언가를 얻을 수 있다. 자녀들이 책을 읽게 하려면 물론 부모도 독서가가 되어야 하지만, 그보다도 아이들에게 책으로 무엇을 얻을 수 있는지 보여주어야 한다. 그렇지 않다면 굳이 왜 책을 읽으려 하겠는가?

자녀를 놀려선 안 될 때

SEP 23

아이들은 온갖 우스꽝스러운 행동을 할 것이다. 걸려 넘어지기도 하고 그런 모습을 보며 당신이 웃음을 터뜨릴 때도 있을 것이다. 당신은 이런저런 이유로 아이들을 놀리기도 한다. 아이들은 재미있는 실수를 한다. 아이들도 자신이 저지른 우스꽝스러운 일들을 돌아보며 즐거워할 것이다. 당신의 가족들끼리만 공유하는 농담거리가 생길 것이다.

이런 건 괜찮다. 정말 멋진 일이다. 서로 놀리고 추억과 경험을 공유하면서 유대감이 형성된다.

이렇게 많은 것에 대해 아이들을 놀리고 웃을 수 있지만, 단어를 잘못 읽는 것만큼은 존중하고 격려해 줘야 한다. 당신의 집은 단어를 잘못 발음해도 괜찮은 안전한 공간이 되어야 한다. 아이들이 더듬거리며 책을 읽거나 단어를 잘못 발음할 때 시선을 의식하게 해선 안 된다. 아이들은 이렇게 성장하는 것이다. 만약 문제를 해결하고 싶다면 당신의 어휘를 확장하는 것부터 시작하자.

SEP 24 — 당신은 학생의 자세를 보여주고 있는가?

내일 죽는다는 생각으로 살고, 영원히 살 것처럼 배우자.
- 간디 Gandhi

어린 시절을 떠올려보았을 때 어른이 되면 가장 좋은 점이 무엇이라고 생각했는가? 학교를 다니지 않아도 되는 것? 우리는 부모님이 무거운 책을 들고 다니거나 숙제하는 모습을 본 적이 없다. 여러 학교에 입학 지원서를 쓰는 모습도 본 적이 없다.

이렇게 우리가 아이들에게 교육이 끝났다는 것을 보여주는 것은 슬픈 일이다. 더 이상 수업을 듣지 않아도 된다는 것, 어른이 되면 교육이 멈춘다는 것, 졸업이 최종 목적지라는 것을 보여주는 것은 다소 슬프다.

하지만 자녀에게 반드시 이런 모습을 보여줘야 하는 건 아니다. 에픽테토스가 수업을 가르치던 어느 날, 한 학생의 등장으로 교실 뒤쪽에 소란이 일어났다는 일화가 있다. 그 학생은 누구였을까? 바로 로마의 황제 하드리아누스였다. 하드리아누스의 이러한 행동은 그의 후계자이자 양손자인 마르쿠스 아우렐리우스에게 분명히 큰 영향을 미쳤을 것이다. 재위 말기에 한 친구는 마르쿠스가 책 더미를 안고 나가는 모습을 목격하고 그에게 "어디로 가는 길이야?"라고 물었다. 마르쿠스는 "나이가 들어도 배움은 좋은 거야. 나는 아직 모르는 것을 배우기 위해 섹스투스에게 가는 길이야"라고 답하며 스토아 철학에 관한 강의를 들으러 갔다.

자녀가 배움을 소중히 여기길 바란다면, 당신이 수많은 시간과 돈, 걱정, 관심을 쏟아온 교육을 멈추지 않길 바란다면, 평생학습에 헌신하는 어른의 모습을 보여주자. 우리는 아직 졸업하지 않았고, 여름 방학 중도 아니며, 교육의 종착점에 도착하지 않았음을 보여주자.

지혜는 끝없이 추구하는 것임을 알려주자.

나이 든 사람들과 시간을 보내게 한다

SEP 25

전 상원의원 벤 새스는 책 《사라지는 미국 어른*The Vanishing American Adult*》에서 먼 과거의 사람이 현대 사회를 봤을 때 어떤 점을 가장 이상하게 여길지 생각해 보았다. 그는 각종 기술 발전을 제외하면 극심한 연령차별에 주목할 것이라고 말했다. 오늘날 우리는 대부분 같은 또래의 사람들과 시간을 보낸다.

아이들은 또래 아이들과 함께 학교에 다닌다. 부모인 우리는 비슷한 다른 어른들과 함께 일한다. 우리의 부모와 조부모는 은퇴자 커뮤니티나 양로원, 유람선으로 밀려난다.

당신보다 나이가 두 배 많은 사람과 마지막으로 한 지붕 아래서 있어본 것이 언제인가? 당신이 당연하게 여기는 것들을 전혀 누리지 못하고 자란 사람들과 당신은 얼마나 많은 대화를 나눠보았는가?

로리 매케나의 노래 "험블 앤드 카인드*Humble and Kind*"에서 그녀는 "기회가 있을 때마다 할아버지를" 만나러 가는 것에 대해 이야기한다. 하지만 사실 당신의 가족을 만나러 가는 것만으로는 충분하지 않다. 자녀가 풍선 안에 갇혀 다른 어린이들 외에는 만나지 않는 삶을 살게 해서 안 된다.

그 대신 아이들에게 현인을 만나게 해주자. 인간이 과거와 근래에 저지른 나쁜 일과 좋은 일을 기억하는 사람들을 만나게 해주자. 고통스러운 교훈을 얻은 사람들을 만나게 해주고 대단한 일을 성취한 사람들도 만나게 해주자.

그렇지 않으면 이 모든 지혜를 잃을 수 있고, 당신의 아이들은 그 지혜를 얻지 못할 수 있다.

SEP 26 암기가 아닌 학습이 중요하다

암기하고 있는 것은 아는 것이 아니다.
-미셸 드 몽테뉴 Michel De Montaigne

당신은 자녀에게 이제 구구단을 복습할 때라고 이야기한다. 단어 암기 카드를 살펴본다. 아니면 당신은 자녀에게 시나 희곡을 암송하게 하거나 말하기 대회를 참가시키려는 부모일 수도 있다. 어쩌면 지금 철자법 대회에 나가기 위해 준비하는 중일지도 모른다.

'이건 다 아이들을 더 똑똑하게 만들기 위한 거야'라고 속으로 말한다. 하지만 정말 그럴까? 아니면 그저 아이들에게 똑똑한 척하는 방법을 알려주는 것일까?

우리는 로봇을 키우려는 게 아니다. 우리는 *생각할 수 있고*, 무언가를 *알아낼 수 있는* 아이를 원한다. 여기에 아이들이 무엇을 외울 수 있는지가 무슨 상관이 있을까? 우리는 아이들이 *그것이 무엇인지* 아는 것만큼 *그것이 무엇을 의미하는지*도 알길 바란다. 우리는 아이들이 암기가 아닌 학습을 좋아하길 바란다. 그러니 당신의 우선순위를 조정하자. 당신이 계획한 활동이 실제로 아이를 목표에 가까워지게 해주는 것인지 생각해 보자. 올바른 것에 집중하고 있는지 확인하자.

아이들이 *배움*을 할 수 있게 가르치자. 중요한 건 바로 그것이다.

유한 게임 vs. 무한 게임

SEP 27

이 세상에는 유한 게임과 무한 게임이라는 두 가지 유형의 게임이 있다. 유한 게임은 한 번 하면 끝이 나는 게임이다. 무한 게임은 인생과 비슷하며 모든 것이 연관되어 있고 계속 지속된다. 전자는 제로섬이고 후자는 그렇지 않다.

쇼피파이의 설립자 토비아스 뤼트케는 무한 게임 같은 삶을 살아가려 노력한다. 또한 그의 자녀들에게도 엇갈린 메시지를 보내지 않으려 노력한다. 그는 아이들에게 교육을 무한 게임이라고 말한다. 우리는 아이들에게 배움에 대한 사랑, 평생 추구해야 하는 목표, 각자 할 수 있는 선에서 최고로 성장하는 것을 이야기해 놓고, 속으로는 아이들이 초등학교 1학년이라는 유한 게임에서 승리해야 한다는 강한 열망을 갖는다.

익숙한 이야기이지 않은가? 우리는 자녀의 성적을 다른 아이들의 성적과 비교하는 자신을 발견한다. 우리는 다른 부모들과 자녀가 몇 학년 수준의 읽기와 수학을 배우고 있는지, 전국 등수는 몇 등인지 등을 공유한다. 마치 시험 점수가 왕국으로 들어가는 열쇠인 것처럼 점수에 집착한다. 대학에 다니는 자녀에게는 전공이 잘 맞는지, 자녀가 선택한 전공으로 고수득 일자리를 구할 수 있는지 아닌지를 물어보며 괴롭힌다.

당신은 자녀가 인생을 제로섬 게임으로 생각하지 않는 아이로 자라길 바란다. 아이들에게 무한 게임을 하도록 가르쳐주자. 당신이 무한 게임의 플레이어로 사는 모습을 보여줌으로써 아이들이 배울 수 있게 하자.

SEP 28

아이들은 이것에 둘러싸여 있어야 한다

어떤 사람도 책과 함께 키우지 않고는 자녀를 양육할 권리가 없다.
-호러스 맨 Horace Mann

레빈의 방정식을 알고 있는가? 당신은 이 글을 읽으며 그 함의를 깨닫게 될 것이다.

$$B = f(P,E)$$

행동(B)은 개체(P)와 그들의 환경(E)의 상호 함수관계에 있다. 우리의 습관, 행동, 삶은 주변 환경에 의해 결정된다.

이것은 부모인 우리에게 무엇을 의미할까? 우리는 대체로 아이들의 환경을 설계하는 사람이다. 우리는 모두 다른 수단과 목표를 갖고 있지만, 그 수단 안에서 아이들을 둘러싸고 있는 것을 통제한다. 영향력, 색깔, 분위기, 사람들, 상호작용. 그리고 물론 아이의 지적 발달에 가장 중요한 것은 책이다.

아이들이 독서가가 되길 바란다면, 설계자가 하듯이 독서가의 환경을 만들어주어야 한다. 좋은 책, 바보 같은 책, 짧은 책, 긴 책, 중고 책, 새 책 등 아이들을 다양한 책으로 둘러싸야 한다. 집에 책들을 눈에 잘 띄게 놔둬야 한다. 아이들을 데리고 도서관이나 독립 서점을 방문한다. 그렇지 않으면 어떻게 아이들이 독서가가 되겠는가?

책에 관해서는
자녀를 아이 취급하지 않는다

SEP 29

> 어린이들을 위한 현대 책들은 다소 끔찍하다. 특히 대중적으로 볼 때 더 그렇다.
>
> -조지 오웰 George Orwell

얼마 전까지만 해도 아이들은 고전 책들을 원어로 읽기 위해 라틴어와 그리스어를 배웠다. 이솝 우화를 떠올려보자. 부모가 아이들에게 읽어주던 《플루타르크 영웅전 Plutarch's Lives》을 생각해 보자. 이것은 무거운 내용이다. 그리고 부모는 의도적으로 이런 책을 읽어주었다. 옛 교과서를 읽는다는 것은 고대 세계의 모호하지만 예증이 되는 인물에 익숙해지는 동시에, 시대를 초월하고 도덕적으로 복잡한 주제와 씨름하려는 의지를 보여주는 것이다.

요즘 서점의 아동 및 청소년 코너에는 유아적인 도피성 이야기, 환상적인 멜로드라마, 터무니없이 말도 안 되는 이야기 등이 넘친다. 많은 어른들이 이런 현상을 밀레니얼세대와 Z세대의 탓으로 돌리고 싶어 한다. 그들의 게으름과 변덕스러운 취향 때문에 이런 책들이 넘쳐나는 것이라고 생각한다.

하지만 당신은 정말 우리 아이들이 오웰의 시대에 살던 아이들보다 멍청하다고 생각하는가? 아니면 그 이전보다? 물론 그렇지 않다. 그들은 아이들일 뿐이다. 우리가 문제다. 부모들, 어른들, 교육자들, 출판인들. 우리는 아이들이 어려운 책을 읽을 수 있다고 믿지 않는다. 그래서 우리는 아이들이 독서 근육을 키울 수 있도록 도와주는 대신에 이상한 그림이 있는 "어린이용 책"을 준다. 그러면서 아이들이 왜 무거운 내용을 감당하지 못하는지 궁금해 한다.

이제 그런 행동을 멈추자. 아이들을 밀어붙이고 우리 자신을 밀어붙이자. 그들은 아기가 아니다. 적어도 스스로 읽는 법을 배운 뒤에는 그래선 안 된다.

SEP 30
그들은 프로젝트를 진행해 본 적이 있는가?

통달은 암기에서 나오는 것이 아니다. 무언가와 사랑에 빠지는 데서 비롯된다. 물론 열심히 노력해야 하지만 그 노력이 특정 주제나 분야, 기술에 대한 열정적인 사랑과 일치할 때만 가능하다. 자격증은 잊어버리고, 아이들이 완전히 몰두할 수 있는 것을 주자.

폴 그레이엄은 다음과 같은 글을 썼다.

나의 아이들이 좋은 성적을 받는 것과 자신만의 야심 찬 프로젝트를 수행하는 것 중 하나를 선택해야 한다면, 나는 프로젝트를 고를 것이다. 내가 관대한 부모라서가 아니라 그 반대편에 있어본 적이 있기에 어느 쪽이 더 예측 가치가 있는지 잘 알기 때문이다. 나는 'Y 콤비네이터 Y Combinator'를 위한 스타트업을 선발할 때 지원자의 성적은 신경 쓰지 않았다. 하지만 그들이 자기만의 프로젝트를 진행해 본 적이 있다면 그 경험에 대한 모든 것을 듣고 싶었다.

이 세상은 진정한 기술과 진정한 열정을 가진 아이를 원한다. 당신의 아이에게도 그러한 경험을 제공해 주자.

아이들은 개별적인 존재다. 자기만의 삶을 살 자격이 있다.
어떤 방향으로 나아가든 부모의 지지와 격려를 받을 자격이 있다.

10
월

October

투쟁과 극복

회복탄력성을 키우는 방법

아이의 삶은 쉬운 것이 아니라 좋은 것이어야 한다

OCT 1

스토아 철학자 세네카는 역사상 최악의 육아 중 하나를 가장 가까이서 지켜봐야 했다. 서기 49년에 그는 유배지에서 소환되어 네로라는 열두 살짜리 소년의 가정교사가 되었다. 고대 역사학자인 디오 카시우스에 따르면, 그 소년의 어머니인 아그리피나 황후는 당시 제국 전체를 손아귀에 쥐고 있었고, 자신의 권력을 이용해 아들이 어떤 힘든 일도 겪지 않게 만들었다. 그녀는 우리가 오늘날 '제설기 부모'라고 부르는 부모였다. 상상할 수 있는 모든 장애물을 먼저 치워준 아그리피나는 역사상 최악의 인간 중 한 명을 만들어냈다.

세네카가 역경과 싸우고 극복하는 것의 중요성을 반복해서 강조한 것은 그리 놀라운 일이 아니다. 그는 "좋은 부모"의 임무는 "자녀에 대한 사랑으로 끝없이 시련을 만들어내는 훈련자 역할을 하는 것"이라고 말했다. 좋은 부모의 역할은 아이에게 좋은 삶을 살 수 있게 해주는 것이지 삶을 쉽게 만들어주는 것이 아니다.

라틴어에는 "Luctor et emergo"라는 멋진 표현이 있다. 이것은 "나는 노력하고 있고 발전한다" 혹은 "나는 해결하려 애쓰며 극복한다"라는 의미다. 세네카는 "신들은 우리가 가능한 한 선하고 고결한 사람이 되기를 바라기 때문에 힘든 일을 헤쳐나갈 운명을 부여한다"라고 썼다. 또한 그는 "고난 없이는 아무도 당신이 어떤 일을 해낼 수 있는지 모르며, 심지어 자기 자신조차도 알지 못할 것이다"라고 말한다.

제설기 부모나 헬리콥터 부모가 되지 않는 것은 힘들다. 우리는 아이들을 너무 사랑한다. 아이들에게 가장 좋은 것만 해주고 싶다. 아이들이 힘겨워하는 모습을 보기는커녕 그것을 생각하는 것만으로도 견딜 수 없다. 그러나 우리는 아이들이 위험과 고난을 헤쳐나가도록 내버려두어야 한다. 매일 이 말을 마음에 되새기자. 아이의 삶은 쉬운 것이 아니라 좋은 것이어야 한다.

OCT 2
자녀가 실수하는 것까지 막을 수는 없다

소설 《싯다르타 *Siddhartha*》에서 주인공은 고통스러운 경험으로 삶의 지혜를 터득한 아들에게 단순한 삶의 중요성을 설득하기 위해 필사적으로 노력한다. 모든 부모가 그렇듯 그도 아들이 부모의 조언을 무시하고 잘못된 방향으로 가는 것을 보고 절망한다. 친구 바수데바에게 이런 좌절감을 털어놓던 싯다르타는 하나의 질문을 받게 된다.

"너는 정말로 아들이 실패를 모면할 수 있게 과거의 네가 어리석은 짓을 저지른 것이라고 믿는 것이냐?"

아이들이 시행착오를 겪으며 배우지 않아도 된다면, 뜨거운 난로를 직접 만져보지 않고 부모의 조언을 받아들여 준다면 얼마나 좋을까? 하지만 지금쯤이면 당신은 인생이 그렇게 돌아가지 않는다는 것을 알 만큼 현명해졌을 것이다. 우리가 배운 것들은 대부분 직접 깨달아야 하는 것이다. 완전히 이해하기 위해서는 실수도 해야 한다. 당신도 경험으로 그 정도는 알고 있지 않은가? 당신은 부모가 한 조언을 얼마나 귀담아 들었는가?

자녀가 실수하는 것까지 막을 수는 없다. 자녀가 직접 깨달을 수 있게 해야 한다. 하지만 당신은 자녀가 불가피하게 저지르는 실수로부터 회복할 때 필요한 인성, 자각, 도움을 요청할 수 있는 용기를 심어주었다는 사실에 위안을 삼을 수 있다.

통제할 수 있는 것과 없는 것

OCT 3

> 인생에서 가장 중요한 과제는 바로 이것이다. 내가 통제할 수 없는 외부적인 문제와 내가 통제할 수 있는 선택과 관련된 문제를 스스로 명확히 구분하는 것이다. 그렇다면 선과 악을 어디서 찾아야 할까? 통제할 수 없는 외부 요소가 아니라 온전히 내 것인 내 안의 선택에서 찾아야 한다.
>
> —에픽테토스Epictetus

우리가 자녀에게 가르치려 하는 거의 모든 것의 밑바탕에는 교훈이 있다. 어렵지만 동시에 매우 단순한 교훈이다. 당신이 가르쳐야 하는 교훈은 스토아 철학의 핵심이자 인생의 성공을 위한 열쇠이기도 하다. 우리는 인생에서 일어나는 일을 통제할 수 없다. 우리는 이에 어떻게 반응하는지만 통제할 수 있다.

당신의 딸이 선생님은 불공평하고 자신을 좋아하지 않는다고 생각하는가? 그게 사실일 수도 있다. 그럴 때 딸은 어떤 행동을 할 수 있을까? 감독이 당신의 아들에게 농구를 하기엔 키가 너무 작다고 말한다. 똑같다. 수학 시험을 망쳤다면? 놀이터에서 괴롭힘을 당했다면? 최후의 보루로 지원한 학교에만 합격했다면? 모두 같다.

아이들에게 이 불행한 일에 빠져있지 말고 다음 단계에 집중하라고 가르쳐야 한다. 자녀가 대응하는 데 에너지를 쏟도록 가르쳐야 한다. 어떤 일이 일어났을 때 어떻게 반응할지는 그들에게 달려있기 때문이다. 그것이 아이들이 가진 엄청난 힘이다. 아이들에게 이것을 가르쳐야 한다.

OCT 4 | 자기 일은 자기가 하도록 시킨다

> 앉아서 콧물이 흐르지 않길 기도하자! 아니면 그냥 코를 닦고 희생양을 찾는 것을 그만두자.
>
> -에픽테토스 Epictetus

언젠가 여왕이 될 스파르타의 젊은 여성인 고르고에 대한 멋진 이야기가 있다. 고르고는 왕족이었지만 다른 스파르타인들처럼 사치와 허식 없이 자급자족하며 살도록 자랐다.

그러니 스파르타를 방문한 한 귀한 손님의 신발을 하인이 신겨주는 모습을 보고 얼마나 놀랐을지 상상해 보자. 그녀는 아버지 레오니다스 왕에게 천진하게 말했다. "보세요, 아버지. 이 손님은 손이 없어요!"

안타깝게도 우리 아이들 중에서도 두뇌와 손이 없는 아이들을 쉽게 만날 수 있다. 부모가 자녀의 옷을 입혀주고 자녀를 위한 결정을 내린다. 제설기처럼 앞길을 치워준다. 혹시 일이 잘못될까 봐 헬리콥터처럼 주위를 맴돈다. 부모는 자녀를 위해 모든 것을 다 해준다.

그러고선 부모는 아이들이 왜 이렇게 무력해하는지 궁금해한다. 아이들이 왜 이렇게 불안해하고 자존감이 낮은지 고민한다. 자신감은 스스로 얻는 것이다. 자신감은 자급자족한 경험에서 비롯된다. 우리가 자녀를 아이처럼 애지중지할 때 — 우리가 아이들의 손을 없애버릴 때 — 우리는 이 중요한 자산을 아이들에게서 빼앗는 것이다.

그것은 옳지도 않고 공평하지도 않다.

그저 방관해선 안 된다

OCT 5

2021년 초, 음악가 존 로더릭은 아이들을 가르치는 방법에 대한 요점을 놓쳤다는 이유로 전 세계 부모들에게 비난을 받았다.

로더릭의 딸은 배가 고팠고 그는 바빴다. 아이는 콩 요리를 하고 싶었다. 그는 딸이 스스로 콩을 요리하는 방법을 알아내길 바랐다. 그가 퍼즐을 맞추는 동안 딸은 통조림 따개로 구운 콩이 담긴 통조림을 열려고 애썼다. 아이는 캔을 열려고 한참이나 낑낑댔다. "그냥 아빠가 좀 열어주시면 안 돼요?" 딸이 말했다. 그는 딸이 교훈을 얻길 바랐다. 딸은 계속 노력했고 아버지는 계속 제안을 했다(그리고 이 일을 트위터에 올렸다). 그렇게 지속하다가 마침내 여섯 시간 만에 딸은 통조림을 열었다.

로더릭은 "콩 아빠"라는 별명을 얻게 되었다. 지지해 주는 부모가 되는 것과 콩 아빠가 되는 것 사이에는 차이가 있다.

부모의 일은 자녀를 위해 모든 통조림을 열어주는 것이 아니다. 하지만 어둠 속에서 여섯 시간 동안 홀로 고군분투하게 내버려두는 것도 아니다. 직접 나서서 <u>방법</u>을 보여줘야 한다. 다음부터는 <u>스스로</u> 할 수 있도록 통조림을 여는 방법을 보여줘야 한다. 다음 번에는 <u>스스로</u> 하게 지켜보면 된다.

콩 아빠가 되지 말고 안내자가 되어주자.

OCT 6

시련에 굴복하지 않는 태도

> 날씨가 좋을 때 폭풍우를 대비해야 하는 것처럼 젊을 때 노년을 대비해 절제력과 자제력을 키워야 한다.
> -플루타르크 Plutarch

시어도어 루스벨트는 열두 살이 될 때까지 매일 끔찍한 천식과 싸워야 했다. 거의 매일 밤 발작을 일으키며 죽을 것 같은 고통을 느꼈다. 한 번에 몇 주 동안 침대에 누워있던 적도 있었다. 엄청난 부와 지위를 갖고 태어난 그는 약한 몸 때문에 평생 보살핌을 받아야 했을 수도 있었다.

그러던 어느 날 아버지가 그의 방으로 들어와 어린 소년의 삶을 바꿔놓은 메시지를 전했다. "시어도어, 너는 튼튼한 정신을 갖고 있지만, 신체는 그렇지 못해. 하지만 건강한 신체의 도움 없이는 정신이 큰 힘을 발휘할 수 없단다." 옆에서 대화를 들은 루스벨트의 여동생은 이 어리고 연약한 소년이 아버지를 바라보며 결연한 표정으로 대답하던 모습을 떠올렸다. "몸도 튼튼해져 볼게요."

그때가 "애쓰는 삶"이라고 부르는 것을 준비하고 성취하기 위한 시작이었다. 그는 매일 운동을 했다. 그리고 20대 초반이 되자 마침내 천식과의 싸움이 끝났다. 루스벨트는 약한 체력을 극복했다.

모든 사람이 주어진 카드를 그대로 받아들이는 것은 아니다. 그들은 여러 활동과 운동으로 몸과 인생을 다시 만든다. 힘든 길을 걸을 때를 대비한다.

당신의 자녀는 어떠한가? 강철처럼 강한 의지를 갖고 태어나는 사람은 없다. 정신력은 연마하는 것이다. 당신의 임무는 아이들이 정신력을 키울 수 있게 도와주는 것이다.

문제를 해결하는 방법을 알려준다

OCT 7

트루먼 대통령 시절 미국 국방부 장관이었던 로버트 로벳은 "이것이 사소한 것이라고 생각할 수도 있지만, 전쟁 중에 내가 워싱턴에서 만난 사람들 중 스스로 문제를 해결할 줄 모르는 사람이 얼마나 많았는지 알면 깜짝 놀랄 것이다"라고 말한 적이 있다.

만약 자녀가 돋보이거나 성공하길 바란다면 자녀에게 스스로를 다스리는 방법과 문제를 해결하는 방법을 가르쳐야 한다. 그것이 아이들을 백만 명 중 한 명으로 만드는 것이다. 아이비리그에 다니는 학생들 중에도 올바른 결정을 내리고 일을 우선순위에 따라 해결하며 명확하게 생각하고 말하는 데 어려움을 겪는 사람이 많다. 말하거나 행동하는 걸 보면 차에 치이지 않고 어떻게 길을 건널 수 있는지 의아한 천재들도 있다.

그렇다고 눈높이를 낮추라는 의미가 아니다. 올바른 목표를 세우고 있는지 상기해야 한다는 뜻이다. 만약 아이들이 자급자족하지 못하고 일을 해내지 못한다면 학위나 화려한 자격증, 다양한 경험 등이 뭐가 중요하겠는가?

OCT 8 | 자녀의 고생을 줄이는 방법

자녀가 고통받는 것을 보고 싶어 하는 부모는 없다. 아이들이 당황해서 말을 더듬거나 숙제로 곤혹스러워하거나 사회 초년생이 되어 갈팡질팡 헤매는 모습을 본다면 아마 아이들보다 부모가 더 고통스러워할 것이다. 하지만 아이들은 힘든 시기를 겪지 않으면 성장할 수 없고, 배울 수 없으며, 더 나아질 수 없다.

천재이자 사업가로 성공한 토머스 에디슨도 정확히 같은 문제로 어려움을 겪었다. 그는 너무 똑똑하고 고집이 세며 자신이 원하는 바가 분명해서 아들에게 발전하고 배울 기회를 줄 수 없었다. 상사와 아버지 사이의 적절한 선을 알아내지 못했다.

그의 아내는 남편에게 모든 부모에게 조언이 될 만한 훌륭한 편지를 썼다.

당신은 인생에서 성공을 거두었고 엄청난 기업을 세우는 데 성공했으니 더 이상 세상에 당신의 능력을 증명할 필요가 없죠. 모두가 다 아는 사실이니까요. 이제 그냥 아들들이 고군분투하는 모습을 지켜보며 이끌어주는 것만으로 행복할 순 없나요? 당신이 찰리의 관리자라는 사실은 조금 잊고, 아빠가 되어주세요. 친절한 아빠가 되어주세요!

당신이 아이들을 걱정하는 마음과 필요하다면 아이들을 위해 죽을 수도 있다는 마음은 위대하다. 하지만 에디슨이 그래야 했던 것처럼 당신도 자녀를 위한 마음은 조금 접어두고 아이들이 배울 수 있게 해주자. 그렇게 하면 아이들은 앞으로 할 고생을 훨씬 줄일 수 있을 것이다.

도전 의식을 심어준다

OCT 9

> **삶의 기술 대부분은 회복력이다.**
> -알랭 드 보통·Alain De Botton

당연히 부모는 자녀가 강인하게 크길 바란다. 활동적이고 회복력이 뛰어나며 건강하고 유능하길 바란다. 장애물을 극복하고 스스로를 방어할 수 있으며 인생의 좋고 나쁜 일에 항상 대비할 수 있길 바란다.

하지만 단지 저절로 강인한 아이가 되길 *바라선* 안 된다. 당신이 강인한 아이로 *키워야* 한다.

시어도어 루즈벨트는 자녀들과 긴 산책을 할 때 그들을 바위와 울창한 숲으로 데리고 가는 것으로 유명하다. 그는 아이들이 스스로 노력해서 문제를 해결하는 것에 익숙해지길 바랐다.

고대 로마에서 정치적으로 가장 영향력 있는 시민 중 한 명으로 성장한 스토아 철학자 소小 카토의 증조부인 대大 카토도 같은 방식으로 교육했다. 그는 아들 마르쿠스에게 "투창을 던지는 법, 갑옷을 입고 싸우는 법, 말 다는 법, 권투를 할 때 주먹을 사용하는 법, 극한의 추위와 더위를 견디는 법, 거칠고 빠르게 흐르는 강을 수영해서 건너는 법"을 훈련시켰다.

부모는 자녀에게 도전 의식을 북돋고 그 도전을 해냈을 때 받는 보상을 가르침으로써 자녀를 강인하게 만든다. 그리고 함께 굳세게 견디면서 자녀를 강인하게 만든다.

OCT 10 | 그래도 너무 엄하게 대하지 않는다

많은 엄한 부모들이 각각의 아이들은 다르고, 서로 다른 것을 필요로 한다는 사실을 받아들여야 했다. 대ㅊ 카토도 아들 마르쿠스를 위해 만든 과제에서 그렇게 할 수밖에 없었다. 그는 마르쿠스가 자신이 아닌 마르쿠스라는 사실을 고려해야 했다. 플루타르크는 이렇게 적었다.

> 극심한 고난을 견딜 수 있을 만큼 그의 몸이 강인하지 않았기 때문에 카토는 어쩔 수 없이 아들의 생활 방식에 대한 엄격함과 규율을 다소 완화해야 했다.

당연히 그래야 한다. 우리는 다정하고, 인내심 있고, 이해심 있게 자신의 한계를 뛰어넘어 성장하는 법을 가르침으로써 아이들을 강인하게 키워야 한다. 하지만 우리는 그 한계를 인정하고 존중해야 한다. 아이들에게 도전 상황을 던져주어야 하지만 *우리가* 아이들의 난제가 되어선 안 된다. 우리는 그들의 협력자이자 그들과 한 팀이다. 우리는 아이들을 사랑한다. 우리는 아이들과 맞서는 것이 아니라 아이들과 함께 노력하고, 아이들을 위해 노력한다.

이런 아빠가 되어준다

OCT 11

아랏 호세이니라는 네 살짜리 이란 소년이 박스 점프를 시도하는 바이럴 영상을 알고 있는가? 아랏은 아홉 차례나 시도하고 실패한다. 그때 그의 아빠인 무함마드가 화면에 나타나 아들에게 응원의 말을 건네며 용기를 준다. 바로 다음 시도에 아랏은 점프에 성공한다. 박스 위에서 주먹을 불끈 쥔 후에 아빠의 품으로 뛰어든다.

이것이 바로 *"Luctor et emergo"* - "나는 노력하고 있고 발전한다"가 무엇인지 보여주는 영상이다. 이것은 무의미한 노력이 아니다.

자녀의 곁에서 용기를 북돋워 주고, 넘어질 때 일으켜 세워주며, 아이들이 필요할 *때* 필요한 말을 해주어야 한다. 콩 아빠인 존 로더릭이 아닌 박스 점프를 성공시킨 무함마드 같은 아빠가 되어주어야 한다.

OCT 12 | 모든 이야기의 결말은 스스로 결정하는 것임을 알려준다

제임스 스톡데일 해군 중장이 베트남에서 격추당했을 때 그는 북베트남군에 포로로 잡혔다. 그는 거의 8년 동안 고문을 당하고 상상할 수 없는 외로움과 공포에 시달렸다. 그가 격추당한 사실이나 포로로 잡혔다는 사실에 대해 할 수 있는 것은 거의 없었다. 어떻게 생존했는지 묻는 질문에 그는 이렇게 대답했다.

나는 이야기의 결말에 대한 믿음을 잃지 않았다. 내가 빠져나갈 수 있을 뿐만 아니라 결국은 내가 승리할 것이며, 이 경험을 내 인생의 결정적인 사건으로 만들 것이라는 사실을 의심하지 않았다.

스톡데일이 스스로에게 했던 말 — 그리고 이 끔찍한 시련을 견디게 도와준 말 — 은 '자신에게 놀라운 힘이 있다는 것'이었다. 그는 남은 인생이 길든 짧든, 이 경험을 남은 생 동안 어떻게 활용할지 결정할 수 있었다.

자녀들에게 이를 가르쳐주자. 고난을 연료로 보는 법을 가르쳐주자. 남들이 장애물을 보는 곳에서 기회를 보는 법을 가르쳐주자. 우리가 통제할 수 없는 일이 일어나더라도 우리에게는 그 일을 스스로 선택할 수 있는 놀라운 힘이 있다는 사실을 가르쳐주자. 아이들은 어떤 사건이 그들의 삶에 어떤 역할을 할 것인지 결정할 수 있다. 그들은 이야기의 결말을 쓸 힘을 갖고 있다.

증명하게 하라

OCT 13

스티븐 리넬라은 자신의 멋진 책인《아웃도어 키즈 인 인사이드 월드*Outdoor Kids in an Inside World*》에서 아이들을 데리고 몬태나로 캠핑을 떠난 이야기를 들려준다. 그곳에서 자녀 중 한 명이 당당하게 전갈을 봤다고 주장했다. 스티븐이 아들의 말을 믿지 않자 아이는 점점 화를 내며 전갈을 본 게 확실하다고 말했다. 그는 "나는 아들에게 내 생각을 바꿀 수 있는 유일한 방법은 전갈을 가져오는 것이라고 말했다. 몬태나에 전갈이 없다는 것은 모두가 아는 사실이기 때문에 매우 합리적인 제안이었고, 전혀 위험하다고 생각하지 않았다"라고 회상했다.

자녀들의 불가능한 주장에 이의를 제기해 본 부모들이라면 그다음에 무슨 일이 일어났는지 알 것이다. 몇 분 만에 아이들은 돌 위에 있는 전갈 두 마리를 가지고 나타났다. "구글에 검색해 본 결과 우리는 몬태나의 유일한 전갈 종류인 북방전갈 두 마리를 보고 있었는데, 이들은 주로 옐로스톤 분지의 벼랑 가장자리 바위에서 발견된다고 한다. 내게는 새로운 사실이었다."

우리는 자녀의 주장을 믿어야 한다는 것을 어렵게 배운다. 자녀가 아무리 자주 틀린다고 해도, 한 번이라도 그렇지 않다면 당신은 대가를 치러야 한다. 하지만 그렇다고 아이들의 말을 항상 쉽게 믿어야 한다는 의미는 아니다. 아이들이 노력하게 하고 증명하게 하자. 아이들이 전갈을 찾아내게 하자. 증거를 찾고, 자세한 설명을 하고, 자신의 주장을 펼치게 하자. 더 좋은 방법은 부모와 함께하는 것이다. 자녀에게 자신의 작업을 보여주고, 자신의 입장을 뒷받침하며, 설득하는 법을 가르쳐주자.

OCT 14 고통은 삶의 일부다

> 당신은 전적으로 당신에게 속한 자유로운 힘을 갖고 있지만 사용하지 않는다. 왜냐하면 당신이 어떤 힘을 갖고 있는지, 그 힘이 어디서 나온 것인지 깨닫지 못하기 때문이다. 나는 당신에게 타고난 강인함과 회복력을 지닌 기질과 자산이 있다는 것을 보여줄 준비가 되어있다.
> —에픽테토스 Epictetus

아이들이 절대 고통받지 않을 것이라고 보장할 수 있다면 얼마나 좋을까. 물론 그건 불가능한 일임을 알고 있을 것이다. 헤르만 헤세의 《싯다르타》에 나오는 등장인물이 말한 것처럼 우리는 우리가 살면서 겪었던 고통을 아이들이 겪지 않게 할 수 없다. 아이들이 어떤 고통도 받지 않도록 지켜줄 수 없다. 괴로움과 고통은 삶의 일부이기 때문이다.

부모로서 우리의 목표는 아이들이 인생에서 겪게 될 어떤 일에도 대처할 수 있을 만큼 충분히 강인하고 충분히 *사랑받는* 아이로 키우는 것이다. 아이들이 고통받지 않길 원하지만, 괴로운 일이 닥쳤을 때 (그리고 *괴로움은 분명히 온다*) 첫 충격을 견디고 어려움을 헤쳐나가며 그 결과로부터 배울 수 있길 바란다.

오늘 이 문제에 대해 한번 생각해 보자. 아이들을 강인하게 키우고 불확실한 미래에 대비하는 것에 대해 생각해 보자. 이것이 우리가 확실히 아는 한 가지이기 때문이다. 상황은 힘들어질 수 있고 잘못될 수 있다. 더 많은 팬데믹과 비상사태, 경기침체와 슬픔이 기다리고 있을 것이다. 아이들은 이런 상황에 대비해야 하며, 그 준비를 도와주는 것은 부모의 일이다.

한순간의 용기

OCT 15

2006년, 벤자민 미는 동물원을 인수했다. 말 그대로 진짜 동물원을 인수했다. 폐장 직전의 이 동물원은 새로운 주인의 손길이 필요했다. 당시 미와 그의 가족도 어려운 시기를 보내고 있었다. 미의 가족도 상황이 좋지 않았다. 하지만 미는 ― 미의 책을 영화로 만든《우리는 동물원을 샀다*We Bought a Zoo*》에서 맷 데이먼이 연기한 장면에서 ― 아들에게 인생은 우리가 적극적으로 나서는 순간들로 정의된다고 설명했다.

> 때론 20초의 미친 척하는 용기가 전부일 때가 있어. 말 그대로 창피함을 무릅쓰는 20초간의 용기. 내가 장담하건대 정말 멋진 일이 일어날 거야.

용기를 작은 조각으로 나눈다는 개념은 부모가 자녀에게 전수해 줄 수 있는 매우 좋은 개념이다. 사람들은 일반적으로 용감하지 않다. 우리는 한순간에만 특별히 용감해질 수 있다. 이것은 우리나 아이들, 벤자민 미의 아들도 그렇고 군대에서 가장 많은 훈장을 받은 군인들도 마찬가지다.

예를 들어, 명예 훈장 수상자들의 표창장을 읽어보면, 영웅의 경지에 오르는 행동은 거의 대부분 한순간에 일어난다. 그것은 다섯 시간 동안 열두 명의 반란군과 싸우는 것이 아니라 쓰러진 전우를 구하기 위해 사방이 적군의 총탄에 노출된 넓은 평원을 20초 동안 가로질러 가는 것이다.

말 그대로 20초의 터무니없이 용감한 행동이다. 그것이 바로 용기다. 그러니 아이들에게 그 몇 초간의 용기를 어떻게 낼지 가르쳐주자. 몇 초의 용기를 내면 대단한 일이 일어날 거라고 말해주자.

OCT 16 모든 일에는 좋은 면이 있다

부모가 되고 나면 힘든 상황이 연이어 발생하는 것처럼 느껴진다. 한 아이는 아프고, 다른 아이는 학교생활에 어려움을 겪고 있다. 당신의 아들이 어제 이웃집에 돌을 던지다가 적발되었다는 이웃의 전화를 받았다. 당신의 딸은 괴롭힘을 당했고, 당신의 가족은 오늘 축구 경기에 엄청 늦을 것 같다.

생각만 해도 감당하기 벅차고 답답하다. 부정적으로 느껴질 수 있다.

이런 순간에 우리가 기억해야 하는 것은 로라 잉걸스 와일더의 문장이다.

우리가 찾으려고만 한다면 모든 일에는 좋은 면이 있다.

부모로서 우리에게 던져진 모든 일을 문제나 짐으로 바라본다면 우리는 금방 지칠 것이다. 하지만 모든 상황에서 좋은 면을 볼 수 있다면, 모든 장애물에서 기회를 찾을 수 있다면 그 일을 헤쳐나갈 수 있을 뿐만 아니라 더 나은 부모가 될 수 있을 것이다.

도와주되 아무것도 하지 못하는 사람으로 만들지 않는다

OCT 17

해야 할 일이 너무 많다. 아이들은 옷을 갈아입고 밥을 먹어야 한다. 학교에 가야 하고, 학교에 가선 공부도 잘해야 한다. 성인이 되면 일자리도 찾아야 하고, 집과 배우자도 찾아야 하며, 현대 사회의 힘든 문제들을 헤쳐나갈 줄도 알아야 한다.

이렇게 해야 할 일이 많은데 아이들은 모든 일에 너무 서툴다. 부모는 어떻게 선을 넘지 않고 자녀를 도울 수 있을까? 언제 도와줘야 하는지, 어디까지 처리해 줘야 하는지, 걱정할 필요가 없다고 말해줘야 하는 부분은 무엇인지 어떻게 알 수 있을까? 물론 이런 문제에 정해진 규칙은 없다. 아무도 완벽한 기준을 알려줄 수 없다. 대학 등록금은 지원하되 차는 사주지 않는다. 음식은 만들어주되 숙제를 대신 해주지는 않는다. 부엌은 치워주되 자녀의 방은 치워줄 수 없다. 이런 기준은 모두에게 통용되지 않는다.

그렇기 때문에 한 가지 훌륭한 원칙을 마음에 새기고 그것을 기준으로 삼는 것이 좋다. 플루타르크의 리더십에 대한 명언을 적용해 보는 것도 좋은 방법이다.

부모는 어떤 일이든 할 수 있어야 하지만 모든 일을 해주어선 안 된다.

훌륭한 리더는 소매를 걷어붙이는 것을 두려워하지 않는다. 그들은 자신의 가족이나 조직을 위해 무슨 일이든 할 것이다. 하지만 모든 일을 해주어선 안 된다는 사실도 알고 있다. 그것은 자신에게나 어느 누구에게나 좋지 않다.

OCT 18 해결할 수 있는 일임을 가르쳐준다

> 행동에 방해가 되는 요소가 행동을 앞당긴다. 방해되는 것은 곧 길이 된다.
> -마르쿠스 아우렐리우스 Marcus Aurelius

창의적이고 성공한 사람들의 전기에 빠지지 않고 나오는 이야기가 있다. 어린 시절 그들은 차의 엔진이 어떻게 작동하는지 혹은 남극 대륙은 어떤 곳인지 등의 궁금증을 갖고 있었다. 그것이 역사든, 과학이든, 동물이든 그 궁금증이 어떤 주제에 관한 것인지는 중요하지 않았다. 왜냐하면 그들의 아버지는 언제나 "나도 잘 모르겠구나. 가서 같이 알아보는 게 어때?"라는 식의 반응을 보였기 때문이다. 그래서 그들은 도서관이나 철물점, 컴퓨터 앞으로 가서 답을 알아낼 때까지 조사하는 것을 멈추지 않았다.

이런 경험들은 이 위대한 인물들에게 중요한 교훈 몇 가지를 심어주었다. (1) 부모가 실제로 자신의 말을 경청하고 관심을 기울였다는 것 (2) 호기심은 위대한 모험의 출발점이라는 것 (3) 도서관이나 인터넷, 현명한 이웃 등 질문에 대한 답을 찾을 수 있는 곳이 있다는 것.

하지만 가장 중요한 것은 책 《믿음의 마법 Everything Is Figureoutable》에서 저자 마리 폴레오가 이야기하는 개념을 습득하게 된다는 것이다. 문제는 해결할 수 있다. 무지함은 사라질 수 있다. 답은 알아낼 수 있다. 미지의 것은 익숙해질 수 있다. 어떤 것들은 발견될 수 있다.

이것이 어떻게 가능한지 보여주자. 자녀를 도서관이나 컴퓨터, 전화기, 과학 선생님 앞으로 데리고 가자. 세상의 심각한 일이든 사소한 일이든 해결할 수 없는 문제는 없다는 것을 가르쳐주자.

해결할 수 있는 일임을 가르쳐준다 II

OCT 19

찰스 린드버그가 최초의 대서양 횡단 비행을 시도하려 생각했을 때, 그는 한 가지 문제에 부딪혔다. 솔직히 그는 그 거리가 어느 정도인지 전혀 알지 못했다.

린드버그의 자서전에는 비행 준비 초기에 뉴욕에서 파리까지 특정 경로로 이동할 계획에 대해 정비사와 이야기하는 장면이 나온다.

"거리가 어느 정도 될까요?" 린드버그가 물었다.

"약 3,500마일 정도 됩니다. 지구본으로 살펴보는 게 가장 좋아요. 지구본을 갖고 계신가요?"

"공립 도서관에 지구본이 있어요. 차를 타고 몇 분만 가면 됩니다. 정확한 거리를 알아야 정확한 계산을 할 수 있어요. 제 차가 바로 앞에 있습니다."

린드버그는 _스스로 답을 알아냄으로써_ 문제를 해결하는 사람이었다. 린드버그와 그의 파트너는 끈을 지구본의 뉴욕에서 파리까지의 곡선을 따라 길게 늘어뜨리는 방법으로 거리를 측정했다. 린드버그가 비행에서 살아남았을 정도로 아주 근접하게 측정했다.

자녀의 문제를 해결해 줄 필요는 없다. 자녀에게 암기하는 법을 가르쳐 줄 필요도 없다. 부모가 해야 할 일은 _스스로 돕는 법_을 가르쳐주는 것이다. 우리는 아이들에게 모든 문제는 해결할 수 있음을 보여주어야 한다.

OCT 20 | 자녀를 어느 정도까지 도울지는 신중해야 한다

2016년, 지니 개피건은 뇌에 배만 한 크기의 종양이 있다는 사실을 알게 되었다. 사망할 가능성이 높았지만, 그렇지 않더라도 회복하는 데 오래 걸릴 뿐만 아니라 치료가 고통스러워 몸이 예전과 같지 않을 수 있었다. 개피건의 가족에게는 정말 힘든 시기였다. 인터뷰에서 그녀는 가족이 그녀 없이 제대로 지낼 수 없을 것 같아 두려웠다고 밝혔다.

> 저는 수술실에 실려가면서 "내 컴퓨터 비밀번호는…." "프레시 다이렉트 비밀번호는…." 따위의 말을 하고 있었죠. 전해야 할 정보가 너무 많았어요. 이후에 회복하는 동안 저는 가족들을 위해 모든 것을 해주는 것은 그들의 생활 능력을 완전히 빼앗는다는 것을 깨닫게 되었습니다. 크게 두 가지를 깨달았는데, 첫째는 제가 제 인생과 제 사람들, 아이들을 지나치게 통제하고 있었다는 것이고, 두 번째는 그들은 저 없이도 잘 지낼 수 있다는 거예요. 제가 그랬던 것처럼 그들을 엄격하게 관리할 필요가 없었죠.

물론 여기서의 교훈은 부모의 역할이 중요하지 않다는 것이 아니다. 그건 말도 안 되는 이야기다. 지니가 깨달은 것은 너무 집착하고, *지나치게 도와주려던* 행동이 사실 아이들이 성장하는 데 걸림돌이 되었다는 사실이다. "회복하는 동안 저는 아무것도 해주지 못하고 있었어요." 그녀는 이어 말했다. "그런데 모두가 괜찮았어요. 모두가 잘 지냈죠. 오히려 더 잘 해내고 있었어요. 그리고 남편에게는 전에 없던 모습들이 쏟아져 나왔어요. 아이들도 자신의 꽃을 피워내고 있었죠. 저는 그 모습을 멀리서 지켜봤습니다. 그들은 저를 필요로 했지만 필요로 하지 않기도 했던 거죠."

자녀가 스스로 알아내게 한다

OCT 21

자녀에게 모든 답을 알려주는 것이 쉬울 것이다. 심지어 답을 알려주는 건 재미있기도 하다. 모든 일을 더 빠르고 원활하게 진행하게 해주고, 당신도 당신이 하던 일로 돌아갈 수 있다. 하지만 그럴 수는 없다. 그렇게 해선 안 된다.

부모의 목표는 아이들이 답을 알아낼 줄 아는 사람으로 키우는 것이라고 말한 적이 있다. 그게 무슨 뜻일까? 아이들이 스스로 알아낼 수 있도록 내버려두어야 한다는 의미다.

존 스튜어트 밀은 어릴 적 아버지의 독특한 교육 방식을 기억해 냈는데, 그것은 "스스로 알아내려는 노력을 다하기 전까지는 답을 들을 수 없다는 생각을 하면 무엇이든 알아낼 수 있다"라는 것이었다. 그의 아버지가 앞서 나왔던 콩 아빠처럼 자녀를 전혀 도와주지 않는 것은 아니었다. 아버지는 아들이 먼저 시도해 보길 권장했다. 그는 아들이 문제 해결에 대한 방법을 고심하고 그것을 배울 수 있는 방법을 터득할 때까지 모르는 상태로 내버려두었다. 아버지가 구조해 주기 전까지 아들은 시도와 실패를 거듭했다.

'나는 노력하고 있고 발전한다 *Luctor et emergo*'를 기억하는가? 우리는 아이들에게 스스로 할 수 있는 능력이 있다는 것을 상기시켜야 하며, 만약 그렇지 않다면 경험이나 호기심, 탐구로 이를 개발할 수 있음을 알려주어야 한다. 우리가 아이들에게 답을 바로 알려주지 않는 것은 아이들을 사랑하지 않아서가 아니라 너무 사랑하기 때문이다. 우리는 자녀를 믿기 때문에, 그렇게 했을 때 아이들이 무언가를 얻을 것임을 믿기 *때문에* 어려움을 겪도록 내버려두는 것이다.

OCT 22 | 부모가 어떻게 보는지가 중요하다

> 피해를 입지 않기로 선택하면 피해를 입었다고 느끼지 않을 것이다. 피해를 입었다고 느끼지 않으면 당신은 피해를 입지 않은 것이다.
> -마르쿠스 아우렐리우스Marcus Aurelius

아무도 — 특히 자녀들에게는 — 일어나지 않길 바라는 일들이 있다. 하지만 살다 보면 팔이 부러지는 일, 괴롭힘을 당하는 일, 좌절감을 주는 일, 상처받는 일, 문제를 일으키는 일 등이 우리에게 일어난다.

우리가 이런 일이 일어나기를 선택하지는 않겠지만, 일어난다 해도 우리에게 몇 가지 선택지가 있다는 사실을 기억해야 한다. 제임스 스톡데일이 베트남의 정글에서 격추당했을 때 그랬던 것처럼 우리는 이런 힘든 사건을 어떻게 바라볼지 선택할 수 있다. 우리는 그 사건에 대해 스스로에게 어떤 이야기를 들려줄지 선택할 수 있다.

이런 생각의 힘은 — 받아들이거나 거부하거나 관계없이 — 팬데믹 기간 동안 부모들의 태도에서도 그대로 드러났다. 많은 부모가 자녀들이 원격 교육을 받거나 조부모를 만나지 못하면서 피해를 입었다고 생각했다. 물론 이런 사건들은 달갑지 않다. 그리고 그에 따른 결과도 있었다. 하지만 "피해를 입었다"라는 것은 주관적인 표현이다. 이것이 부모의 선택이다.

당신의 자녀가 이런 일로 영향을 받을까? 이사 때문에 학기 중에 선생님이 바뀌는 경우나 안경을 쓰게 된 경우, 이혼을 하는 사건 등으로 아이들은 영향을 받을까? 그렇다. 영향을 받지 않는다고 하면 거짓말일 것이다. 하지만 그 과정에서 어떤 영향을 받을 것인지는 당신에게 달려있다. 당신이 이런 일을 어떻게 바라보는지, 그리고 더 중요한 것은 당신이 어떻게 대응하는지에 따라 아이들이 이 사건을 어떻게 인식하는지 결정될 것이다.

자녀를 위해 해주지 말아야 할 일

OCT 23

H.R. 맥매스터 장군은 농담 삼아 밀레니얼세대인 그의 딸 또래 친구들을 "내 오렌지를 까줘 세대"라고 부른다. 딸이 속한 이 세대는 부모가 먼저 해주지 않으면 오렌지 껍질을 벗기는 일조차 하지 못한다는 의미다. 그리고 지금 성인이 된 그들은 이로 인한 어려움을 겪고 있다. 지금까지 그들의 부모가 자신을 위해 여러 일들을 모두 해주었기 때문이다. 전날 밤부터 시작한 과학 박람회 프로젝트든, 그들이 정당하게 받은 (나쁜) 성적으로 선생님에게 항의하는 일이든, 감당할 수 없는 집 계약금 마련이든 맥매스터의 딸은 학습된 무력함에 둘러싸여 있었다.

나르시시즘, 두려움, 불안감, 경제적 불안, 그리고 물론 진정한 사랑 등 이런 제설기나 헬리콥터 양육 방식을 선택하는 데는 다양한 이유가 있다. 하지만 그 뒤에 숨은 감정이 무엇이든 그 결과는 같다.

우리의 목표는 자급자족할 수 있는 아이로 키우는 것이다. 그러니 아이들이 직접 오렌지 껍질을 벗기게 하자. 콩 아빠처럼 아이들을 혼자 고군분투하게 그냥 내버려두라는 의미가 아니다. 아이들에게 *가르쳐주고*, 용기를 북돋워 주라는 의미다. 아이들에게 목표를 설정해 주고 스스로 해결하도록 내버려두자.

OCT 24 | 그래도 아이들은 성공할 수 있다

성공한 예술가나 기업가, 세계적 리더들 중 상당수는 힘겨운 환경에서 자란 것이 사실이다. 역경이 지금의 그들을 만들었고 발전시켰으며 위대한 사람으로 이끈 원동력이 되기도 했다.

그렇다면 부모가 행복한 결혼 생활을 하고 자녀를 좋은 학교에 보내고 새 옷을 사줄 수 있으면 아이들이 불리한 조건에 놓인다는 뜻일까? 전혀 그렇지 않다.

성공한 사람들은 실제로 다양한 배경을 가지고 있다. 프랭클린 루스벨트는 사랑 많은 부모님을 두었지만 처칠은 그렇지 않았다. 두 사람 모두 높은 곳까지 도달했고, 성공하기 위해 고군분투했으며, 각자 자신의 자녀와 훌륭하고 안정적이며 사랑이 넘치는 가정을 꾸리려 애썼다.

자녀에게 행복한 어린 시절을 만들어주는 것이 우리가 모든 면에서 노력하는 핵심이다. 자기 자신을 의심하지 말자. 아이들의 삶은 행복해야 한다. 좋은 삶이 쉬운 삶과 같지 않다는 사실만 명심하자.

버릇없는 아이는
아무도 좋아하지 않는다

OCT 25

> 아이에게는 천진함과 유순함 같은 아름다움이 있다. 하지만 버릇없는 아이에게는 어떤 아름다움도 없다.
>
> -더그 맥매너먼 Doug McManaman

아이보다 더 사랑스럽고 아름다운 존재는 없다. 아이의 웃음, 아이의 기쁨, 아이가 말하는 귀여운 말들. 하지만 모든 달콤한 것이 그렇듯, 이런 것들은 쉽게 상할 수 있다.

자녀가 원하는 것을 모두 주는 것은 아이에게 전혀 도움이 되지 않는다. 모든 어려움과 역경을 막아주는 것은 아이를 도와주는 것이 아니다. 부모가 아이의 모든 전투를 대신 싸워준다고 해서 아이의 삶이 쉬워지는 것도 아니다. 자녀의 요구를 전부 들어주는 것이 아이에게 보상을 주는 것도 아니다.

이러한 행동은 아이를 망치는 것이다. 그리고 그 행동이 딱히 세상에 도움이 되는 것도 아니다. 대신 아이는 살면서 매우 힘들고 어려운 시간을 보내게 된다. 아이는 매우 나약하고 무례한 사람으로 성장하게 된다.

아이를 응석받이로 키우지 말자. 비록 아이에 대한 사랑이 넘쳐나더라도 모든 것을 적절한 수준으로 유지하자. 물론 균형을 유지하는 일은 어렵지만, 그러지 못하면 너무 큰 대가를 치르게 된다.

OCT 26　아이에게서 빼앗으면 안 되는 것

인류의 모든 문제는 혼자 방에서 조용히 앉아있지 못하는 데서 비롯된다.
-블레즈 파스칼Blaise Pascal

부모는 본능적으로 아이의 매 순간을 알차게 채워주려고 한다. 아이들은 학교에 가고, 수영 교습이나 기타 레슨을 받고, 미리 약속을 잡아 친구들과 놀기도 한다. 부모는 아이들에게 밖에 나가서 놀다 오라고 말한다. 책을 읽거나 숙제를 하고, 악기 연습을 하라고 말한다. 지금 하는 일이 끝나고 나면 무엇을 하고 싶은지 아이들에게 물어본다. 우리는 항상 무슨 일이든 하라고 강요하거나 권장한다.

부모의 이런 행동은 대개 좋은 의도를 가지고 있다. 하지만 이것은 인생의 아주 중요한 기술인 혼자 있는 능력을 박탈하는 것이다. 아이들이 혼자 앉아 생각에 잠기고 혼자 즐겁게 시간을 보내며 지루함에 익숙해지는 능력 말이다.

어떤 아이들은 외향적이고 어떤 아이들은 내향적이다. 하지만 모든 아이는 혼자 있는 법과 그 공간에서 행복해지는 법을 알아야 한다. 물론 부모가 이런 능력을 키워줄 수 있는 기회는 많다. 아이가 아침에 하루를 시작할 때 서두르지 말자. 아이가 방에서 조용히 놀고 있다면 한 발짝 뒤로 물러서자. 지루해하도록 내버려두자. 학교에서 돌아온 후나 주말에는 아이가 한동안 혼자 빈둥대는 시간을 갖게 하자. 독립심을 키울 수 있도록 혼자 어느 정도의 시간을 보낼 수 있게 해주자.

모든 성인이 알고 있듯이, 이것은 인생의 중요한 부분이다. 혼자 방에서 조용히 앉아있을 수 있는 능력이 부족한 사람은 불행해지거나 중독과 과도한 자극에 빠지기 쉽다. 그러니 아이들에게 지금 가르쳐주자. 더 정확히 말하면, 아이들이 이를 스스로 배울 수 있는 시간과 자유를 주자.

당신이 어떤 전투를 겪고 있는지 알려준다

OCT 27

메이저 테일러는 당대 최고의 사이클리스트였다. 1878년에 미국계 흑인으로 태어나 자신의 종목에서 최고의 자리에 오르기까지 그는 아마도 잔인한 인종차별과 불공정한 환경에 맞서 싸워야 했을 것이다. 이렇게 이중으로 싸워야 하는 전투는 테일러에게 좋지 않은 영향을 미쳤다. 결국 그는 명성과 재산뿐만 아니라 그가 사랑했던 가족마저 잃었다. 그는 한 푼도 없이 딸인 시드니와도 소원해진 채로 홀로 세상을 떠났다.

마이클 크래니시가 《세상에서 가장 빠른 남자 The World's Fastest Man》에 썼던 것처럼 오랜 세월 딸 시드니는 아버지가 자신을 저버렸다고 생각해서 그에게 화가 나있는 상태였다. "시드니는 아버지의 냉정하고 무관심한 태도를 오해했던 것에 씁쓸함을 느꼈다. 나중에서야 그녀는 아버지가 수십 년 동안 경주를 하며 겪었던 육체적인 고통뿐만 아니라 인종차별과 싸우며 겪은 정신적인 고통을 진정으로 이해하게 되었다고 말했다. 그녀는 두 가지 고통이 결합되어 아버지를 서서히 죽게 만들었다고 믿었다."

시드니는 아버지가 무엇에 맞서 싸워야 했는지 알지 못했다. 그런 전투를 해야 했던 건 그의 잘못이 아니었지만, 딸에게 그 문제에 대해 이야기하지 못한 것은 그의 잘못이었다. 우리는 모두 고군분투한다. 각자만의 전투를 겪지 않는 부모는 세상에 없다. 이것을 아이들에게 설명하지 않는다면, 아이들에게 우리의 약한 면을 드러내거나 솔직해지지 않는다면 부모와 자녀 사이에는 영원히 메울 수 없는 틈이 생긴다. 우리는 아이들과의 관계도 잃고 함께 보낼 시간도 잃을 것이다. 그리고 이는 절대 다시 되돌릴 수 없다.

우리도 시드니와 메이저 부녀처럼 기회를 잃어버릴 수 있다. 서로를 지지하고, 서로를 이해하며, 서로 어려움을 나누고, 서로에게 사랑받고 온전히 인정받을 수 있는 기회를 잃을지도 모른다.

OCT 28 당신은 어떤 일도 견뎌낼 수 있다

최고의 시절이었고, 최악의 시절이었다.

-찰스 디킨스 Charles Dickens

우리는 부모로서의 자질을 항상 의심한다. 우리가 부모의 역할을 충분히 하고 있는지, 제대로 하고 있는지, 우리에게 좋은 아이로 키우기 위해 필요한 자질이 있는지 의심한다.

이제 이런 걱정은 접어두자. 코로나19를 겪는 동안 그 문제는 해결되었다.

당신은 그 힘든 시기를 이겨냈고, 혹독한 시련을 겪었다. 그리고 당신은 여전히 이곳에 있다.

당신은 해냈다. 최선을 다했다. 잠시 비틀거리던 때도 있었지만 당신은 포기하지 않았다. 그 경험으로 지쳤을 수도 있지만 — 어떻게 지치지 않을 수 있었겠는가 — 그로부터 놀라운 힘을 얻었다.

세네카는 진정한 동정의 대상은 역경을 겪어보지 못한 사람이라고 이야기한다. 역경을 겪은 사람들은? 쉽진 않았지만 적어도 우리는 이제 무엇을 할 수 있는지 알게 되었다.

만약 당신에게 좋은 자질이 있는지 의문스러웠다면 이제 여기 증거가 있다. 당신은 놀라운 힘을 갖고 있다.

'좋아' 정신으로 바라보기

OCT 29

조코 윌링크의 유명한 "좋아" 연설을 아직 들어보지 못했다면 기회가 닿는 대로 들어보길 바란다. 그의 네이비 실Navy SEAL 정신은 전쟁터나 기업가 정신, 리더십에만 적용할 수 있는 것이 아니라 아이를 키울 때도 적용할 수 있기 때문이다. 사실 부모로서 매일 직면하는 어려운 상황에서 이것을 개인적인 만트라처럼 적용할 수도 있다.

아침에 일어났는데 아이가 아프다면? 좋아, 우리는 오늘 집에서 함께 시간을 보낼 거야.
테이크아웃 주문이 갑자기 취소되었다면? 좋아, 우리는 저녁 식사로 내일 아침 메뉴를 먹으면 돼.
아이가 거짓말하는 것을 들켰다면? 좋아, 이제 정직함에 대해 대화할 기회가 생겼어.
과속으로 경찰에 걸렸다면? 좋아, 아이들에게 실수를 인정하는 모습을 보여주자.
비행기가 지연되었다면? 좋아, 공항에서 가족들과 즐거운 시간을 보내자.
교통체증이 생겼다면? 좋아, 아이들과 더 많은 시간을 보낼 수 있어.
아이들이 수학 수업을 힘들어한다면? 좋아, 이제 내가 수학을 복습할 할 때가 됐어.

자녀는 부모에게 의지하고 있다. 부모는 절망할 여유가 없다. 불평할 시간도 없다. 아무도 당신의 문제를 대신 해결해 줄 수 없다. 모든 것은 당신에게 달려있다. 이것은 운명이나 우연으로 당신에게 주어진 문제이니 이제 당신이 이를 해결해야 한다.
아이들을 위해 잘 해결해 나가야 한다.

OCT 30 | 아이들에게 이 위대한 힘을 주자

콘돌리자 라이스는 열세 살 때 흑인 옆에 앉는 게 싫다고 자리를 옮긴 같은 반 친구 때문에 상심한 채 집으로 돌아왔다. 아마도 당신은 아이의 부모님이 미국인들은 아직 갈 길이 멀다고 이야기하며 그녀도 다른 사람들과 똑같이 훌륭하다고 위로해 주었을 거라고 기대했을지 모른다. 실제로 그들은 우리가 예상한 것처럼 딸을 위로해 주긴 했지만 아버지는 딸에게 예상치 못한 조언도 해주었다. "어떤 편협한 사람이 네 옆에 앉고 싶지 않다고 해도 괜찮아. 적어도 네가 아니라 그 사람이 자리를 옮기는 거라면."

아버지는 딸을 피해자처럼 느끼게 하는 대신에 딸에게 힘을 실어주었다. 그는 그 순간 딸에게 존엄성과 강인함이라는 훌륭한 선물을 주었다. 그는 무분별하고 못된 사람들이 하는 행동을 통제할 수 없다고 말해주었다. 하지만 아이는 그들의 행동에 영향을 받지 않도록, 그런 일로 자신의 삶이나 학교생활이 달라지지 않도록 결정할 수 있었다. 만약 인종차별을 하는 아이(인종차별주의자 부모를 둔)가 자리를 바꿔 앉고 싶어 한다면 그것은 그들의 선택이다. 하지만 그녀가 그들의 선택에 행동을 바꾸거나 의기소침해질 필요는 없었다. 그녀는 그것을 받아들이지 않아도 되었다.

그들은 자리를 옮길 수 있다. 그녀는 아무것도 할 필요가 없었다. 그것이 콘돌리자가 가진 힘이었다. 당신의 자녀도 자신에게 이런 힘이 있다는 것을 알아야 한다.

이런 부모는 되지 말자

OCT
31

헬리콥터 부모는 언제나 자녀의 주변을 맴돈다. 아이가 시야에서 사라지지 않게 지킨다. 아이들이 넘어지지 않게 놀이터에서도 따라다닌다. 아이가 길을 잃을까 봐 혼자서 친구 집까지 자전거를 타고 가게 허락하지 않는다. 그들은 자녀의 모든 결정을 대신 내려준다. 그들은 모든 일이 *자신의* 계획에 맞게 진행되는지 확인하기 위해 자녀의 선생님들과 수시로 연락한다.

제설기 부모는 자녀의 곁을 맴돌지 않는다. 그들은 아이가 어릴 때부터 은퇴할 때까지 — 부모가 아니라 자녀가 은퇴할 때까지 — 존재할 수 있는 모든 장애물을 제거하며 자녀의 앞길을 깨끗이 치워준다.

코치가 그들의 아이는 주전선수가 될 만큼 실력이 뛰어나지 않다고 말한다면 그들은 팀을 새로 꾸릴 것이다. 자녀의 대학 입학도 해결해 준다. 규칙을 바꾸거나 법을 위반하는 한이 있더라도 말이다. 그들의 자녀는 어려움을 겪거나 넘어지고 거절당할 필요가 없다.

당연한 이야기이지만, 이런 방법으로는 부모가 원하는 대로 자급자족하고, 행복하고, 정서적으로 안정된 아이로 키울 수 없다. 많은 헬리콥터 부모와 제설기 부모는 자신의 아이를 너무 사랑해서 자녀에게 가장 좋은 것만 해주고 싶은 사람들이지만, 실제로는 아이에게 적극적으로 해를 끼치고 있다.

부모의 일은 자녀 곁에 있어주는 것이지 자녀의 모든 것이 되어주는 것이 아니다. 부모의 일은 자녀를 가르치는 것이지 자녀의 실패를 막아주는 것이 아니다. 물론 부모는 자녀를 안전하게 보호해야 하지만, 자녀를 보호시설에서 지키듯 보호하면 안 된다. 삶 자체를 희생해 가며 보호해서도 안 된다.

11
월

November

감사와 유대감 형성

감사와 연결감에 대한 교훈

부모라는 아주 특별하고
아주 보편적인 경험

NOV 1

아리스토텔레스가 오래전에 관찰한 것처럼, 모든 동물은 살아남아 더 많은 동족을 번식시키려 한다.
-마사 누스바움 Martha Nussbaum

당신은 누구보다 당신의 자녀를 사랑한다. 아이는 당신에게 너무 특별한 존재다. 아이를 떠올릴 때면 저절로 눈이 감기고 마음이 부드러워진다. 아이를 위해 못 할 일은 없다. 이보다 더 소중한 사람은 없다.

잠시 아이를 떠올려보자. 따스한 온기가 느껴지는가? 그 온기가 당신을 감싸는 느낌이 드는가? 그냥 아이를 안아주고 싶지 않은가? 어쩌면 눈물이 날 것 같을지도 모른다. 그것이 바로 부모가 된다는 것이다.

이제 당신과 이 느낌을 공유하는 많은 사람들을 떠올려보자. 세상 모든 사람들이, 심지어 사형 선고를 받고 집행을 기다리는 살인범들이나 슈퍼마켓에서 당신을 밀친 무례한 사람, 정치 체계를 무너뜨리고 있는 억만장자조차 자신의 자녀 앞에서는 같은 감정을 느낀다. 클레오파트라도 딸에 대해 같은 감정을 느꼈고, 프레더릭 더글러스도 아들에 대해 같은 감정을 느꼈다. 작은 마을이나 동굴, 폭풍우가 몰아치는 바다 위의 배에 있는 수많은 평범한 사람들도 마찬가지다.

부모가 된다는 것은 특별한 경험이다. 또한 매우 보편적인 경험이기도 하다. 우리가 이 사실을 조금만 더 자주 떠올린다면 우리는 더 친절하고 더 관대해지고 더 많은 공통점을 찾을 수 있을 것이다.

NOV 2 | 이걸 위해서라면 무엇이든 바꿀 수 있지만

2020년 1월 26일, 코비 브라이언트가 로스앤젤레스 시내에서 헬리콥터를 타고 이륙할 당시 그는 다섯 번의 NBA 챔피언, 두 번의 파이널 MVP로 선정된 선수였다. 그는 두 차례 올림픽 금메달을 획득했으며 에미상과 오스카상을 받았고 뉴욕타임스 베스트셀러 작가이기도 했다. 그는 농구선수로 수억 달러의 수입을 올렸고 1억 달러 이상의 벤처 캐피털 펀드를 조성하기도 했다.

하지만 그는 누군가 네 딸의 아빠로 하루만 더 살 수 있는 기회를 준다면, 그가 지금껏 이룬 모든 것을 바꾼다고 말했을 것이다. 당신도 마찬가지일 것이다.

그러지 않을 부모가 어디 있을까?

우리는 알고 있다. 누군가 물어본다면 우리는 그렇게 대답할 것이다. 그렇지 않은가? 하지만 당신의 선택을 살펴보자. 자녀와 하룻밤만 더 보낼 수 있다면 이렇게 많은 것을 포기할 마음이 있는데, 지금 아이가 욕조에서 목욕을 하는 동안 당신은 휴대폰을 보고 있다. 그 어떤 돈으로도 아이들과 보내는 아침을 살 수 없는데, 당신은 일찍 일어나서 피곤하다는 이유로 투덜대고 아이를 학교에 데려다주는 길에 차가 너무 막힌다고 짜증을 내고 있다.

지금 당신은 코비 브라이언트가 무엇을 주어서라도 얻고 싶었던 바로 그 하루를 누리고 있다. 이 시간을 낭비하지 말자. 아직 나에게 아이들과의 시간이 주어졌다는 사실에 감사하자.

이건 기뻐해야 할 일이다

NOV
3

때로는 부모로서 자신의 감정을 표현하는 게 힘들 수도 있다. 부모가 감정을 억누르고 있어야 하기 때문이 아니라 부모가 되면서 느끼는 감정이 너무 벅차고 복잡하기 때문이다. 사랑, 기쁨, 두려움, 부조리, 피로감, 책임감, 동기 부여, 원초적 애착 등 수많은 감정이 몰아친다.

이런 감정은 지금껏 아무도 알려준 적이 없으며 당신도 지금까지 한 번도 겪어본 적 없는 감정이다. 이런 기분을 어떻게 표현해야 할까? 가족들이 당신에게 얼마나 소중한 존재인지 어떻게 알려줄 수 있을까? 그들이 당신의 모든 것이라는 사실을 어떻게 알려줘야 할까?

어쩌면 《소년과 두더지와 여우와 말 *The Boy, the Mole, the Fox and the Horse*》에 나오는 이 대화로 충분할지도 모른다.

"가끔은 너희 모두에게 사랑한다고 말하고 싶어." 두더지가 말한다. "그런데 말하기가 어려워."
"그래?" 소년이 말한다.
"응, 그래서 나는 우리 모두가 여기 있어서 기쁘다고 말해."

나는 우리 모두가 모여서 기뻐. 이것이 당신의 기분을 표현하는 완벽한 문장이 아닐까? 가족이 모두 함께 있을 수 있다는 것에 대한 기쁨과 감사. 이것만으로도 기뻐할 일이다. 서로가 있다는 것. 이 모든 일에도 불구하고 우리 모두가 지금 여기에 있다는 사실.

NOV 4

당신은 은혜를 받았다

샤를 드골은 힘든 삶을 살았다. 그는 제1차 세계대전의 전쟁 포로였고, 제2차 세계대전에는 프랑스를 구하기 위해 고국을 떠나야 했다. 그는 시위와 암살 시도에서도 살아남았다. 그에게는 다운증후군을 갖고 태어난 앤이라는 딸이 있었다. 앤이 태어난 1928년만 해도 장애 아동은 보통 시설로 보내지는 경우가 많았기 때문에, 사람들은 다운증후군을 갖고 태어난 아이를 어떻게 대해야 하는지 몰랐다. 그리고 장애 아동의 부모는 당시 표현으로 "뒤떨어진" 아이를 낳은 것에 대한 책임으로 부끄러움을 느껴야 하는 사회 분위기가 형성되어 있었다.

하지만 드골과 그의 아내 이본은 달랐다. 그들은 딸을 있는 그대로 받아들였다. 드골과 아내는 딸을 키우는 것을 '힘들지만 보람된 경험'이라고 여겼다. "앤이 태어난 것은 우리 부부에게 시련이었습니다." 그가 말했다. "하지만 앤은 저에게 기쁨과 용기를 주는 존재였죠. 그녀는 제 인생에서 신의 은혜입니다. 딸은 제가 하나님의 절대적인 뜻에 순종할 수 있게 지켜주었습니다."

아이들은 모두 다르다. 모두 각자의 한계, 도전 과제, 개성을 갖고 태어난다. 중증 장애를 갖고 있든, 경미한 학습 장애를 갖고 있든, 우리 삶에 어떤 어려움을 던져주든 그것은 중요하지 않다. 우리는 모두 은혜를 받았다. 아이들은 우리가 변화하고 성장할 기회이자 축복이다. 아이들은 우리에게 기쁨을 주고 헌신할 기회를 준다.

자녀에게 감사함을 가르치고 있는가?

NOV 5

아이들은 감사함을 느껴야 한다. 물론 엄마와 아빠에게 감사함을 느껴야 한다는 건 아니다. 당신은 당신의 일을 하는 것일 뿐이다. 당신은 법적으로나 생물학적으로 아이를 돌봐야 하는 의무가 있다. 아이들은 모든 것에 감사함을 느껴야 한다. 우리 모두 그래야 한다. 우리가 살아있다는 것은 놀라운 일이다. 우리가 우리로 이곳에 존재할 확률은 천문학적으로 낮다.

따라서 아이들에게 감사함을 가르치는 것은 중요하다. 세계적인 광고 대행사 메카니즘Mekanism의 CEO이자 《인플루언서의 말센스 The Soulful Art of Persuasion》의 저자 제이슨 해리스는 아이들이 삶을 더 감사한 마음으로 바라볼 수 있도록 설득하는 흥미로운 방법을 제시한다.

> 매주 일요일 밤마다 우리는 개인적으로 감사한 일 세 가지를 노트에 적는다. 이것이 획기적인 아이디어는 아닌 것을 안다. 하지만 이 습관은 나와 내 아이들에게 큰 변화를 가져왔다. 바로 새로운 마음으로 다음 주를 준비하게 해주었다는 점이다. 감사한 일을 적을 때 얻는 장점은 고된 날에도 이전에 썼던 내용을 들춰보면서 감사했던 기억을 되살릴 수 있다는 것이다. 감사한 일에 대해 생각하다 보면 오늘 아주 힘든 일을 겪었더라도 우리에게는 긍정적으로 생각할 일들도 많다는 것을 깨닫게 된다.

아름다운 이야기다. 더 많은 사람들이 자녀와 함께 이런 방법을 시도한다면 세상은 얼마나 더 아름다워질까?

NOV 6 | 이것은 언제나 축복이다

> 작가는 — 그리고 일반적으로 모든 사람은 — 자신에게 일어나는 모든 일을 자산으로 생각해야 한다.
>
> -호르헤 루이스 보르헤스 Jorge Luis Borges

부모가 되면 초능력들을 — 혹은 적어도 한 가지 초능력은 — 갖게 된다. 특별한 초능력은 아니다. 당신은 날 수 없고 가슴으로 총알을 막을 수도 없다. 하지만 적어도 올바른 마음가짐만 있다면 다른 사람들이 불행하다고 느끼는 상황에서도 평온하고 행복하게 지낼 수 있다.

비행기가 연착되거나 아픈 날, 교통체증이 심한 날, 팬데믹 시기. 많은 사람들이 두려워하는 것들이다. 물론 부모들도 이런 일이 일어나길 기대하지는 않겠지만, 그들은 이런 일이 일어날 때면 적어도 아이들과 함께 보낼 시간이 더 많아진다는 것은 알고 있다.

초능력의 렌즈로 바라보면 삶의 모든 불편함은 우리가 가장 사랑하는 사람들과 시간을 보낼 수 있는 기회다. 비행기가 연착되거나 차가 막히거나 비가 오는 날은 최고의 기회다. 이제 아이들과 당신은 함께 있을 수밖에 없지 않은가? 아이들이 당신과 시간을 보내고 싶어 하지 않아도 어쩔 도리가 없다. 당신이 바라던 대로 아이들은 당신 곁에 있을 수밖에 없다.

그러니 불편한 상황을 불평하지 말고 이 기회를 즐기자. 이건 축복이다. 이제 아이들과 더 많은 시간을 보낼 수 있다.

분명히 희망은 있다

NOV 7

> 하지만 희망을 가져야 한다. 계속 앞으로 나아가기 위해서는 낙관적이어야 한다.
>
> -존 루이스 John Lewis

당신의 인생에는 많은 일이 일어났다. 그래서 정치나 인간관계, 다른 사람들에 대해 냉소적인 태도를 갖게 되었을 수도 있다. 역사적으로도 많은 일이 일어났다. 책을 읽는 사람이라면 누구나 많은 거짓말이 있었고, 끔찍한 시스템 조작이 일어났으며, 그것이 지금 우리가 처한 혼란스러운 상황에 기여했다는 사실을 떨쳐낼 수 없을 것이다.

하지만 지금 부모가 된 당신은 더 이상 냉소적이고 화난 사람으로 살 수 없다. 당신은 다음 세대의 양육에 대한 책임을 갖고 있기 때문이다.

우리는 반드시 아이들에게 희망을 주어야 한다. 아이들에게 주체성을 부여하고 세상은 발전할 수 있다(발전하고 있다)는 것을 보여주어야 한다. 시인 매기 스미스가 말한 것처럼 세상에 아무리 끔찍한 일이 많이 일어난다고 해도 세상은 여전히 좋은 *뼈대*를 갖고 있음을 알려줘야 한다. 그녀는 우리가 아이들에게 이 세상을 아름답게 만들 수 있다고 설득해야 한다고 말한다. 아이들이 변화를 이뤄낼 수 있다고 믿게 해주고, 변화를 일으킬 수 있는 책임과 자원, 능력을 갖추게 도와줘야 한다.

아이들에게 절대 바로잡을 수 없는 사람이나 일은 없다는 것을 가르쳐주어야 한다.

NOV 8   자녀가 언제나 기댈 수 있는 부모

자녀에게 문제가 생겼을 때 그들이 의지할 수 있는 부모가 되고 싶은가? 아이가 두려움이나 비밀, 고민을 갖고 당신을 찾아오길 바라는가?

그렇다면 그런 영예를 누릴 만하고, 그런 존경을 받을 만한 부모가 되기 위해 노력해야 한다. 왜냐하면 그것은 부모의 특권이지 권리가 아니기 때문이다. 증거가 필요하다면 당신의 부모를 떠올려보자. 당신이 부모에게 얼마나 많은 것을 숨겼는지 생각해 보자. 더 나아가 부모에게 왜 그런 일을 털어놓지 못했는지 그 이유에 대해서도 생각해 보자.

물론 우리가 해선 안 되는 일임을 알기 때문에 부모에게 숨긴 것들도 있다. 하지만 많은 경우 우리는 부모의 조언을 간절히 바랐지만 조언을 구할 수 없다는 걸 알고 털어놓지 않았을 것이다. 섣부르게 판단했을 것이고, 우리에게 설명할 기회를 주지 않았을 것이다. 불안감이나 화를 분출했을 것이고 설교하느라 바빴을 것이다. 하지만 우리는 이미 가지고 있는 문제들로도 충분히 복잡했다.

아이들이 당신을 찾아오길 바라는가? 아이들을 도와주고 싶은가? 그렇다면 당신이 그들에게 신뢰받을 만한 존재임을 보여주자. 부모에게 도움을 요청하는 것은 가치 있는 일임을 가르쳐주자. 아이들의 이야기를 섣불리 판단하지 않고 끝까지 들어줄 것임을 보여주자. 상황을 악화시키지 않고 더 나아지게 해준다는 것을 증명하자.

당신은 식탁이 사람들로
북적이길 바랄 것이다

NOV 9

> 많은 자녀를 둔 남편과 아내가 아이들로 둘러싸인 모습은 얼마나 멋있는지 모른다!
>
> -무소니우스 루푸스 Musonius Rufus

가만히 앉아서 부모로서의 성공이 무엇인지 생각해 보자.

첫 번째, 당연한 이야기이지만 아이를 성인이 될 때까지 건강하게 키우는 것이다. 그러면 먼 미래를 내다볼 때 두 번째는 무엇일까? 하이위민 The Highwomen의 곡 제목인 "크라우디드 테이블 Crowded Table"처럼 가족들로 붐비는 식탁을 갖는 것이다. 추수감사절이나 생일뿐만 아니라 해변에 있는 별장에서 가족들이 모두 모여있는 장면을 떠올려보자. 앞으로도 시간을 함께 보내고 싶고, 좋은 관계를 유지하면서 만날 수 있는 자녀를 둔다면 그게 성공일 것이다.

이 노래는 정원을 원한다면 먼저 씨앗을 뿌려야 한다는 것을 일깨워 준다.

식탁에 가족들이 복작복작 모여있는 순간을 원한다면 지금 올바른 선택을 해야 한다. 그래야 아이들이 나이를 먹고 각자의 가정을 꾸린 후에도 부모의 집으로 찾아오는 선택을 할 것이다. 만약 미래에 이런 행복한 열매를 거두고 싶다면, 지금 작은 행복을 심고 사랑을 주어야 한다.

내일 내가 원하는 식탁을 갖기 위해서는 오늘 식탁을 차려야 한다.

NOV 10 | 시대를 초월하는 순간

부모가 된다는 것의 멋진 점은 우리가 우리보다 앞서간 모든 아버지와 어머니, 다른 가정들과 가까워진다는 것이다. 세네카의 에세이에는 이런 구절이 있다. "해변의 아이들이 바닷가에서 모래 더미로 장난감 집을 만드는 동안 그들은 마치 대단한 모험을 하는 것처럼…."

이것은 시대를 초월해서 아이들과 바닷가를 가본 사람이라면 누구나 관찰할 수 있는 모습이다. 세네카는 가족과 함께 시간을 보내던 중 아이들이 모래성을 만드는 천진한 모습에 감명을 받았다. 마치 *당신의 아이*가 모래성을 쌓는 것과 같은 모습에 말이다. 그렇게 세네카와 지금 우리 사이에 2,000년이라는 시간이 증발한다. 고대 로마에 살던 아버지는 봄방학 동안 펜서콜라에 있는 아버지나 아프리카 아이보리코스트의 한 해변에 있는 어머니와 다를 게 없다.

이런 순간들을 떠올리면 마음이 겸허해지면서 위로를 받는다. 힘들어하는 십 대 자녀를 다독일 때, 3개월 된 아기가 당신의 품에서 잠이 들 때, 아픈 딸의 회복을 위해 간호할 때 이런 일이 인류의 역사 속에서 계속 반복되어 왔다는 사실을 생각하면 가슴이 뭉클해진다. 과거를 살던 사람들도 모두 해냈으니 당신도 잘 해낼 것이다.

이제 당신이 이런 전통을 이어가고 있다. 이전에 얼마나 많은 부모가 이를 해냈고 앞으로는 또 얼마나 많은 부모가 이를 해낼 것인지 생각해 보자. 우리는 모두 고군분투하지만 결국 해낸다. 모래밭에서 노는 아이들을 바라보며 미소를 짓는다.

부모가 된다는 것은 세월이 흘러도 변치 않는 모험 같은 일이다.

유대감을 중심으로
삶을 꾸리고 있는가?

NOV
11

> 정말 의미 있는 유산은 사랑뿐이다. 우리의 사랑을 잘못된 방향으로 향하게 두지 말자.
>
> -도널드 밀러 Donald Miller

배우자와 사랑에 빠지는 것은 멋진 일이다. 돈을 많이 버는 것도 대단한 일이다. 직장에서 큰 성취를 거두는 것은 최고다. 으리으리한 집에 살거나 친구들과 외출해서 멋진 밤을 보내는 것도 좋다. 하지만 아이들이 있는 집으로 돌아오는 것만큼 좋은 것은 없다. 아이들이 달려와 품에 안길 때, 소파에 누운 당신의 가슴에 기대어 잠들 때, 당신의 어깨에 올라탈 때, 신난 얼굴로 무언가에 대해 이야기할 때, 들뜬 목소리로 엄마와 아빠를 찾으며 당신의 침대로 뛰어들 때.

브루스 스프링스틴이 말한 것처럼 *피를 나눈 가족보다 더 좋은 것은 없다.*

인생에는 좋은 것들이 많지만 가족보다 더 좋은 건 없다. 하지만 그렇다고 그가 말하는 가족이 꼭 혈연관계만을 의미하는 것은 아니다. 서로를 위해 무슨 일이든 해줄 수 있는 유대 관계도 여기에 포함된다.

오늘 생각해 볼 질문은 다음과 같다. 만약 이것이 정말 세상에서 가장 중요하다면, 당신은 이런 유대 관계를 중심으로 삶을 꾸려가고 있는가? 우리는 승진하기 위해 회사에서 몇 시간을 더 일한다. 우리는 우리가 번 돈으로 투자를 하기 위해 위험을 감수한다. 우리는 친구를 만나거나 즐거운 시간을 보내기 위해 계획을 세운다. 하지만 이 모든 것을 능가하는 한 가지 즐거움을 더 많이 누리기 위해 적극적으로 희생하고 계획을 세운 적이 있는가? 우리는 가족과 시간을 보내기처럼 인생에서 가장 중요한 일을 우선순위에 두고 있는가?

NOV 12 당신이 세상에 존재하는 이유

> 너희 중에 누구든 크고자 하는 사람은 너희를 섬기는 자가 되어야 하고 누구든 으뜸이 되고자 하는 사람은 모든 사람의 종이 되어야 한다. 인자가 온 것도 섬김을 받으려 함이 아니라 도리어 섬기려 하고 자기 목숨을 많은 사람의 대속물로 내어주려고 온 것이다.
>
> -마가복음 10장 43~45절 Mark 10:43-45

가끔 자녀가 없는 사람들의 삶을 들여다보면서 약간 부러움을 느낄 때가 있다. 그들은 얼마나 시간이 풍족할까? 심지어 '두 사람의 소득은 있지만 아이는 없는 부부 Dual incomes, No kids'라는 딩크의 의미를 생각하면 더 부러워질 수도 있다.

그럼에도 불구하고 당신은 자신이 옳은 선택을 했다는 것을 안다. 단지 당신이 자녀를 사랑하기 때문이 아니라 아이들이 세상에서 가장 중요한 것을 주기 때문이다. 아이들은 우리가 이곳에 있는 이유, 즉 삶의 목적을 준다. 마가복음의 위 구절은 모든 부모에게 깊은 울림을 줄 것이다.

우리는 아이들에게 좋은 삶을 살게 해주려고 이 자리에 있다. 그리고 그렇게 함으로써 우리의 삶도 가치 있게 변한다. 그러니 어느 누구도 질투할 필요가 없다. 만약 부러워해야 할 사람이 있다면 그건 바로 당신이다.

자녀의 운전기사가 되는 것을 즐겨야 한다

NOV 13

많은 부모가 자녀에게 이렇게 묻는다. *내가 네 기사니? 나를 도대체 뭐라고 생각하는 거야? 택시 기사?* 충분히 이해된다. 아이들을 학교, 친구네 집, 축구 연습장 등 여기저기 데리고 다니는 일은 힘들 수 있다. 가끔은 이 작은 아이를 무료로 태워주는 것이 육아라고 느껴질 때도 있다.

하지만 이것을 의무로 여기지 말고 선물이라고 생각해 보자. 많은 이유가 있겠지만 우선 첫 번째는 차에서 보내는 20분이 어쩌면 미래에 당신이 영원히 공유하고 기억할 소중한 순간이 될 수 있다는 것이다.

두 번째는 아이를 이렇게 고정적으로 옆에 둘 수 있을 때가 많지 않다는 것이다. 차에 있는 동안은 무조건 함께 붙어있어야 한다. 자녀와 유대감을 쌓고 즐거운 시간을 보낼 기회를 원하지 않았는가? 그러니 이 시간을 활용하자.

세 번째는 더 큰 자녀를 둔 많은 부모들이 말하는 것처럼 아이들은 당신과 함께 차에 타고 있을 때 무언가 달라진다는 것이다. 갑자기 당신은 부모가 아니라 동반자가 된다. 아이들은 다른 곳에서는 이야기하지 않을 만한 이야기들을 차 안에서 할 것이다. 만약 자녀의 친구들도 함께 차에 탄다면 당신의 존재는 흐릿해지면서 아이가 다른 사람들과 어떻게 지내는지를 볼 수 있게 된다. 다른 곳에서는 절대 보지 못한 자녀의 모습을 알게 된다. 아이들이 당신에게 직접적으로 표현할 수 없던 방식으로 자녀가 어떤 사람인지 엿볼 수 있다.

자녀를 차에 태우고 다니는 것은 특권이자 기회다. 이 시간을 불평하며 보내지 말자. 가능하다면 당신이 자진해서 아이를 데려다주자.

NOV 14   자녀를 가까이 두고 싶을 것이다

존 제이 오코너 3세는 샌프란시스코에서 자랐다. 그의 가족은 지역 왕족이었다. 그는 바로 근처에 있는 스탠퍼드대학교에 진학했으며 이후에도 스탠퍼드 로스쿨을 졸업했다. 그런 오코너 가족은 어떻게 피닉스에 정착하게 되었을까? 그의 아내인 샌드라 데이 오코너 ─ 애리조나에서 동쪽으로 가장 멀리 떨어진 외딴 목장에 살고 있었다 ─ 의 가족과 가까운 곳에 살고 싶어서는 아니었다. 당연히 피닉스가 번화한 대도시나 문화의 중심지여서도 ─ 1950년대 후반에는 번화하지 않았다 ─ 아니었다.

답은 간단했다. 그는 그의 가족과 가까이 살고 싶지 않았다. 그는 이후에 이렇게 회상했다. "어머니는 매우 비판적인 분이셨는데, 전 어머니의 말을 계속 들으며 지내고 싶지 않았어요."

우리는 나이를 먹게 되었을 때 자녀가 우리와 가까이 있길 바랄 것이다. 어떻게 하면 그 가능성을 높일 수 있을까? 앞서 이야기한 것처럼 식탁이 가족들로 붐비게 만들려면 어떻게 해야 할까?

곁에 있는 시간을 즐겁게 만들고, 부모의 불안감과 두려움이 아이들의 문제가 되지 않게 해야 한다. 우리가 아이들을 몰아붙이는 만큼 사랑을 표현하고, 아이를 우리가 생각하는 이상적인 사람이 아닌 <u>스스로 원하는 사람</u>이 되도록 도와줘야 한다. 비판하거나 판단하거나 논쟁을 시작하게 될 것 같을 때마다 '지금 내가 하려는 행동이 우리 관계에 좋지 않은 영향을 미칠 만한 가치가 있는가?'라고 자문해야 한다.

아이들을 우선으로 두되, 부모의 모든 것을 자녀에게 걸지 않는다면 언젠가 아이들은 부모의 식탁에 가까이 다가올 것이다.

아이들의 시선이 주는 특별함

NOV 15

알렉산드라 호로비츠는 그녀의 놀라운 책 《이토록 지적인 산책 On Looking》에서 다양한 사람들과 산책을 떠난다. 지질학자는 도시의 건물에서 무엇을 발견할까? 음향 엔지니어는 콘크리트 위에서 어떤 소리를 들을까? 도시사회학자는 보행자의 걸음걸이에서 무엇을 볼까? 하지만 가장 흥미로운 산책은 알렉산드라가 그녀의 19개월 된 아들과 떠나는 산책이었다.

계획은 아들이 세상을 바라보는 시선을 경험해 보는 것이었다. 그래서 그들은 집에서 나와 복도를 따라 엘리베이터까지 걸어갔다. 그러곤 엘리베이터를 타고 내린 후 로비를 가로질러 산책로가 시작되는 아파트 정문으로 향했다. 알렉산드라는 아들을 바라보다가 문득 아들의 산책은 산책로가 아니라 집에서 나오는 순간부터 시작되었다는 것을 깨달았다.

아이에게 세상은 우리가 당연하게 살아가며 걷는 곳과는 매우 다른 곳이다. 이는 아이들의 몸집이 작고 경험이 부족한 것과 관련이 있지만 그렇다고 해서 아이들의 생각과 인상이 틀렸다고 할 수는 없다. 오히려 알렉산드라가 그랬던 것처럼 아이는 우리에게 세상을 바라볼 수 있는 새로운 창을 열어준다. 우리가 아이였을 때, 새로운 것을 볼 때 어떤 감정이었는지 상기시켜 준다. 냉소적이고 염세적인 태도를 해독해 주는 역할을 한다.

부모로서 우리는 아이들이 우리가 세상을 더 좋게 바라볼 수 있도록 도와준다는 사실에 감사해야 한다. 아이들은 우리에게 모든 것이 특별하고 재미있을 수 있다는 것, 산책을 꼭 밖에서만 할 필요는 없다는 것, 저녁은 어디서든 먹을 수 있다는 것, 포장 상자가 그 안에 들어있는 크리스마스 선물보다 더 재미있을 수 있다는 것을 알려준다. 우리는 아이들의 이런 정신을 격려해야 한다. 미묘한 수정과 "공식적인" 방식을 고집하며 그러한 정신을 짓밟지 않도록 조심해야 한다. 무엇보다도 우리는 아이들의 시선을 배우고 그 시선을 최대한 우리 삶에 적용해야 한다.

NOV 16 아이들은 당신이 무언가를 알아차리는 데 도움이 된다

윈스턴 처칠에게 느긋하게 무언가를 보는 법을 가르쳐준 것은 그림이었다. 그는 너무 바빴고 야심에 차있었기 때문에 느긋한 태도로 세상을 바라볼 수 있는 관찰력이나 훈련이 부족했다. 하지만 예술적인 취미가 그런 태도를 갖게 해주었다.

육아도 같은 효과를 낼 수 있다. 차 안에서 "아이 스파이 I Spy" 게임을 하는 것만큼 관찰력을 키워주는 것도 없다. 헬리콥터는 평생 하늘을 날아다녔지만, 자녀가 헬리콥터에 집착하기 시작하고 나서야 비로소 당신의 눈에 띄기 시작했다. 샌드라 데이 오코너가 부모나 조부모가 되기 전에도 밖에 나가서 매미를 모았을 것이라고 생각하는가? 그렇지 않다. 호기심 많은 아이들에게 매미를 보내주게 되면서 이 징그럽지만 매혹적인 자연의 일부를 인식하게 된 것이다.

아이들이 좋아하는 것들, 아이들의 기뻐하는 모습이 주는 즐거움은 우리의 속도를 늦추고, 만물을 알아차리게 해주며, 관찰력을 키워준다. 왜냐하면 우리는 무언가를 가리키고 싶기 때문이다. 아이들에게 그것을 보여주고 싶기 때문이다. 그래서 우리는 어느 때보다 세심한 주의를 기울인다. 우리는 어느 때보다 눈을 크게 뜨고 본다. 아이가 없다면 절대 할 수 없는 방식으로 우리는 삶의 속도를 늦춘다.

이런 이유로 우리는 아이들에게 감사해야 한다.

가장 당신다운 모습을 보여준다

NOV 17

> 나는 아버지와 입법부에 가는 것을 좋아했다. 나는 몇 시간 동안 복도에 앉아 그곳에서 일어나는 모든 활동을 지켜보다가 무슨 일이 벌어지고 있는지 알아내려고 복도를 돌아다니곤 했다.
> -린든 존슨Lyndon Johnson

스티븐 커리가 농구에 매료된 계기가 무엇이라고 생각하는가? 그것은 그가 경기장에서 아버지의 경기를 보며 보낸 시간 때문이었다. 팀이 농구코트로 달려 나갈 때의 조명, 관중들의 환호, 쿵쿵 울리는 음악 소리, 버저 소리, *아빠가 일을 하는 모습*. 심지어 팝콘에 집착하는 커리의 모습에서도 농구장의 열기와 함성뿐만 아니라 그 냄새와 맛에도 푹 빠진 채 NBA 경기장에서 수많은 시간을 보냈던 그의 어린 시절을 엿볼 수 있다.

이것은 부모가 존재한 시간만큼이나 오래된 이야기다. 이것이 대장장이의 아들이 대장장이가 된 이유, 여성들이 일을 할 수 있게 되자마자 교사의 딸이 어머니를 따라 교실로 향한 이유, 곧이어 더 많은 여성들이 엘리트 직업을 갖게 된 이유다.

그러니 자녀에게 일하는 모습을 보여주자. 그 일의 좋은 면과 나쁜 면뿐만 아니라 지루한 부분까지 보여주자. 아이들이 어떤 부분에 흥미를 느낄지 알 수 없다. 아이들이 어떤 일에 눈을 뜨게 될지는 알 수 없다. 물론 아이들에게 "가업"을 물려받으라고 강요해선 안 되겠지만, 그 일이 어떻게 돌아가는 것인지 지켜볼 기회를 주자. 자녀에게 가장 당신다운 모습을 보여주자.

최고의 찬사

NOV 18

톰 브레이디의 아버지는 게리 마이어스의 책 《나의 첫 번째 코치 *My First Coach*》에서 아들이 어린 시절 아버지와 함께 얼마나 즐거운 시간을 보냈는지에 대해 이야기하는 것을 보았다. 그는 아들의 이야기에 깜짝 놀랐다. 모든 아버지들이 간절히 바라던 것을 확인받은 것이나 다름없었기 때문이다. 톰 브레이디의 아버지는 다음과 같이 말했다.

> 모든 아버지는 아들과 보내는 시간을 좋아하지만 아들도 아버지와 보내는 시간을 좋아하는지는 알 수 없다. 내가 아들을 존경하는 것만큼 아들이 나를 존경한다는 말을 듣는 것은 내가 느낄 수 있는 가장 만족스러운 감정이다. 고등학생이었던 아들은 나와 같이 골프를 치러 가려고 토요일 아침마다 일찍 일어나곤 했다. 아들이 나와 골프를 치고 싶어 한다는 것이 나에겐 가장 큰 기쁨이었다. 몇 년 후 아들은 "토요일 아침에 아버지와 골프를 치러 가고 싶었기 때문에 금요일 밤에는 늦게까지 놀고 싶지 않았다"라고 말해주었다.

자녀가 부모와 시간을 보내고 싶어 하는 관계를 쌓았는가? 이것은 당신이 그저 손을 내밀고 바랄 수 있는 문제는 아니다. 당신의 성격이 마법처럼 바뀐다고 저절로 일어나는 일도 아니다. 이것은 당신이 노력해서 관계를 구축해야만 얻을 수 있는 일이다.

두 배로 활용할 수 있는 기회를 찾는다

NOV 19

빌 시먼스는 바쁜 사람이다. 작가이자 팟캐스터, CEO, 다큐멘터리 영화 제작자, 남편, 두 아이를 둔 아빠다. 가장 큰 딸인 조이는 원정 경기를 많이 뛰는 축구팀에 소속되어 있다. 그래서 축구 시즌인 몇 달 동안 시먼스는 주말마다 남부 캘리포니아 전역에서 열리는 다양한 경기에 참여하기 위해 몇 시간씩 차를 몰고 다녔다. 로스앤젤레스에 대해 조금이라도 아는 사람이라면 그곳의 교통체증이 얼마나 지옥 같은지 알 것이다.

그럼에도 불구하고 시먼스는 그 시간을 무엇과도 바꾸지 않는다. 그는 경기장으로 데려다주고 데리고 오는 그 몇 시간이 좁은 공간에 딸과 함께 있으면서 대화를 나눌 수 있는 기회라고 말한다. 학교는 어떤지, 친구들이나 남자친구와는 어떻게 지내는지, 세상에서 일어나고 있는 일들에 대해 어떻게 느끼는지 대화를 나눈다.

부모로서 언제나 부족한 한 가지는 시간이다. 빌 시먼스에게도 시간은 턱없이 부족하다. 그래서 그는 시간을 두 배로 늘리는 법을 터득했다. 우리도 시도해 보기 좋은 방법이다.

조깅 유모차를 이용하면 아이와 시간을 보내면서 운동을 할 수 있다. 학교까지 데려다주는 길은 딸과 꼭 하고 싶었던 대화를 나눌 수 있는 기회다. 집에서 해야 하는 모든 집안일은 아이들에게 책임감을 가르칠 수 있는 방법이다. 부모는 항상 두 배로 활용할 수 있는 기회를 찾아야 한다. 시간은 귀하고 자원은 부족하다. 어떤 것도 허투루 쓰지 말자.

NOV 20

오직 자녀들을 위해서만 할 수 있는 일

코미디언 하산 미나즈는 어린 딸을 학교에서 사진을 찍는 날에 데려다준 이야기를 들려준다. 딸은 콧물을 흘리고 있었는데, 직접 콧물을 닦는 데 어려움을 겪고 있었다. 그 순간 그는 자기도 모르게 스타벅스 빨대로 딸의 코에서 콧물을 빨아서 빼주고 있는 자신을 발견했다. 순간 불결하다는 생각이 들면서 또 다른 생각이 떠올랐다. 아내를 위해서는 절대 이런 짓을 하지 않았을 텐데.

물론 우리는 배우자나 부모님, 심지어 도움이 필요한 낯선 사람을 위해서도 많은 일을 한다. 하지만 아이들을 위해서라면 무엇이든 할 것이다. 왜냐하면 아이들은 그들이 선택하여 완전히 무력한 상태로 이 세상에 태어나 몇 년 동안 부모에게 전적으로 의존하게 된 것이 아니기 때문이다. 아이들은 이 땅에 태어나기를 선택하지 않았다. 아이들은 우리를 부모로 선택하지도 않았다. 우리가 아이들의 부모가 되기로 선택했고, 우리가 그들을 만들었다. 아이들은 단지 우리 삶의 일부가 아니라 우리의 일부다. 아이들은 우리다.

부모와 자녀의 관계에는 가장 딱딱한 머리를 부드럽게 하고 가장 차가운 마음을 따뜻하게 하는 무언가가 있다. 시간이 흐르면서 이 관계는 변하겠지만 — 몇 년이 지나면 하산은 더 이상 빨대로 아이의 콧물을 빨아내 주지 않을 것이다 — 변하지 않는 것은 아이들을 위해 기꺼이 무슨 일이든 해주고 싶은 마음일 것이다.

두려워하지 말자

NOV 21

> 세상은 좁은 다리를 건너는 것과 같으며 중요한 것은 두려워하지 않는 것이다.
>
> -히브리 기도문 Hebrew Prayer

성경에서 가장 많이 반복되는 구절이 무엇인지 아는가? 바로 "두려워하지 말라"이다. 이 말은 계속해서 등장한다. 여호수아서에 나오는 것처럼 강하고 담대해져야 한다는 하늘의 경고다. "두려워하거나 놀라지 말라."

고대 그리스 신화에도 비슷한 내용이 등장한다. 《오디세이 *Odyssey*》에는 "용감하라" "용기를 가져라" "두려워하지 말라"와 같은 구절이 수십 번 나온다. 스토아 철학자들이 용기를 최상위 덕목으로 둔 것처럼 어떤 종교나 철학, 위인도 용기를 가장 중요한 덕목으로 여긴다.

당신에게 용기가 없거나 아이에게 용기를 길러주지 않고는 좋은 부모가 될 수 없다. 결국 우리가 조성해 주는 환경, 가르쳐주는 가치와 규칙, 자녀와 형성하는 유대감이 자녀가 성취하고자 하는 일을 해내고, 되고자 하는 사람이 될 용기를 줄 것이기 때문이다.

버락 오바마가 한 이야기를 기억하자.

> 당신을 어른으로 만드는 것은 아이를 가질 수 있는 능력이 아니라 아이를 키울 수 있는 용기다. 아버지로서 우리는 상황이 편하고 수월할 때, 아이들이 잘하고 있을 때뿐만 아니라 아이들이 힘들어하고 고군분투할 때도 개입해야 한다. 바로 그때가 아이들이 부모를 가장 필요로 할 때다.

육아는 어느 것 하나 쉬운 게 없다. 많은 부분이 두렵기도 하다. 하지만 육아는 꼭 필요한 일이다. 그리고 당신이 남은 평생 매일 이 일을 해낼 용기를 갖고 있는지 아닌지가 중요하다.

NOV 22

우리 모두는 각자 힘든 싸움을 하고 있다

미래의 NFL 라인배커 라이언 샤지어는 다섯 살 때 머리카락이 빠지기 시작했다. 원인은 탈모증이라는 드문 자가 면역 질환으로 밝혀졌고, 상상할 수 있듯이 어린아이가 겪기에 쉬운 일은 아니었다. 사람들은 그를 이상하게 바라보았다. 그는 놀림을 받았고 사람들과 다르다는 느낌을 받았다.

그러던 어느 날 그의 부모님이 중요한 것을 깨닫게 도와주었다. 부모님은 아들에게 이렇게 말했다. "모든 사람은 무언가를 겪고 있는데, 유일한 차이점은 *네가 겪고 있는 일은 눈에 보인다는 것*뿐이야." 학습 장애를 겪고 있거나 밤에 배고픔을 참고 자야 하거나 이혼한 부모를 둔 아이들도 있다. 그런 고난은 밖으로 드러나지 않는다. 어쩌면 창피함이나 두려움 때문에 의도적으로 숨기고 있을지도 모른다. 하지만 그렇다고 그게 실재하지 않는 것은 아니다. 물론 그들이 라이언보다 더 낫거나 더 나쁜 상황이라는 의미도 아니다. 단지 모두가 다 같은 상황에 처해있다는 뜻이다.

부모님의 이야기 덕분에 라이언은 갑자기 놀림을 받지 않게 되었을까? 아니면 더는 놀림에 상처를 받지 않게 되었을까? 그렇지 않다. 하지만 분명히 도움은 되었다. 부모님의 말씀은 라이언에게 새로운 관점과 인내, 희망을 주었다.

이것이 우리가 아이들에게 가르쳐야 할 교훈이다. 인생은 쉽지 않다. 누구에게도 완벽한 패는 주어지지 않는다. 어떤 문제는 밖으로 드러나고 어떤 문제는 그렇지 않다. 하지만 모든 사람에게는 남들이 모르는 자기만의 어려움이 있다. 우리 아이들이 이를 이해하게 될 때 이런 힘든 순간들을 더 잘 견뎌낼 수 있다. 그리고 아이들은 주변 사람들을 더 잘 이해하고 친절하게 대할 수 있는 공감 능력을 키우게 될 것이다.

당신은 무엇에 대해 싸우고 있는가?

NOV 23

갈등에서 자유로운 가족은 없다. 따라서 문제는 갈등이 생긴다는 사실이 아니라 갈등이 발생했을 때 어떻게 대처하는지, 의견의 불일치와 오해를 어떻게 해결하는지에 있다. 브루스 스프링스틴은 "투손 트레인Tucson Train"에서 노래한다.

> 우리는 아무것도 아닌 일로 열심히 싸우고
> 우리는 아무것도 남지 않을 때까지 싸운다

하지만 더 잊히지 않는 것은 그가 그 아무것도 아닌 일을 얼마나 오래 끌어안고 있었는지에 대해 이야기하는 부분이다. 우리 모두 그런 경험이 있을 것이다. 우리는 크게 중요하지 않은 일로 화를 내곤 한다. 그러고선 화가 난다는 이유로 되돌릴 수 없는 치명적인 말들을 하고 만다. 아무것도 아닌 일로 싸우고 우리가 가장 소중하게 생각하는 모든 것을 파괴한다.

우리는 노년에 식탁이 가족들로 북적이길 바란다. 그러기 위해서는 당장의 일시적인 유혹은 접어두고 나중에 가치 있는 보상을 얻기 위해 인내해야 한다. 지금은 약간의 절제가 필요하다. 문제를 내려놓을 수 있어야 한다. 당신이 틀렸음을 인정해야 한다. 자녀와 배우자, 부모님에게 사과할 줄 알아야 한다. 가족들의 사과를 받을 줄도 알아야 한다. 아이들에게 형제, 자매나 다른 사람들과 화해하는 법을 보여주어야 한다.

말다툼이 우리 삶의 기쁨을 앗아가도록 방치해선 안 된다. 아무것도 아닌 일로 망쳐버리기에 인생은 너무 짧고, 가족은 너무 소중하다.

NOV 24 핑곗거리를 찾는다

루이스 풀러 주니어가 십 대 소년이었을 때 그는 오후에 신문 배달을 했다. 이것은 그가 책임감과 성실함을 배울 수 있도록 부모님이 시킨 일 중 하나였다. 그리고 확실히 그에게 도움이 되었다.

신문 배달을 하며 더 좋은 일도 있었다. 어느 날 루이스의 자전거 바퀴에 펑크가 나자 아버지(미국 역사상 가장 많은 훈장을 받은 해병대 장군인 체스티 풀러)가 아들을 차에 태우고 신문 배달을 한 일이 있었다. 다음 날은 비가 오는 바람에 아버지가 또 차를 몰았다. 셋째 날은 그럴 이유는 없었지만 그냥 아버지가 차를 태워주었다. 그것은 아버지가 아들과 시간을 보내기 위해 찾은 구실일 뿐이었다.

우리도 자녀와 시간을 보내기 위해 이런 핑곗거리를 찾아야 한다. 저녁을 배달시킬 수도 있지만 자녀와 함께 음식을 포장해서 가져올 수도 있다. 아이를 다른 친구 부모님의 차에 태워 보낼 수도 있지만, 당신이 직접 데려다주면 자녀가 친구들과 함께 있는 모습을 볼 수 있다. 아이의 옷을 온라인으로 구입할 수도 있지만, 단둘이 쇼핑을 나갈 수도 있다. 러닝머신 위에서 달릴 수도 있지만, 자전거 트레일러에 아이들을 태우고 다닐 수도 있다. 아이들에게 자러 가라고 말할 수도 있지만, 함께 늦게까지 TV를 볼 수도 있다.

아이와 함께할 구실이나 기회를 찾아보자.

냉소적인 태도를 갖지 않게 한다

NOV 25

인생을 마주하는 가장 나쁜 방식은 냉소적으로 대하는 것이다.
-시어도어 루스벨트 Theodore Roosevelt

살다 보면 경멸과 허무주의, 우월주의 등에 빠지기 너무 쉽다. 하지만 한 현자가 말했듯이, 이런 냉소주의는 사실 비겁함의 일종이다. 이것은 창의성, 협업, 다른 사람과의 연결을 막아버린다. 속삭이는 듯한 소리로 타인을 지적하고, 우리를 불편하게 만드는 것을 비웃고, 우리가 하고 싶지 않은 일 혹은 우리가 잘하지 못한다는 것을 아는 일들을 회피하며 자신을 합리화한다.

그리고 이러한 태도는 거의 무의식적으로 다른 사람들에게 전달된다. 특히 어른을 항상 지켜보고 있고, 주변 환경에 영향을 잘 받는 아이들은 이런 모습을 더욱 쉽게 본받는다.

우리 아이들은 새로운 시각과 충만한 마음, 넘쳐나는 에너지를 가지고 세상에 태어났다. 아이들에게서 이런 힘을 빼앗아 가지 말자. 아이들을 격려하고 진심이 가득한 사람으로 키우자. 관심을 가지고 노력할 수 있게 하자. 아이들이 그들의 진실한 마음과 열정을 사람들에게 전파할 수 있도록 만들자.

당신이 무엇을 하든 어른의 냉소주의가 아이들에게 전염되지 않도록 해야 한다.

당신의 자만심을 꺾을 수 있는 사람

NOV 26

> 거만한 사람은 항상 사람들을 내려다본다. 항상 자기보다 아래를 내려다 보고 있는 한 자기보다 위에 있는 것은 볼 수 없다.
>
> —C. S. 루이스 C. S. Lewis

남북 전쟁이 한창일 때 에이브러햄 링컨은 워싱턴 D.C.를 둘러싸고 있는 방어시설을 방문했다. 그가 최전방을 시찰하고 있을 때 남부군 저격수가 그를 향해 총을 쐈지만 다행히 빗나갔다. 근처에 있던 한 병사가 링컨에게 "엎드려, 이 바보야!"라고 소리쳤다.

이것은 대통령 역사상 꽤 주목할 만한 순간이었다. 제럴드 포드는 "그의 아내를 제외하고 대통령에게 바보라고 말할 사람은 거의 없을 것이다"라고 말했다.

부모가 되는 것의 장점은 — 만약 제대로만 한다면 — 매우 겸손해진다는 것이다. 자녀만큼 부모를 잘 깎아내릴 수 있는 사람은 없다. 아이들은 당신이 얼마나 돈이 많은지, 얼마나 중요한 일을 하는지, 얼마나 존경을 받는지 신경 쓰지 않는다. 그들에게 당신은 멍청하고 따분한 사람이다. 그들에게 당신은 재미없고 나이 들고 멋지지 않은 사람이다. 아이들이 놀려먹고 싶은 그런 사람이다. 사실 당신은 아이들이 그들의 유머 감각을 연습하는 상대다. 아이들은 당신이 호텔 방에 얼마를 지불했는지에는 관심 없고 호텔에 수영장이 있는지만 알고 싶을 뿐이다. 레스토랑이 얼마나 트렌디한지에는 관심 없고 치킨 핑거가 없다는 게 싫을 뿐이다. 아이들은 당신이 스스로 하는 말을 전혀 이해하지 못하고 있다고 의심한다.

"영웅도 자신의 하인에게는 평범해 보인다"라는 오래된 속담이 있다. 물론 많은 부모가 자녀들에게 영웅이긴 하지만, 때때로 부모를 평가하고 깎아내리는 아이들의 이상한 능력에서 예외인 부모는 아무도 없다. 그리고 그건 좋은 일이다.

가훈

NOV 27

그런 밤들 중 하루였다. 아들들은 자려고 하지 않았다. 형제는 에너지를 뿜어내며 서로를 잠들지 못하게 했다. 처음 아빠가 방에 들어와 자라고 말했을 때 아이들은 말을 듣지 않았다. 두 번째도 마찬가지였다. 아이들은 더 킥킥거리고, 싸우고, 게임을 하고, 장난을 쳤다.

마지막 세 번째, 유명한 대학 미식축구 감독인 잭 하보는 영화 〈스텝 브라더스 *Step Brothers*〉에 나오는 아빠처럼 "소란 피우는 건 이제 끝이야!"라고 소리를 지르려고 했다. 하지만 그렇게 하지 않았다. 그 대신 그저 한창 즐거워 보이는 미래의 NFL 감독 존과 짐 하보를 바라보며 "누가 너희들보다 더 잘 지낼 수 있겠니? 너희 형제들은 함께 웃고, 서로 이야기를 나누고, 꿈을 공유하지. 누가 너희 둘보다 더 나을 수 있겠어?"라고 말했다.

두 아들은 일제히 대답했다. "아무도요. 아빠." 이것은 하보 가족의 가훈이 되었다. 또한 부유하든 가난하든, 크든 작든 모든 가정이 지향해야 할 가치가 있는 가훈이다.

누가 우리보다 더 나을 수 있겠는가?

NOV 28

가족은 당신의 앞을 가로막지 않는다

이것은 아주 오래전부터 존재한 해로운 믿음이다. 작가 시릴 코널리는 아이들이 예술가의 발목을 잡는다며 예술의 적은 "복도에 있는 유모차"라고 말했다.

아이를 키우는 일에 엄청난 시간과 에너지와 정성이 든다는 것은 부정할 수 없지만 — 특히 부당하게도 여성들에게 너무 많은 짐을 지우는 세상에서는 더욱 그렇다 — 진정한 예술가와 기업가, 리더는 진실을 알고 있다. 아이들은 성공의 걸림돌이 아니다. 아이들은 우리에게 도움이 되는 존재다. 아이들은 우리에게 목적과 명료함을 주고, 무엇보다 삶의 균형을 지키게 해준다.

린마누엘 미란다와 그의 아내는 대작 연극 〈해밀턴Hamilton〉의 첫 리허설을 불과 2주 앞두고 첫 아이를 낳았다. 큰일을 앞두고 태어난 아이가 일을 진행하는 데 혼란이나 방해가 되었겠다고 생각할 수 있지만, 사실은 그 반대였다. 미란다는 영화감독인 저드 애퍼타우에게 아이가 태어나지 않았다면 연극 〈해밀턴〉은 성공하지 못했을 것이며, 미란다 자신도 성공을 견뎌내지 못했을 것이라고 말했다. 집에 신생아가 있다는 사실은 성공에 방해가 되지 않았으며, 오히려 방해 요소를 무시할 수 있게 해주었다. "저는 방해 요소의 90퍼센트는 거절할 수밖에 없었어요." 미란다는 모든 제안이나 파티 초대에 대해 이렇게 말했다. "왜냐하면 저는 여덟 시간을 자야 하는데, 자다가 두 번이나 깨서 기저귀를 갈아줘야 한다는 걸 알았기 때문이죠. 제 가족이 정말 저를 구해준 거예요. 모든 초대나 제안에 응했다면 전 금방 지쳤을 거예요."

그러니 어쩌면 가족이 당신을 곤란에 처하지 않도록 막아주는 것일지도 모른다. 당신이 소화할 수 있는 것보다 더 많은 일을 하지 않도록, 당신이 실제보다 더 중요하고 대단하다고 생각했던 것들에 대해 다시 생각해 볼 수 있도록. 가족은 당신을 현실에, 진짜 중요한 것에 발을 붙이게 해준다. 당신이 사랑받고 있으며 지금 모습 그대로 충분하다는 것을 깨닫게 해준다. 그리고 이 모든 것이 당신이 하고 있는 일을 더 잘할 수 있게 만든다.

영광스러운 일

NOV 29

예로부터 사람들이 오른손으로 악수를 하는 것은 자신이 싸우러 오지 않았으며 위험한 사람이 아니라는 신호를 보내기 위해서였다고 한다. 개들이 몸을 뒤집어 배를 보여주는 것은 자신의 연약한 면을 드러내어 누군가를 향한 신뢰를 보여주는 행동이라고 한다. 재미있게도 개들이 화장실을 갈 때 당신을 바라보는 것도 같은 맥락이라고 하는데, 주인이 자신을 보호해 줄 거라고 믿기 때문에 주변에 노출되어 있는 상황에서도 계속 쳐다보는 것이다.

이런 행동이 특별히 의미 있는 존경과 사랑의 표현처럼 느껴지지 않을 수 있다. 하지만 실제로는 깊은 애정과 신뢰를 담고 있으며, 비록 우리가 자주 그 의미를 간과하더라도 누군가 이런 표현을 해준다는 것은 영광스러운 일이다. 우리 아이들이 하는 많은 행동도 마찬가지다. 아이들이 얼마나 연약하고 작은 존재인지 생각해 보자. 아이들이 혼자서는 얼마나 무력한 존재인지 생각해 보자.

부모의 품에 자신을 내맡기는 모습, 부모의 침대에 기어들어 오는 모습, 밤에는 부모를 찾고, 부모 곁에서 우는 것을 안전하게 느끼는 모습. 아이들이 이런 행동을 하는 것은 영광스러운 일이다. 연약함과 신뢰, 사랑의 표현이다.

하지만 아이들의 이러한 행동을 당연히 여겨선 안 된다. 아이들은 당신을 따라다니는 작은 존재들이다. 아이들은 크게 뜬 눈과 열린 마음으로 당신을 바라본다.

믿음과 사랑으로 아이들이 당신에게 준 명예에 걸맞게 행동하자.

NOV 30

당신은 원하는 것을 얻었다

스포츠 역사에는 아빠와 아들이 함께했던 상징적인 순간들이 있다. 마스터스 토너먼트에서 우승한 후 아들 찰리를 포옹하는 타이거 우즈. 슈퍼볼에서 우승한 후 아들 베일런을 들어 올리던 드루 브리스. 올림픽에서 새로운 역사를 쓰고 아들 부머에게 키스하기 위해 달려간 마이클 펠프스. 슈퍼볼에서 열 번째 우승을 확정 짓고 경기장을 뛰쳐나가며 아들의 이름을 외치던 톰 브레이디. 엄마와 딸이 함께한 순간들도 있다. US 오픈 관중석에서 엄마 세리나 윌리엄스의 사진을 찍던 딸 올림피아. 임신한 상태에서 뉴욕시 마라톤(2007년 우승)을 위해 훈련하던 폴라 래드클리프.

왜 이런 순간이 우리에게 전율을 줄까? 왜냐하면 우리도 그 기분을 알기 때문이다. 직장에서 무슨 일이 일어났는지는 중요하지 않다. 우리가 방금 무슨 일을 했거나 무슨 일을 겪었는지도 중요하지 않다. 가장 먼저 떠오르는 것은 우리 아이들이다. 아이들을 껴안아 주고 싶다. 사랑한다고 말해주고 싶다. 이 순간을 아이들과 나누고 싶다.

그리고 이런 순간이 중요한 또 다른 이유가 있다. 가끔 우리는 프로가 되고 싶을 때가 있고, 백만장자가 되고 싶을 때도 있으며, 유명해지거나 커리어의 정점에 도달하고 싶을 때도 있다. 하지만 진짜 상은 무엇일까? 이 모든 선수들은 한 가지를 가지려고 애쓰는데, 그것은 트로피가 아니다. 그들은 당신이 이미 가진 것을 원한다.

물론 당신은 꿈을 좇아야 한다. 당신이 하는 일에서 최고가 되기 위해 애써야 한다. 위대하고 성공한 사람이 되기를 열망하는 것은 좋다. 하지만 당신이 그곳에 도달하게 되면, 당신은 이미 가진 것을 원하게 될 것이다. 당신은 지금 딸이나 아들에게 안부를 전할 수 있다. 지금 사랑한다고 말해줄 수 있다. 이것은 당신이나 자녀에게나 슈퍼볼을 보러 가는 것만큼 기분 좋은 일이다.

매일 이 말을 마음에 되새기자.
아이의 삶은 쉬운 것이 아니라 좋은 것이어야 한다.

12
월

December

세월은 빠르게 흘러간다

지금 세상을 떠날 수도 있다

보잘것없는 시간을 소중히 여긴다

DEC 1

우리는 완벽한 휴가를 위해 계획을 세우고 돈을 모은다. 그리고 몇 달 동안 휴가가 시작되기만을 기다린다. 그런데 우리가 기대한 것만큼 특별하거나 사진으로 남길 만한 여행이 되지 못하면 우리는 뭔가 부족하고, 할 일을 제대로 하지 못한 것처럼 기분이 나빠진다.

하지만 세 명의 아이를 둔 코미디언 제리 사인펠드는 많은 사람들이 추구하는 이런 "양질의 시간"에 의문을 제기한다.

나는 평범하고 일상적인 것의 힘을 믿는다. "양질의 시간"에 대해 이야기하는 사람들이 있다. 나는 그들이 "우리는 양질의 시간을 보낸다"라고 말할 때마다 약간 슬프기도 하다. 나는 양질의 시간을 원하지 않는다. 나는 시시하고 보잘것없는 시간을 바란다. 그게 내가 좋아하는 것이다. 아이들이 각자의 방에서 만화책을 읽는 모습을 잠시 지켜보거나 원래는 깨어있어선 안 되는 밤 열한 시에 시리얼을 먹는 것 같은 시간들 말이다. 내가 좋아하는 건 그렇게 보잘것없는 시간이다.

특별한 날도 필요 없다. 매일, 매 순간이 특별할 수 있다. 자녀와 보내는 모든 시간 — 당신이 사랑하는 사람과 보내는 모든 시간 — 은 빠짐없이 다 특별하다. 함께 시리얼을 먹는 것도 멋질 수 있다. 함께 여행을 가기 위해 학교를 결석하는 것도 멋지지만, 차가 막히는 20분 동안의 등굣길도 멋질 수 있다. 쓰레기를 버리러 가는 길이나 맥도날드에서 햄버거를 기다리는 시간도 마찬가지다.

"보잘것없는 시간"을 소중히 여기자. 그때가 가장 좋은 시간이다.

DEC 2

지금 눈앞에 있는 아이는 더 이상 없다

> 아주 어릴 적 꿈같은 시기에 나와 함께 살았지만 지금은 더 이상 여기에 없는 어린 소년들의 얼굴이 보였다.
>
> -케이틀린 플래너건 Caitlin Flanagan

모든 부모의 가장 큰 두려움은 자녀를 잃는 것이다. 그리고 부모가 된다는 것의 끔찍하고 아름다운 비극은 실제로 우리가 끊임없이 아이들을 잃고 있다는 것이다. 매일매일.

물론 말 그대로 아이들을 잃는다는 의미보다는 아이들이 성장하고, 변화하고, 새롭고 독립적인 존재가 되어간다는 의미다. 매 시간, 매일. 스콧 갤러웨이 교수는 아들이 열한 살 때 찍은 오래된 사진을 바라보며 느낀 깊은 슬픔에 대해 이야기한 적이 있다. 열한 살짜리 아들은 이제 열네 살이 되었고 열한 살의 소년은 더 이상 없다.

이것이 우리의 운명이다. 이것이 우리가 선택한 삶이다. 우리는 자녀가 성장하길 바란다. 아이가 걷고, 학교에 입학하고, 인생이 준비한 모든 멋진 일들을 경험하길 고대한다. 그러나 그것은 동시에 더 이상 지금의 아이와 만날 수 없다는 뜻이다. 지금 이 순간의 아이는 지극히 짧은 순간만 우리와 함께할 수 있다는 뜻이다.

한눈을 팔거나 모든 것을 당연하게 여긴다면 순식간에 지금 눈앞에 있는 아이는 사라진다. 당신은 그렇게 아이를 놓쳐버린다.

상상할 수도 없는 일을 생각해 보자

DEC 3

부모가 할 수 있는 가장 중요한 일 중 하나는 부모로서 상상할 수조차 없는 일에 대해 생각해 보는 것이다. 마르쿠스 아우렐리우스는 우리에게 다음과 같은 내용을 전한다.

> 에픽테토스는 자녀에게 입맞춤할 때 자신에게 "내일 아침에는 아들이 죽어있을지도 몰라"라고 속삭여야 한다고 말했다. 이 무슨 불길한 말인가. 그러자 그는 죽음은 자연의 한 과정일 뿐이라며 그런 말이 불길한 것이라면 다 익은 곡식을 거두어들인다고 말하는 것도 불길한 말이 될 것이라고 했다.

물론 이것은 쉬운 일이 아니다. 우리의 모든 욕구에 반하는 일이다. 하지만 해야만 한다. 인생은 덧없고 세상은 잔인하기 때문이다. 마르쿠스는 여덟 명의 아이를 잃었다. 무려 *여덟 명이다!* 세네카도 한 아이를 일찍 잃었다. 절대 일어나선 안 되는 일이지만 실제로 일어나다 가슴 아프고 세상이 무너지는 것 같고 아무도 겪어서는 안 되는 일이지만 일어난다. 마르쿠스 아우렐리우스와 세네카가 철학적인 훈련으로 아이를 잃는 고통에 대비할 수 있었길 바라는 것은 아니다(어떤 것으로도 그런 고통에 대비할 수는 없다). 다만 이런 훈련으로 그들이 아름다운 자녀들과 보낸 매 순간을 낭비하지 않았길 바랄 뿐이다.

언제라도 아이를 잃을 수도 있다는 사실을 직시하는 부모는 현재에 집중하게 된다. 그들은 취침 시간을 서두르지 않는다. 있는 그대로를 선물로 여긴다. 그들은 어리석은 일에 집착하지 않는다. 훌륭한 부모는 잔인한 세상을 보며 이렇게 말한다. "앞으로 우리 가족에게 무슨 짓을 할 수 있을지 알고 있지만, 지금 순간만큼은 나에게 그런 일을 겪지 않게 해주었죠. 나는 이 순간을 당연하게 여기지 않을 것입니다."

DEC 4 시간이 빨리 지나가길 바라지 않기

아이들은 항상 이렇게 묻는다. 이거 언제 끝나요? 아직 멀었어요? 왜 이렇게 오래 걸려요? 꼭 해야 해요? 짜증스럽게 투덜댄다. 당신은 아이들에게 그만하라고 한다. 하지만 이때 화를 내다가는 아이들에게 중요한 것을 설명하고 가르쳐줄 기회를 놓치게 된다.

《철학자처럼 느긋하게 나이 드는 법 Travels with Epicurus》에서 저자인 대니얼 클라인은 이렇게 회상한다.

> 오래전 어느 날 저녁, 필라델피아로 향하는 만원 열차에서 한 젊은 여성이 어머니에게 "빨리 좀 도착하면 좋겠어요!"라고 투덜거리는 것을 들었다. 그러자 백발의 어머니는 "얘야, 네 인생의 단 한순간이라도 빨리 지나가길 바라지 말거라"라고 대답했다.

아이들은 아직 어리기 때문에 우리가 이 지구에서 보낼 수 있는 시간이 얼마나 짧은지 이해하지 못한다. 심지어 어른인 당신도 가끔은 이 사실을 잊는다. 아이들과 한집에서 열여덟 번의 여름밖에 보내지 못한다는 것, 아이들을 학교에 데려다줄 수 있는 아침이 천 번 정도밖에 남지 않았다는 것. 함께 아침을 먹을 수 있는 날도, 함께 쇼핑을 할 수 있는 날도, 아이들 때문에 병원 대기실에서 기다려야 하는 날도 그리 많이 남지 않았다.

그런 시간이 사라지길 바라는가? 그 순간들을 낭비하고 싶은가? 빨리 끝나길 바라는가? 그건 정말 비극이다. 아이들과 보내는 시간을 절대 당연하게 여겨선 안 된다. 우리에게 주어진 이 시간을 단 1분이라도 낭비해선 안 된다는 사실을 지금 아이들에게 가르쳐주어야 한다.

그만큼의 어린 시절이
지나간 것이다

DEC 5

우리가 죽음을 고대하고 있다고 생각하는 것은 큰 실수다. 대부분의 죽음은 이미 사라졌다. 지나간 시간은 모두 죽음의 소유다.
-세네카 Seneca

아이들의 손톱을 다듬어줄 때마다, 머리를 자르러 미용실에 데리고 갈 때마다, 작아진 옷을 굿윌스토어나 친구네 집에 갖다주러 갈 때마다, 아이들에게 새 양말이나 신발을 사줘야 할 때마다 우리는 그 순간을 알아차려야 한다.

이런 순간이 오기 전까지 어떤 과정이 있었는지 관심을 기울여 보자. 손톱을 새로 다듬기까지 몇 주가 걸리든, 더 큰 사이즈의 신발을 사는 데 몇 개월이 걸리든 그만큼의 어린 시절이 지나가 버린 것이다. 그 시간은 흘렀고 영원히 돌아오지 않는다.

이제 스스로에게 물어보자. 당신은 그 시간을 잘 보냈는가? 제대로 잘 살았는가? 아이들이 바라는 부모가 되어주었는가?

스토아 철학은 죽음이 단지 미래에 일어나는 불가피한 사건이 아님을 일깨워 준다. 죽음은 지금 일어나고 있는 일이다. 코트가 닳을 때마다, 신발이나 바지가 작아질 때마다 죽음은 가까이 다가온다. 이런 순간들은 우리가 죽음에 다가가고 있음을 나타낸다. 키가 클 때마다 부엌 문틀에 키를 표시해 놓은 것과 마찬가지다. 다시 돌아오지 않는 소중한 시간을 보여주는 것이다.

DEC 6 | 어떤 일을 줄이겠는가?

수양의 절정은 언제나 단순함을 향해 치닫는다.
-이소룡·Bruce Lee

우리는 중요하지 않은 일에 너무 많은 시간을 소비한다. 휴대폰으로 쓸데없는 뉴스를 강박적으로 확인하거나 수시로 이메일을 확인하고 응답한다. 어쩌면 배우자나 아이들, 인터넷에서 낯선 사람들과 말다툼을 하는 데 시간을 쏟을 수도 있다.

당신은 이런 일들을 싫어하지만 삶의 많은 부분을 차지하도록 내버려둔다. 자신의 하루를 잡아먹는 성가신 일들에 불만을 느낀 마르쿠스 아우렐리우스는 "더 이상 이 일을 하지 못하게 될까 봐 두려워서 나는 죽음을 두려워하는 것인가?"라고 자문한 적이 있다.

이것이 바로 템퍼스 퓨지 Tempus Fugit (시간은 쏜살같이 흐른다)라는 것이다. 매우 명쾌하다. 당신에게 시간이 무한대로 주어진다면 교통체증으로 매일 두 시간씩 차에서 보내는 것을 크게 신경 쓰지 않을 것이다. 트위터나 이메일에 가득 찬 편지함도 지울 필요가 없을지 모른다.

하지만 갑자기 죽음이 현실로 다가온다면 — 몇 달 혹은 몇 년의 시간밖에 주어지지 않는다면 — 당장 어떤 일을 하는 데 시간을 덜 쓰겠는가? 당신이 줄이고 싶은 마르쿠스 아우렐리우스의 "이 일"은 무엇인가?

시간은 만들 수 있다

DEC 7

> 왜 양자택일이어야 하는지 모르겠다. 낮에 일을 해야 한다면 밤에 글을 쓰면 된다. 단지 얼마나 간절히 하고 싶은지의 문제다.
> —마거릿 애트우드 Margaret Atwood

우리는 스스로 너무 바쁘다고 생각한다. 절대 불가능한 일이라고 생각한다. 우리는 이제 부모가 되었다. 회사를 창업하는 건 무리다. 그 프로젝트를 끝낼 방법은 없다. 현실적으로 생각해야 한다. 그건 잠시 접어두어야 한다.

정말 그럴 시간이 없다.

고군분투하던 젊은 소설가 수전 스트레이트는 캘리포니아 리버사이드의 더운 날씨에도 딸이 잠들 때까지 산책을 하곤 했다. 밤이든 낮이든 상관없었다. 그것이 딸을 재울 수 있는 유일한 방법이었다. 딸이 졸기 시작하면 스트레이트는 어디든 멈춰 서서 유모차 옆에 앉아 공책에 글을 쓰기 시작했다. 그녀는 이렇게 소설 한 권을 완성했다. 지나가는 행인들이 그녀를 노숙자로 생각하고 돈을 건네는 와중에도 그녀는 계속 글을 썼다. 그들도, 그녀도 이 소설이 훗날 주요 문학상을 수상하고 작가로서 그녀의 멋진 커리어를 시작하게 해줄 것이라고는 상상하지 못했다.

우리는 오렌지를 착즙하듯이 시간을 최대한 활용하여 일을 해내야 한다. 우리는 할 수 있다. 해야만 한다. 절대 불가능한 일이 아니다. 우리보다 더 힘들었던 사람들도 해냈다. 토니 모리슨이 해냈고 수전 스트레이트도 해냈다. 당신도 할 수 있다. 글을 쓰든, 로스쿨에 복학하든, 마라톤 훈련을 하든 당신은 시간을 낼 수 있다.

포기할 필요 없다. 현실적일 필요도 없다. 그저 창의력을 발휘하면 된다.

DEC 8 정말 중요한 것은 천 번째부터다

> 그녀가 어린 채로 남아있을 수만 있다면 나는 무엇이든 했을 것이다.
> -조디 피코 Jodi Picoult

어서요, 아빠! 다시요! 한 번만 더요! 조금만 더 하면 안 돼요? 다시 시작해요! 멈추기 싫어요!

당신은 이런 말을 셀 수 없이 많이 들었을 것이다. 아이들은 자기 전에 책을 한 번만 더 읽어달라고 하거나 한 번만 더 업어달라고 하거나 웃긴 영상을 한 번만 더 보여달라고 한다. 같은 노래를 처음부터 다시 불러달라고 하거나 같은 이야기를 계속 들려달라고 한다. 수영장에 한 번만 더 뛰어들고 싶어 하고 한 번 하고 나면 또 한 번 더 하고 싶어 한다.

당신이 아무리 인내심이 있고 너그럽더라도 거절해야 할 시점이 올 것이다. 안 된다고 말해야 할 것 같은 그런 때가 온다. 왜냐하면 당신은 누군가와 약속이 있기 때문이고, 이 행동이 전혀 재미있지 않기 때문이며, 아이들이 너무 제멋대로인 것처럼 느껴지기 때문이다.

어쩌면 그게 맞을 수도 있다. 하지만 그냥 승낙하자. 그게 천 번째라고 하더라도 말이다. 사실 천 번째이기 *때문에* 승낙해야 한다. 그때가 정말 중요한 때이기 때문이다.

언제 또 기회가 올지 모른다. 우리에게 얼마나 많은 시간이 남았는지 아무도 모른다. 얼마나 더 많이 할 수 있는지도 모른다. 그러니 '예스Yes'라고 말하자. 천 번째 부탁을 처음인 것처럼 소중히 대하자.

무엇을 후회하게 될까?

DEC 9

> 아이를 갖는 것은 생명체에게 부여될 수 있는 가장 큰 영광이자 책임이다.
> -크리스토퍼 파올리니 Christopher Paolini

임종을 앞두고 부모들은 많은 생각을 한다. 자녀에게 남겨줄 세상에 대해 생각하고 지금까지 자녀를 키운 시간을 생각한다. 자신이 저지른 실수에 대해 생각하고 자신이 잘한 일에 대해서도 생각한다. 아이들을 떠올리며 마음이 따뜻해지기도 한다.

인생의 마지막 순간이 아직 멀리 있길 바라는 오늘, 당신이 생각해 볼 문제는 이것이다. 당신은 *지금* 어떤 결정을 내리고 있으며, *마지막* 순간에는 이 선택에 대해 어떻게 생각할 것 같은가? 대부분의 부모가 인생의 마지막에 이르러 가장 후회하는 것이 무엇일지 생각해 보자.

많은 부모는 아이들에게 사랑을 더 표현하지 못한 것과 아이들과 더 많은 시간을 보내지 못한 것을 후회한다. 아이들이 얼마나 자랑스러운지 충분히 자주 말해주지 못한 것을 후회한다. 모든 것을 너무 심각하게 생각했던 것도 후회한다. 사소한 차이나 사소한 문제를 아이를 향한 사랑보다 더 크게 여긴 것을 후회한다. 평범하고 보잘것없지만 멋진 시간을 보낼 기회가 많았는데도 완벽한 "양질의 시간"을 보내는 데만 온 에너지를 쏟은 것을 후회한다. 아이들에게 올바른 교훈을 가르치지 않고 아이들을 응석받이로 키운 것을 후회한다.

당신은 운이 좋다. 지금 당장은 임종을 앞두고 있지 않으니 말이다. 아직 늦지 않았다. 그렇다고 너무 이른 것도 아니다. 오늘 당신은 나중에 그런 후회를 하지 않도록, 혹은 적어도 후회를 최소화하기 위해 변화할 수 있다.

DEC 10 — 왜 그렇게 서두르는가?

> 나무들이 잎을 꺼내고 있다. 그 푸르름에 어딘지 모르게 슬픔이 있다.
> -필립 라킨 Philip Larkin

우리는 항상 서두른다. 아침이면 아이들을 학교에 보낼 준비를 해야 하고, 저녁이면 침대에 재울 준비를 해야 한다. 우리는 공항에 제때 도착해야 한다. 우리는 다시 집으로 들어가야 하고, 저녁 식사를 마쳐야 한다.

부모로서 우리는 1년 내내 시간이 없고, 항상 다음 일을 하고 싶어 하는 것 같다. 하지만 오늘은 잠시 멈추고 우리가 도대체 무엇을 위해 이렇게 서두르고 있는지 생각해 보자. 당신은 아이들을 빨리 재우려고 한다. 왜? 아이들을 재우고 넷플릭스를 보기 위해? 당신은 아이들이 학교에 늦는 걸 견딜 수 없어 한다. 왜? 다른 부모들이 당신을 좋지 않게 평가할까 봐? 공항은 최대한 일찍 도착해야 한다. 무엇 때문에? 항공권에 그렇게 적혀있었기 때문인가?

우리가 서두를 때, 우리는 인생을 서두르고 있다는 것을 알아야 한다. 지금 우리는 멀지 않은 순간에 그토록 그리워하게 될 아이들의 어린 시절을 지나고 있다. 지금 이렇게 서둘러서 금방 끝내고 싶어 하는 일들이 그때가 되면 얼마나 소중하게 느껴질까? 우리가 가능한 한 서두르려고 하는 이 몇 분을 미래의 우리는 얼마나 간절히 다시 누리고 싶어 할까?

그러니 느긋하게 지금 이 순간을 즐기자. 천천히 음미하자.

현재도 충분히 즐겁다

DEC 11

> 지금 하고 있는 일에 온전히 몰입하는 것, 이것이 바로 인생의 진정한 비결이다.
>
> -앨런 와츠 Alan Watts

1888년, 시어도어 루스벨트는 길고 고된 사냥 끝에 마침내 그가 쫓고 있던 순록을 잡았다. 그는 훗날 이렇게 기록했다. "사냥꾼이 며칠 동안의 수고와 고생을 보상받는 그런 순간 중 하나였다. 만약 사냥꾼에게 보상이 필요하고, 그가 야생에서의 삶 자체에서 즐거움을 찾지 못한다면 말이다."

사냥감을 잡는 것만 즐기는 사냥꾼은 열에 아홉 실망하는 사냥꾼이 될 가능성이 높다. 더 중요한 것은 이들이 야생의 삶이 보여주는 장엄함을 놓치는 눈과 귀가 먼 사냥꾼이라는 사실이다. 마찬가지로 육아가 무언가를 "획득하는" 일이라고 생각하는 부모, 육아는 특별하고 인상적인 순간으로 점철된다고 믿는 부모는 삶의 장엄함을 많은 부분 놓치고 있는 것이다.

육아는 자녀가 말을 듣지 않는 아동기와 청소년기를 지나 어떤 목가적인 최종 결과에 도달하기 위한 것이 아니다. 수고와 고난의 날들이 그럴 만한 가치가 있었다고 위로받을 수 있는 보상이 있는 것도 아니다. 우리는 다만 지금 이 순간 경험하는 사소한 기쁨을 발견하고 감사하는 것을 잊어선 안 된다.

오늘 우리에게 주어진 것에서 충분한 기쁨을 누리자.

DEC 12 | 시간을 관리하는 태도

> 시간이 없다는 생각을 멈출 때 비로소 당신에게 얼마만큼의 시간이 있는지 알게 된다.
> -구스티 헤리겔 Gustie Herrigel

모든 부모는 시간이 부족하다고 느낀다. 일도 해야 하고, 결혼 생활이나 인간관계도 신경 써야 한다. 자녀를 깨워야 하고 축구 훈련에도 데리고 가야 한다. 자녀의 점심 도시락도 싸야 하고 목욕도 시켜줘야 한다. 중요한 대화도 나눠야 하고, 규칙도 정해야 하며, 숙제도 확인해야 한다. 게다가 당신의 건강과 관심사도 신경 써야 한다.

도대체 누가 이럴 시간이 있어? 아마 당신은 속으로 이렇게 생각할 것이다. 이 모든 일을 어떻게 할 수 있지?

서둘러야 한다는 생각, 모든 일을 욱여넣어야 한다는 생각을 멈추자. 이런 다급함과 조급함이 실제로 속도를 높이고 있기 때문이다. 이것이 구스티 헤리겔의 설득력 있는 통찰이다.

할 일의 목록을 가득 채우고 기회를 놓치게 만드는 것은 "모든 일을 욱여넣으려는" 당신의 욕망이다. 아이들과 보내는 모든 시간이 양질의 시간이라는 사실을 깨닫는다면 아이들과 특별한 시간을 보내기 위해 많은 계획을 세우지 않아도 된다. 마당을 뛰어다니는 것도 운동이라는 사실을 깨닫는다면 헬스장에 자주 갈 필요가 없을 것이다. 그것이 크게 중요하지 않음을 깨닫고 나면 그렇게 많은 일을 다 할 필요가 없다. 그리고 그것들을 내려놓을 때 더 많은 여유와 자유를 얻게 될 것이다.

사소한 순간들을 사랑하자

DEC 13

아이들의 등교 준비로 바쁜 아침. 신호등 앞에서 잠시 기다리는 시간. 배가 고파서 아이와 함께 햄버거를 먹으러 패스트푸드점에 들렀을 때. 아이들이 실수를 저질렀을 때 화를 내는 대신 자리에 앉아서 차분하게 대화했을 때. 소파에서 영화를 보던 어느 주말 오후.

이런 순간은 사소하고 하찮아 보이지만 결국 잊을 수 없는 순간이 된다. 삶의 배경 소음 같지만 실은 보잘것없는 시간의 정수다. 당신이 그 순간을 제대로 바라보고 푹 빠질 수 있다면, 그 순간은 중요하고 의미 있는 시간이 된다.

이런 순간을 당연하게 여기지 말자. 당신의 마음이나 주의가 흐트러지지 않게 집중하자. 현재를 희생하면서까지 미래를 너무 불안해하거나 열망해서는 안 된다. 지금 이 순간에 집중하고 아이들과 함께하자.

사소한 것을 귀한 것으로 여기자. 왜냐하면 사실 사소한 순간이 진짜 의미 있는 순간이기 때문이다.

DEC 14

정말 떠날 시간이 되었는가?

> 아들이 지금 하고 있는 일이 무엇이든 나에겐 그것이 가장 중요한 일이다. 그래서 나는 가능한 한 아들이 오랫동안 하고 있는 일을 계속하게 한다. 나는 절대 "어서 가자!"라고 말하지 않는다. 물론 어른인 내 마음은 우리가 지금 할 수 있는 다른 일들로 향한다. 하지만 나는 그런 마음을 내려놓고 다시 현재에 집중한다.
>
> -데릭 시버스 Derek Sivers

아무리 인내심이 강한 부모라도 지루함을 느끼기 마련이다. 아니면 갈 곳이 있을지도 모른다. 혹은 연속으로 400번째 그린 이 꽃이 뭐가 그렇게 특별한지 모를 수도 있다. 그래서 우리는 아이들이 서두르길 바란다.

저녁이 거의 준비되었다. 우리는 지각할 것 같다. 경기가 시작하기 직전이다. 여기는 지금 너무 덥다.

우리는 이런 본능을 무시하기 위해 노력해야 한다. 우리가 서둘러 하려고 하는 일의 대부분은 사실 그다지 급한 일이 아니기 때문이다. 우리는 아이들이 집중력과 호기심을 키우길 바라지 않는가? 몇 분 동안 아이들이 정말로 열정적으로 살아있음을 느꼈다면, 아이들이 조금 더러워져도, 당신이 생일 파티에 조금 늦어도 충분히 그만한 가치가 있지 않을까?

아이들을 격려하자. 그리고 서두르고 싶은 충동을 억누르자. 아직 떠나야 할 때가 아니다. 당신은 지금 당신이 — 그리고 아이들이 — 있어야 하는 바로 그곳에 있다.

모든 순간은 선물이다

DEC 15

> **언제나 현재에 충실하라. 모든 상황, 모든 순간은 영원을 대표하기 때문에 무한한 가치를 갖고 있다.**
> –괴테 Goethe

납부해야 할 청구서나 기다려도 바뀌지 않는 신호등, 배앓이하는 아이, 분노로 가득 찬 십 대 자녀를 보고 있으면 지금 당신 앞에 있는 이 선물 같은 순간을 느끼기 힘들 수도 있다. 하지만 사실 이건 아름다운 순간이다. 괴테가 말했듯이 우리는 이 순간을 붙들어야 한다.

이것이 바로 육아다. 바로 지금이다. 이 순간 당신이 무엇을 하고 있든 그것이 육아다.

자녀를 학교에 데려다주고, 빨래를 개고, 아이들이 일어나기 전 잠깐의 조용한 시간을 누린다. 한밤중에 깬 아이를 다시 재우고, 친구 관계로 속상해할 때는 다독이며, 성적이 떨어졌을 때는 휴대폰을 압수하기도 한다. 이것이 전부다. 이것이 부모의 역할이다. 이 모든 순간은 아름답다. 이 모든 순간은 선물이다.

이 모든 순간은 지금 일어나고 있다. 바로 지금 이 순간 당신에게 주어진 것들이다.

DEC 16 | 당신은 삶을 바꿔야 한다

로버트 사우스웰의 이 위대한 시는 모든 부모에게 중요한 교훈을 상기시킨다.

> 나의 조상들은 흙으로 돌아갔고
> 많은 친구들도 세상을 떠났다
> 나의 젊은 시절도 조금씩 희미해지는데
> 내가 홀로 경치를 바라볼 수 있을까?
> 아니, 아니, 나는 내가 반드시 죽어야 한다는 걸 안다
> 그럼에도 불구하고 나는 내 삶을 바꾸지 않는다

당신은 당신이 영원히 이곳에 있지 않을 것이라는 불편한 진실을 염두에 두고 자녀를 키우는가? 아니면 사우스웰과 더 비슷한가? 단 하나의 중요한 사실을 받아들이고 그에 따라 당신의 삶을 바꾸는 것에 어려움을 겪으며 부정하고 있는가?

매일 아침 눈을 뜰 때, 매일 저녁 현관문으로 걸어 들어올 때 직장에서 괴로웠던 일은 모두 잊어버리자. 뉴스에서 무슨 일이 일어났는지 잊어버리자. 배우자와 무슨 문제로 싸우고 있었는지도 모두 잊어버리자. 아이들과 함께 있어주고 가족들과 함께 시간을 보내자.

인생은 짧다. 정말 중요한 건 가족이다. 진짜 중요한 건 당신의 아이들이다. 그러니 "언젠가" 하려고 했던 일들은 모두 잊고, *지금 그 일을 아이들과 함께 해보자.*

지금이 바로 그 순간일 수 있다

DEC 17

단순한 것이 가장 특별한 것이기도 하다.

-파울로 코엘료 Paulo Coelho

당신은 바쁘다. 빠른 걸음으로 상점에 가고 있다. 아이들은 하루 종일 말썽을 피운다. 당신은 아이들에게 특별한 서프라이즈를 해주기 위해 준비를 하고 있다. 지금 계획하려는 것 때문에 당신은 현재에 대해 생각하지 못하고 있다. 당신은 나중을 생각하고 있다. 그게 그렇게 나쁜 것일까? 이론적으로는 물론 그렇지 않다. 하지만 문제는 이 순간이 바로 그 순간일지도 모른다는 것이다.

당신의 어린 시절을 떠올려보자. 기억에 남는 순간이 무엇인지 생각해보자. 중요하고 특별한 순간이나 대화가 떠오르는가? 아니면 당신의 부모님은 기억하지도 못하는 일상적이고 평범한 경험이나 대화가 기억 속에 자리 잡았는가?

아버지가 평일에 별다른 이유 없이 회사를 빠지고 당신과 함께 야구 경기를 보러 갔던 때 말이다. 어머니가 특별한 이유 없이 저녁 식사로 당신이 가장 좋아하는 메뉴를 만들어주었을 때가 기억날 수도 있다. 혹은 반대로 부모님이 당신에게 날카롭게 말하거나 나쁜 행동을 하는 것을 보았을 때, 이전에는 한 번도 느껴본 적 없는 특정한 감정을 느끼게 되었을 때가 기억날지도 모른다.

모든 순간이 부모의 역할을 할 기회다. 사실 당신이 의도하든 의도하지 않든, 당신은 매 순간 아이들에게 영향을 미치고 있다. 모든 순간이 중요할 수 있다. 그러니 어떤 순간이라도 서두르거나, 중요하지 않다고 생각하거나, 자신의 기준을 낮춰선 안 된다. 지금이 당신에게 주어진 마지막 최고의 순간이 될 수도 있기 때문이다.

DEC 18 오늘이 마지막 날인 것처럼

존 건서가 아들의 삶에 대해 쓴 자서전 《죽음이여, 오만하지 마라》의 말미에서 건서의 아내 프랜시스는 이렇게 썼다. "조니는 15개월 동안 뇌종양을 앓으며 죽어가고 있었다. 그는 열일곱 살이었다. 나는 매일 밤 자기 전 아들에게 인사를 할 때마다 내일 아침에 살아있는 아들을 만날 수 있게 해달라고 기도했다. 나는 매일 아침 아기가 갓 태어난 것처럼, 신이 선물을 다시 보내준 것처럼 그를 맞이했다. 그가 살아있는 하루하루는 은혜로 축복받은 날이었다."

우리 대부분은 건서 가족이 겪은 일을 겪지 않을 것이다. 하지만 그들이 실천한 것을 우리도 실천하려 노력해야 한다. 어떤 일이 일어날지는 아무도 모르기 때문이다. 가족들과 보내는 하루를 귀찮은 일이 아니라 선물이자 행운으로 바라본다면 더 나은 매일을 보낼 수 있지 않을까?

오늘이 가족들과 보내는 마지막 날인 것처럼 행동하자. 아이들과의 시간에 온전히 집중하자. 아이들이 필요로 하는 모든 것이 되어주자. 그리고 다음 날 아침에 일어나면 또 다른 기회에 감사하고 행운을 누리자. 그 감사함 속에서 하루를 보내자.

미래의 자신을 위해 호의를 베풀자

DEC 19

언젠가는 향수에 젖어 아이들과 보내는 지금 이 순간을 되돌아보는 때가 올 것이다. 자녀에게 어떤 미래가 펼쳐지든, 자녀가 어떤 길을 선택하든 상관없이 당신은 그리운 마음으로 지금을 떠올릴 것이다.

이건 분명한 사실이다. 아이들은 절대 두 살이나 열두 살, 스물다섯 살로 돌아갈 수 없다. 아이들을 재워주고, 목욕시켜 주며, 학교에 데려다주고, 아이들과 함께 휴가를 떠나고, 소파에 누워있을 수 있는 날은 그렇게 많이 남지 않았다. 결국 시간을 거슬러 올라가 이런 순간을 딱 한 번만 더 누리길 바라는 때가 올 것이다.

그럴 수는 없다. 하지만 우리가 미래로 날아가 미래의 자신에게 말할 수 있는 방법은 있다. 훌륭한 동화 작가인 아담 루빈은 이렇게 말했다. "우리는 오늘 내리는 선택으로 미래의 나에게 우리가 할 수 있는 모든 것을 다했다고, 최선을 다했다고, 서두르지 않았다고, 그들이 우리에게 어떤 의미인지 이야기해 주었다고 말해줄 수 있다."

미래의 자신에게 일생일대의 호의를 베풀어주자. 이 순간을 당연하게 여기지 말자. 기분에 휘둘리지 말자. 고집을 부리지 말자. 잘못된 것에 가치를 두지 말자. 지금, 할 수 있을 때 사랑하자.

DEC 20

당신의 마지막 말이 될지도 모른다

2022년 1월 8일, 스탠드업 공연을 하러 무대에 오르기 직전에 밥 사겟 ― 〈아메리카 퍼니스트 홈 비디오 America's Funniest Home Videos〉의 진행자이자 〈풀 하우스 Full House〉의 데니 태너 역을 맡았던 전설적인 코미디언 ― 은 딸에게 문자 한 통을 받았다. 그것은 대수롭지 않은 일상적인 문자였다.

    그는 '나중에 답장하지 뭐' '아침에 전화해야겠다'라고 생각하기 쉬웠을 것이다. 우리도 모두 그랬던 적이 있다. 늦어서 서둘러 가야 하는 길이었고, 업무상의 이메일을 확인하고 있었다. 아이들이 문자를 보냈을 때는 회의를 시작하려던 참이었다. 우리는 피곤해서 서둘러 잠을 청할 때도 있었다.

    우리는 조금 있다가 답장을 보내겠다고 스스로에게 말한다. 기회가 또 있을 거라고, 다시 전화나 문자가 올 것이라고 스스로에게 말한다. 하지만 항상 그렇지만은 않다.

    사겟은 이것이 마지막 문자가 될지 모른 채 잠깐 시간을 내어 딸에게 답장을 했다. "고마워. 사랑해. 이제 공연 시작해!" 몇 시간 후 그는 올랜도 호텔 방에서 의문의 사고를 당해 65세의 나이로 숨진 채 발견되었다.

    무엇이 자신의 마지막 말이 될지는 아무도 알지 못한다. 자신에게 얼마의 시간이 주어졌는지도 알 수 없다. 그러니 그 시간이 전부 가버리기 전에 주어진 시간을 활용하자. 지금, 아이들에게 우리의 마음을 전달하자.

힘든 경험으로 얻은 교훈

DEC 21

코미디언이자 배우인 롭 딜레이니의 아들 헨리는 병에 걸리게 되었다. 딜레이니와 아내 리아는 아들을 병원에 데려갔고, 의사는 헨리에게 뇌종양이 있다는 사실을 발견했다. 헨리는 수술을 받은 후 나아지는 듯했지만 슬프게도 종양은 헨리가 겨우 두 살 때 그의 목숨을 앗아갔다. 롭은 헨리가 세상을 떠난 후 그의 관점이 어떻게 바뀌었는지 이야기했다.

> 저는 우리가 함께하는 시간이 유한하다는 걸 알게 되었습니다. 언젠가 끝이 날 거예요. 그래서 그 시간을 훨씬 더 소중히 여기게 되었습니다. 이 특별한 세포 집합체가 우리의 영혼을 중심으로 일시적인 기간 동안 뭉쳤다는 사실에 경탄합니다. 이 세포와 뼈, 콧구멍의 털이 모여있는 지금 이 순간에 내가 있다는 것을 행운으로 생각합니다. 전에는 그렇게 하지 못했지만 지금은 이 순간을 정말 중요하게 여기게 되었죠. 이런 능력을 고통스러운 경험으로 배우지 않았다면 좋았겠지만, 전 그랬어요. 제가 이 선물을 받기 위해 지불해야 할 대가였습니다. 하지만 이제 전 그 능력을 얻게 되었고 감사하게 생각합니다.

사랑하는 사람들과의 시간이 얼마나 적은지 인지할 때 우리는 그 유한한 시간을 소중히 쓸 수 있게 된다. 건서 가족이나 딜레이니 가족을 비롯해 주변에 조용히 슬픔에 잠겨있는 가족들은 고통스럽지만 강력한 교훈을 얻었다. 우리가 그들의 고통을 사라지게 해줄 순 없지만 그 고통을 마음에 새길 수는 있다. 우리는 그들의 지혜를 우리 삶에 적용하기 위해 최선을 다할 수 있다.

오늘 아침뿐만 아니라 매일 아침 스스로 상기하자. 우리의 시간은 끝이 난다. 템퍼스 퓨지 **Tempus Fugit**(시간은 쏜살같이 흐른다). 메멘토 모리 **Mento Mori**(자신의 죽음을 기억하라). 그러니 당신이 사랑하는 사람들의 영혼 주변에 모여있는 세포 집합체에 경탄하자. 그들과 보내는 시간을 최대한 즐기자.

DEC 22

무엇이 더 중요한가?

인생은 짧다. 그러니 우리 인생에서 가장 중요한 것들, 다른 사람들을 위해 살고 그들을 위해 좋은 일을 하는 것을 잊지 말자.

-마르쿠스 아우렐리우스Marcus Aurelius

아이는 수영을 하러 나가고 싶어 하지만 당신은 이 전화를 받아야 한다. 아이들은 레슬링을 하고 싶어 하지만 당신은 저녁을 만들어야 한다. 아이들은 당신이 재워주길 바라지만 동점의 상황에서 경기는 42초를 남겨두고 있다.

우리는 급한 일이기 때문에 혹은 오래 걸리지 않을 것이기 때문에 후자를 선택한다. 하지만 실제로 대개 우리는 그것이 더 중요하기 때문에 그것을 선택하는 것이다.

만약 더 급해 보이거나 통제할 수 없는 상황이 발생했다면 당신은 그 전화를 받지 않았을 것이다. 만약 당신이 꽉 막힌 도로에 갇혀있었다면 당신은 배달 음식을 주문했을 것이다. 만약 상사가 전화를 해서 필요한 것을 요청했다면, 당신은 그 경기에서 누가 이겼는지 나중에 확인했을 것이다. 그런데도 당신은 아이들에게 그들이 이 일만큼 중요하지 않다고 말하고 있다(당신과 시간을 보내고 싶다는 간절한 요청에도). 당신은 아이보다 다른 일을 선택한 것이다.

우리가 하는 일은 대부분 나중으로 미룰 수 있다. 물론 무한정 미룰 수는 없다. 영원히 하지 말라는 의미가 아니다. 하지만 지금 이 순간은 되돌릴 수 없다. 아이들과 함께 놀고, 함께 앉아서 대화를 나누자. TV는 잠시 꺼두자. 작성하던 문서는 저장해 놓고 나중에 다시 마무리하자. 저녁이 차갑게 식어도 내버려두자. 누군가의 전화가 오면 나중에 다시 연락하겠다고 양해를 구하자.

당신의 자녀가 더 중요하다.

나중으로 미루지 말자

DEC 23

에이브러햄 링컨이 마지막으로 한 말이 무엇인지 아는가? 포드 극장의 객석에 앉아 연극이 시작되기를 기다리며 링컨은 아내에게 "언젠가 예루살렘을 방문하고 싶군"이라고 말했다.

몇 분 후 암살자가 링컨의 머리에 총을 쐈다. 몇 시간 후 그는 사망했다.

당신이 이 일 저 일을 미루는 데 여러 이유가 있듯이 링컨에게도 나름의 이유가 있었을 것이다. 하지만 삶은 우리의 모든 이유를 제거하고 우리의 계획과 가정을 꺾어버린다.

마르쿠스 아우렐리우스가 말한 것처럼 우리는 죽음이 곁에 있는 것처럼 살아야 한다. 그런 마음가짐으로 아이를 키워야 한다. 실제로 죽음이 우리를 지배하고 있기 때문이다. 우리의 최우선 과제인 좋은 사람이 되는 것이든, 가족에게 사랑한다고 말하는 것이든, 항상 가보고 싶었던 장소에 방문하는 것이든 오늘 우리가 할 수 있는 일을 내일로 미룰 수는 없다.

DEC 24 중요한 건 물건이 아니다

"우리 아빠는 항상 일하느라 바빠서 곁에 없었지만 나는 멋진 산악자전거를 받았기 때문에 그만한 가치가 있었어"라고 말하는 열세 살짜리 어린이를 본 적이 없다.

-존 에이커프 Jon Acuff

당신은 정말 열심히 일하기에 가족들에게 생활필수품뿐만 아니라 그 외의 것들도 제공할 수 있다. 당신 덕분에 아이들은 수영장이 생겼고, 멋진 휴가를 보낼 수 있으며, 수많은 채널이 나오는 대형 TV를 볼 수 있다. 아이들은 이런저런 많은 것을 누린다.

하지만 이것은 중요하지 않다.

그들이 바라는 건 수영장이 아니다. 수영장에서 함께 노는 당신을 원한다. 아이들은 그곳이 아무리 낡은 숙소라도 함께 과자를 먹으며 놀 수 있는 아빠를 원한다. TV를 보는 것도 좋지만 그것이 아빠를 대신할 수는 없다.

당신은 아이들을 위해 좋은 물건을 사준다. 하지만 그게 얼마나 멋진 것이든 당신을 대신할 수는 없다. 물건이 중요한 게 아니다. 아이들은 미끄럼틀과 폭포가 있는 수영장에서 혼자 노는 것보다 마트에서 사온 튜브 수영장에서 당신과 함께 노는 것을 더 좋아한다. 아이들은 가장 좋은 동네에서 외로움을 느끼는 것보다 작은 아파트에 살더라도 가족과 같이 밥을 먹는 것을 더 좋아한다.

아이들은 당신을 원한다. *재미*를 원한다. 당신도 그런 것들을 원해야 한다. 언제까지 당신의 인생에 아이들이 있을지, 혹은 언제까지 아이들이 자신의 삶에 당신을 둘지 아무도 모르기 때문이다.

나와 내 가족에게 줄 수 있는 선물

DEC 25

어릴 적에는 크리스마스가 다가오면 선물을 기다렸다. 하지만 이제 당신은 나이가 들었고 자녀가 생기며 그저 *함께할 수 있기*만을 원하게 되었다. 당신은 아이들과 함께 보내는 크리스마스를 원한다.

킨코스의 창립자 폴 오팔라는 수억 달러의 자산가다. 오팔라는 자산에 대한 질문을 받을 때 값비싼 물건을 사거나 훌륭한 회사를 세우거나 화려한 휴가를 떠나는 것에 대해 이야기하지 않는다. 그는 이렇게 말했다. "성공이 무엇인지 아는가? 성공은 자녀가 어른이 되었을 때도 당신과 함께 시간을 보내고 싶어 하는 것이다. 물질적인 풍요는 누리지만 자녀가 연말에 집에 오지 않는 사람들이 얼마나 많은가?"

앞서도 말했듯이 우리의 성공은 가족들로 붐비는 식탁을 갖는 것이다. 노년에 부모로서의 성공은 함께 모여 시간을 보내고 싶어 하고, 당신 곁에 있고 싶어 하는 가족을 두는 것이다.

그러니 크리스마스와 연말에 그런 성공을 얻기 위해 어떻게 해야 할지 생각해 보자. 아이들이 나중에 어른이 되고 자신의 가족이 생겼을 때 멀리서도 부모를 만나러 오고 싶게 하려면 지금 어떤 선택을 해야 할지 생각해 보자. 미래에 가족들로 붐비는 식탁이라는 선물을 받기 위해서 지금 당신이 아이들에게 주어야 할 선물 — 당신의 사랑과 지지, 곁에 있어주는 것 — 에 대해 생각해 보자.

DEC 26

지금 이 순간에 온전히 머물 것

일부 아이들이 세상에 대한 준비가 부족한 이유 중 하나는 부모들이 아이의 귀여움과 천진함을 보고 '아이의 이런 모습을 영원히 지켜주고 싶어'라고 생각하기 때문이다. 부모는 자신의 어린 시절이 너무 짧았다고 느끼기 때문에 자녀의 어린 시절은 가능한 한 오래 지속시켜 주고 싶어 한다.

그 마음은 이해할 수 있지만 동시에 모순적이기도 하다. 부모는 지금 이 순간 아이가 얼마나 특별한지를 깨닫고 즐기는 대신 (부모 자신의) 미래와 (부모 자신의) 과거에 대해 생각하고 자녀를 어떻게 이로부터 보호할 수 있을지 고민한다. 현재에 머물며 *지금 이 순간*을 움켜잡는 대신 그들은 아무리 헌신적인 부모라도 절대 막을 수 없는 시간이라는 흐름을 막으려고 헛되이 노력한다.

우리는 유명한 윌리엄 블레이크의 시에 나오는 이 구절을 언제나 기억해야 한다.

손안에 무한을 쥐고
찰나 속에서 영원을 보라

당신의 아이가 영원히 자라지 않길 바란다면 지금 이 순간을 즐기자. 지금 이 순간을 온전히 경험하자. 이 모퉁이를 돌면 무엇이 기다리고 있을지 생각조차 하지 말자. 왜냐하면 당신은 지금 이 순간이 계속된다는 걸 발견하게 될 것이기 때문이다.

지금이 중요한 때다

DEC 27

과거의 유럽인들은 *이해하기 어려운* 육아 방식을 갖고 있었다. 미셸 드 몽테뉴의 부모는 아들을 젖먹이일 때 마을 사람들과 함께 살도록 내보냈다. 제인 오스틴의 어머니는 자녀가 태어난 첫 달까지만 모유 수유를 하고 그 후로는 다른 사람에게 육아를 전적으로 맡겼다. 귀족 부모들은 아이가 어른들의 대화에 참여할 수 있을 만큼 자라기 전까지 유모와 가정교사, 가정부에게 양육을 맡겼다.

오늘날 대부분의 사람들은 문화적으로나 직관적으로 자녀와 함께 보내는 모든 시간이 중요하다는 것을 안다. 하지만 특히 아이들이 어릴수록 그 시간은 더 중요하다. "아이 인생의 첫 6년을 나에게 준다면, 내 남은 인생은 가져도 좋다"라는 오래된 말도 있다.

이런 육아 방식과 정반대로 자녀를 키운 윗 *세대*들을 상상해 보자. 과거는 끔찍했고 사람들은 서로에게 끔찍한 일을 저질렀다. 부모가 자녀에게 한 일은 끔찍했다! 아이에게 가장 중요한 첫 유대감인 가족 간의 유대감을 단절한 것이다.

그래서 이런 행동으로 어떤 대가를 치렀는지 생각해 보자. 어린아이를 키우는 것이 힘든 건 사실이지만 그때는 아이가 가장 사랑스럽고, 가장 순수하며, 가장 귀여울 때이기도 하다. 그런데 우리는 왜 이렇게 바쁠까? 왜 이렇게 일을 많이 할까? 우리는 아이를 낳기 전에 하던 모든 일을 해내려고 우리 부모에게 아이들을 봐달라고 부탁한다. 우리는 아이들이 자라면 그때 우리가 더 자유로워질 거라고 생각하며 그때 아이들을 위해 시간을 더 낼 거라고 말한다. 게다가 아이들이 크면 더 고마워할 것이라고 여긴다.

그렇지 않다! 지금이 가장 중요할 때다. 정말 의미 있는 건 바로 지금이다. 빠르면 빠를수록 좋다.

DEC 28

오늘이 그날일지도 모른다

1921년 루스벨트 가족의 평범한 휴가 날이었다. 인생의 전성기를 누리던 서른아홉 살의 프랭클린 델러노 루스벨트는 아내 엘리너와 두 아들과 함께 캄포벨로섬 주변을 항해하며 아침을 보내고 있었다. 그들은 꽤나 역동적인 시간을 보냈다. 근처 섬에 작은 불이 난 것을 보고 가족 모두 달려가 불을 끄기도 했다. 돌아가는 길에 프랭클린 루스벨트와 아들들은 수영할 수 있는 곳까지 서로 먼저 도착하기 위해 달리기 시합을 하기도 했다. 그리고 나중에는 펀디만에 함께 뛰어들었다.

너무 바빴던 루스벨트에게는 이런 날이 매우 드물었다. 1921년의 이날은 추후 특별한 의미를 갖게 되는데, 도리스 컨스 굿윈은 자신의 책《혼돈의 시대 리더의 탄생 *Leadership*》에서 이날에 대해 "이후 48시간 만에 프랭클린 루스벨트의 팔다리, 손가락, 발가락, 등, 방광, 직장 괄약근까지 마비되었다. 통증은 다리 위아래로 퍼졌다"라고 썼다. 그의 삶은 이전으로 돌아갈 수 없었다. 다시는 아들들과 달리기 경주도 하지 못할 것이었다. 강한 신체적 고통 없이는 아이들과 함께 놀거나 항해를 하거나 물에 뛰어들 수도 없을 것이었다. 사실 그는 거의 목숨을 잃을 뻔했다.

어쩌면 오늘이 우리에게 그런 날일 수도 있다. 우리는 어떤 바이러스나 질병이 이미 우리 몸에서 퍼지고 있는지 알지 못한다. 계단 꼭대기나 모퉁이 끝에, 길 건너편에 무엇이 우리를 기다리고 있는지 모른다. 그러니 우리는 아이들과의 매 순간을 즐겨야 한다. 우리가 할 수 있는 모든 것을 다 바치고 아이들이 주는 기쁨을 즐겨야 한다.

이것이 당신이 듣게 될 추도 연설이다

DEC 29

1967년 어느 초여름 밤이었다. 윌리엄 스태퍼드 가족은 한자리에 모여있었다. 그들은 저녁을 먹고 웃으며 밀린 이야기를 나눴다. 그리고 부모님은 잠자리에 들었고 아이들은 계속 남아 저녁 시간을 보냈다.

이것은 휴가, 기념일, 추수감사절, 크리스마스를 함께 보내는 가족에게서 흔히 볼 수 있는 장면이다. 시인인 스태퍼드는 다음 날 아침 일기를 쓰며, 이 장면이 얼마나 멋졌는지를 회상했다. "어젯밤 도러시와 내가 자러 간 후에도 아이들은 거실에 남아 이야기를 나눴다. 아이들은 우리 부부에 대한 추억을 이야기하고 있었다. 나는 문득 이런 생각이 들었다. 어쩌면 이것이 내가 받을 수 있는 유일한, 그리고 최고의 추도식일지도 모른다."

스태퍼드의 깨달음은 큰 공감을 불러일으킨다. 가족이 다 함께 시간을 보내는 저녁. 그것이 바로 당신이 참석할 수 있는 장례식이다. 가족끼리 저녁을 먹고 나누는 긴 대화. 그것이 당신이 들을 수 있는 추도사이다.

우리에게 주어진 이 순간을 소중히 여기자. 이런 시간을 소중히 가꾸자. 이것이 삶을 의미 있게 만드는 것이다.

DEC 30

무엇을 할 수 있을까?

곧 두 자녀가 성인이 되어 집을 떠날 때가 된 메리 로라 필포트는 냉전 시대에 연방 정부 고위직으로 근무하며 국회의사당에 대한 핵 공격 시 대통령을 보호하는 방법을 준비하던 아버지의 마음이 어땠을지 뒤늦게 회고하는 글을 썼다. 그녀는 아버지가 사실 세상의 종말에 대비하는 일을 하고 있다는 것을 알면서도 어떻게 그렇게 묵묵히 가족을 대할 수 있었는지 상상해 보려 했다.

이 단락은 전문으로 함께 읽어볼 가치가 충분하다.

만약 우리가 시간을 멈추거나 모든 생명을 살릴 수 없다면 어떻게 해야 할까? 우리는 일상적인 돌봄 행위를 이어나가야 한다. 사랑하는 사람들을 영원히 지킬 수는 없지만, 오늘 그들에게 점심을 차려줄 수는 있다. 이제 막 성인이 된 자녀에게 운전하는 법을 가르쳐줄 수 있다. 사랑하는 사람을 데리고 병원을 갈 수 있고, 잠을 뒤척이는 아이를 재워줄 수 있다. 누군가를 영원히 보호한다는 불가능하고 대단한 일을 하는 대신에 작은 보살핌의 행동을 할 수 있다. 우리가 지속적인 쉼터에서 서로에게 줄 수 있는 것은 넓고, 깊고, 다양한 형태의 사랑이기 때문이다. 우리는 우리가 할 수 있는 범위에서 서로를 돌본다.

당신이 할 수 있는 일은 *계속하는 것*뿐이다. 현재에 집중하고 최선을 다하자. 사랑하는 사람들을 지켜주고 보살펴 주자. 다른 모든 것은 무시해도 좋다.

다시, 새롭게 시작하자

DEC 31

새롭게 자른 머리, 작아진 옷, 봄맞이 청소, 새로운 스포츠 시즌의 시작. 이 모든 것들은 시간의 흐름을 의미한다. 우리가 두려워하는 것 — 아이의 성장, 아이의 독립, 우리의 마지막 이별 — 에 한 발짝 더 가까워졌음을 의미한다.

이 메시지의 요점은 당신을 우울하게 하려는 것이 아니다. 봄의 기쁨을 빼앗으려는 것도 아니다. 오히려 지금 이 순간 봄을 즐길 수 있도록 도와주기 위함이다. 우리의 봄이 얼마나 중요한지, 봄이 얼마나 멋진 기회를 주는지 상기시켜 주기 위함이다.

필립 라킨은 아름다운 시 〈나무들 *The Trees*〉에서 지구가 봄마다 보내는 메시지에 대해 적는다.

> 지난 1년은 이제 끝났다고 나무들은 말하는 듯하다
> 새롭게 시작하라고, 새롭게, 새롭게.

과거는 과거다. 지난 1년은 영원히 돌아오지 않는다. 미래는 언제나 불확실하다. 하지만 우리는 현재에 있다. 새로운 계절이 돌아왔다. 지난 실수는 잊어버리자. 주의를 산만하게 하는 것이나 중독되게 하는 것, 바쁘게 하는 것과는 거리를 두자. 우리가 이곳에 온 이유, 우리의 가장 중요한 임무인 아이를 키우는 일에 다시 전념하자. 새롭게 시작하자, 새롭게, 새롭게.

봄이 주는 모든 것을 만끽하자. 봄이 가고 여름이 오는 것은 우리가 아이들과 함께할 수 있는 수많은 계절 중 하나가 사라지는 것을 의미하기 때문이다.

템퍼스 퓨짓 *Tempus Fugit*.

철학자 아버지가 성찰하는 부모에게 전하는 365일 삶의 지혜
데일리 대드

1판 1쇄 인쇄 2024년 8월 19일
1판 5쇄 발행 2025년 3월 7일

지은이 라이언 홀리데이
펴낸이 고병욱

펴낸곳 청림출판(주)
등록 제2023-000081호

본사 04799 서울시 성동구 아차산로17길 49 1010호 청림출판(주)
제2사옥 10881 경기도 파주시 회동길 173 청림아트스페이스
전화 02-546-4341 **팩스** 02-546-8053

홈페이지 www.chungrim.com **이메일** life@chungrim.com
인스타그램 @ch_daily_mom **블로그** blog.naver.com/chungrimlife
페이스북 www.facebook.com/chungrimlife

ISBN 979-11-93842-15-7 03590

※ 이 책은 저작권법에 따라 보호를 받는 저작물이므로 무단 전재와 무단 복제를 금합니다.
※ 책값은 뒤표지에 있습니다. 잘못된 책은 구입하신 서점에서 바꾸어 드립니다.
※ 청림Life는 청림출판(주)의 논픽션·실용도서 전문 브랜드입니다.